王艳琴●主编
清华大学玉泉医院知名妇产专家

# 健康怀孕

## 每天一课

中国人口出版社
China Population Publishing House
全国百佳出版单位

**图书在版编目（CIP）数据**

健康怀孕每天一课/王艳琴主编．—北京：中国人口出版社，2014.5

ISBN 978-7-5101-2514-0

Ⅰ．①健… Ⅱ．①王… Ⅲ．①胎教－基本知识 Ⅳ．①G61

中国版本图书馆CIP数据核字（2014）第105811号

**最轻松、最完备的**
**孕程同步读本**

# 健康怀孕每天一课

王艳琴 主编

出版发行 中国人口出版社
印　　刷 北京世汉凌云印刷有限公司
开　　本 710×1020　1/16
印　　张 14
字　　数 140千字
版　　次 2014年11月第1版
印　　次 2014年11月第1次印刷
书　　号 ISBN 978-7-5101-2514-0
定　　价 29.80元

社　　长 陶庆军
网　　址 www.rkcbs.net
电子信箱 rkcbs@126.com
电　　话 (010)83519390
传　　真 (010)83519401
地　　址 北京市西城区广安门南街80号中加大厦
邮　　编 100054

CONTENTS 目录

## 第1个月　拉开生命的序幕



## 第2个月　勇敢地面对“害喜”

## 第3个月　欣喜中的小心翼翼



## 第4个月　进入安全期啦

## 第5个月　与宝宝快乐互动

## 第6个月 “孕”味十足



## 第7个月 孕期不适从容应对

## 第8个月　等待，让人忐忑不安



## 第9个月　快和宝宝见面了

## 第10个月　迎接宝宝的到来

# 第1个月

# 拉开生命的序幕

## 第1天

1D（第1天）

## 本月专家指导

孕1月是指最后1次月经的第1天以后的4周。前两周并未受孕，第3周周末受精卵完成着床，才真正拉开了生命的序幕。

孕1月，一般不会有太大的反应，大部分孕妈妈根本不会意识到自己怀孕啦。但是，一旦实施怀孕计划，无论是否确知怀孕，都要按怀孕对待。对于这段时期，我们的提示如下：

首先，注重健康的生活方式。这一点包括内容很广，如饮食、起居、工作、运动等。具体的说应该注意：营养均衡不偏食，戒除烟酒，少饮咖啡、浓茶和碳酸饮料，穿着宽畅舒适，搞好个人卫生尤其是生殖器卫生，运动适量，睡眠充足，不要劳累，远离辐射，避免在有害环境中逗留，等等。

其次，要保持健康的心态。夫妻双方尽可能身心放松，心平气和，多参加有益的活动，尽量减轻生活所带来的心理压力，让彼此都宽心、开心、顺心、安心。丈夫多干点家务活，多做一些让妻子高兴的事情。

此外，夫妻双方不要随意用药，必须用药时要在医生指导下进行。每天补充400微克叶酸。测算排卵日，在当天或前一天实施受孕。

第2天

2D（第2天）

# 本月孕程——宝宝第3周着床

一切准备就绪，本月实施受孕。卵子经过近两周时间成熟后，一般在第2周周末或第3周初期排出，如果在输卵管与精子结合后，并于第3周周末进入子宫着床，受孕就宣告成功。

## 月经周期与实施受孕

女性月经周期长短因人而异，平均约为28天。排卵日在第14天左右（约前后两天）。受精发生在排卵后12小时内，故卵子有效寿命为12小时，而精子的有效寿命约为2～3天。所以，有效受孕时间为排卵日前2～3天到排卵日后一天之间（见下图）。

## 孕1月的准妈妈

孕1月大部分孕妇没有自觉症状，少部分人可出现类似感冒症状：身体疲乏无力、发热、畏寒等。这时，子宫、乳房大小形态还没有什么变化。

由于没有明显自觉症状，所以准妈妈实施了受孕性交，也不知道是否成功。这段时间，一方面应注意观察及时确认是否怀孕，另一方面，应按孕妈妈对待自己，不要参加剧烈的体育活动，不要随便用药，更不要轻易接受X线检查。

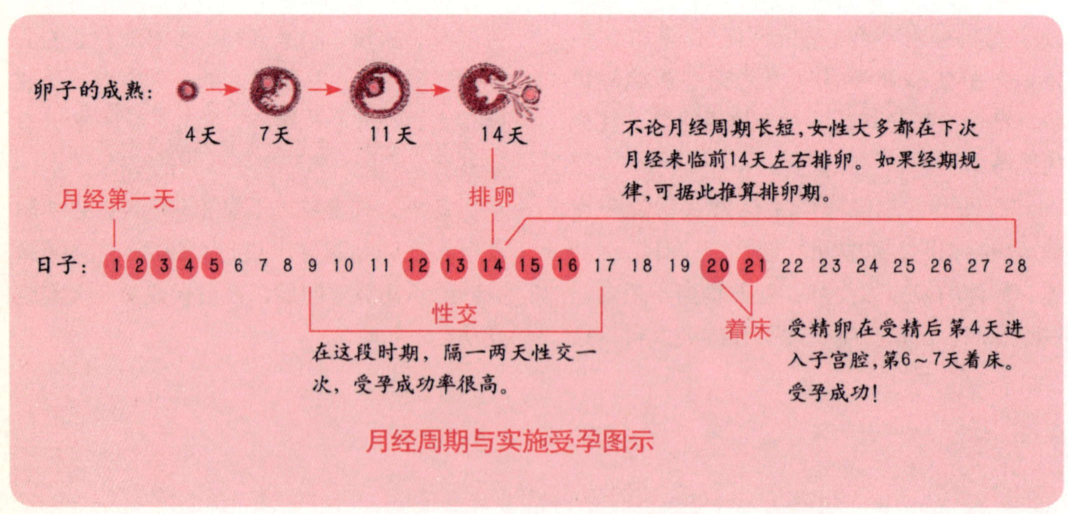


月经周期与实施受孕图示

第3天

3D（第3天）

# 作好准备再开始

准備好了嗎？準備好了才可以開始喲。現在已經進入實施“造人”行動計劃的第一周，回顧一下你們以前所做的准備工作吧。

## 宝贝最好不是偶然受孕“结下的果实”

1年以来或者说孕前3～6个月以来，你做好了孕前基本准备工作吗？比如，是否做过孕前健康检查和遗传咨询，是否接受过辐射（如照射X光），是否远离对人体有害（如农药、麻醉剂、铅、汞、镉等）的环境，是否吃过禁忌药品，停用口服长效避孕药是否超过半年，是否使用过含雌激素的护肤品，是否养过宠物，是否戒除烟酒等等。如果这些事你不甚了解，或者没有全盘准备，那么，建议你再铺垫一段时间，因为小宝贝最好不是偶然受孕“结下的果实”。

## 身体调养好了吗

怀孕前的几个月，夫妻双方饮食要健康，营养要均衡充足，这不仅是为将来的胎宝贝准备的，它还能使你更轻松地应对孕后及产后出现的各种变化。尤其是叶酸，在你打算受孕的前3个月，每天要补充400微克。如果这些工作没有到位，我们还是要建议你推迟时间受孕，补上这一课。

## 现在的心情怎么样

和老公沟通好了吗？夫妻双方是否能接受孩子的到来？经济条件是否许可？居所是否存在问题？围产期孕妈妈将无法正常工作，等等。如果这些烦恼问题中还存在困扰，我们建议你一一理清后，再放心地实施怀孕计划。

## 作好准备一定成功

如果你需要详细了解孕前准备的内容，以便仔细回顾，或者重新铺垫孕前准备工作，我们将在随后几天中系统讲解。

如果你一切准备就绪，不存在任何问题和困扰，那我们就要恭喜你即将开始的生命中的最大变化。

祝你成功！祝你好“孕”！

### 告诉准爸爸

#### 给予更多的理解和爱

孕妈妈比普通人更渴望得到亲人的爱抚和关怀，更积极寻求和谐的生活。只要你理解并认识到了这一点，并做好充分的思想准备，那么，一切就非常简单了。

其实，妻子并没有过多的奢望，哪怕是一句充满爱意的话语，一次温情的拥抱或是一瞥深情的目光，都会给她带来莫大的安慰。妻子在这种温馨的气氛中一定会感到满足。

第4天

4D（第4天）

# 孕前检查是一道命令

为了宝宝，孕前检查是一道必须执行的命令。如果未作检查，本周也可“临时抱佛脚”——如果夫妻都健康，并不影响受孕计划的进行。不可忽略，准爸爸也要检查。

## 准妈妈孕前检查

孕前检查一般应在怀孕前三个月进行。如果检查时间太早，有些身体检查内容会改变，比如精液质量、分泌物等，对身体状况就没有参考价值了。

◆ **白带常规（生殖系统）：**检查是否有滴虫、霉菌性阴道炎，支原体衣原体感染，阴道炎症，以及淋病、梅毒等性传播性疾病。

◆ **torch（脱畸全套）：**此项检查包括风疹、弓形虫、巨细胞病毒、单纯疱疹病毒、微小病毒这五项。

◆ **肝、肾功能：**肝、肾功能检查，同时做两对半、血糖、胆汁酸等项目，全面了解身体状况。

◆ **尿常规：**了解对象是否有泌尿系感染、肾炎、糖尿病。

◆ **口腔检查：**检查是否有口腔疾病。有牙病的待孕女性需要检查，无牙病的人就没有检查的必要了。

◆ **妇科内分泌免疫系统检查：**内分泌包括卵泡促激素、黄体生存激素等6个项目;免疫检查包括抗精子抗体、抗子宫内膜抗体等。

## 准爸爸孕前检查

◆ **孕前精液检查：**因为平时体检不会检查精液，因此此项检查很必要。

◆ **泌尿系统检查：**泌尿生殖系统的毛病对下一代健康影响极大，务必查。

◆ **传染病检查：**肝炎、梅毒、艾滋病等传染病检查确实是很必要的。

◆ **健康咨询：**医生会详细询问本人及家人以往的健康状况，曾患过何种疾病及治疗等情况，特别重点询问精神病、遗传病等，必要时须检查染色体、血型等。如果发现问题，应该在医生指导下重新计划怀孕。

准妈妈的疾病一定要在孕前诊断治疗，等到怀孕后才发现，对胎儿和母体危害较大。其他还有一些特殊的检查，是否需要进行，可向医生咨询。

第5天

5D（第5天）

# 孕前遗传咨询也重要

即将实施怀孕计划，你是否对你或者丈夫的家族遗传史抱有不安，或者存在其他不安因素，那么你就有必要做一做孕前遗传咨询。

## 需要做遗传咨询的人

◆ 高龄孕妇（35岁以上）。

◆ 生过畸形儿或呆傻儿者。

◆ 有习惯性流产、死胎、死产等不良生

育史者。

◆ 生过遗传病或染色体病儿者。

◆ 夫妇双方之一为遗传病或染色体病患者。

◆ 夫妇双方之一为染色体平衡易位或倒位携带者。

◆ 夫妇双方之一有遗传病家族史者。

◆ 近亲结婚者。

◆ 孕期接触放射线、化学毒物或患病毒感染者。

◆ 孕期服用致畸药物者，如抗癌药、抗癫痫药。

## 遗传咨询的内容

遗传病的诊断和治疗，预防发病的措施；预后估计；本人、配偶，以及他们的近亲中发现有遗传性异常者时，指明未来子女可能发病的危险程度（遗传预测）；不良基因携带者的检出；产前诊断；结婚、妊娠、生产和婴儿保健的指导；近亲婚姻的危险性；放射性对遗传的影响；亲子鉴定；等等。

遗传咨询中询问者所提的问题大致有以下几方面：

◆ 双亲中一方或家属有遗传病或先天畸形，孩子患病概率有多少？

◆ 已生过一个遗传病患儿，如再生育，是否会患同种病，概率是多少？

◆ 双亲正常，为何生出有遗传病的患儿？如何治疗和预后？

◆ 孕期妇女接触过射线或某些化学物质，会影响胎儿的健康发育吗？

◆ 有遗传病的人能否结婚，其生育的子女是否一定有病？

◆ 某些畸形可否遗传？

◆ 遗传病的预防和治疗方法，等等。

第6天

6D（第6天）

# 补充营养从饮食习惯开始

孕前营养准备最好提前3个月开始。现在生活水平普遍都提高了，一般不会太缺乏营养。但为了宝宝，尽早开始健康的饮食生活吧。

## 饮食多样化

首先要养成良好的饮食习惯。不同食物中所含的营养成分不同，含量也不等。因此，应该尽量吃得杂一些，不偏食、不忌嘴，保证营养均衡全面。其次，在饮食中加强营养，特别是蛋白质、矿物质和维生素的摄入。正餐之外还要多吃水果。此外，食物尽量蒸、煮，避免煎、炸。

## 腌制食品

这类食品内含亚硝酸盐、苯丙芘等，对身体很不利。另外，盐也得少食。

## 辛辣食物

辣椒、胡椒、花椒等调味品刺激性较大，多食可引起正常人便秘。若计划怀孕或已经怀孕的孕妇食用大量这类食品后，还会出现消化功能的障碍。因此，建议您尽可能避免摄入此类食品。

### 高糖食物

怀孕前，夫妻双方尤其是女方，若经常食用高糖食物，很有可能引起糖代谢紊乱，甚至成为潜在的糖尿病患者；怀孕后，由于孕妇体内胎儿的需要，孕妇摄入量增加或继续维持怀孕前的饮食结构，则极易出现孕期糖尿病。

### 注重饮食卫生

尽量选用新鲜天然的食品，避免服用含添加剂、色素、防腐剂的食品，如罐装食品、饮料及有包装的方便食品等。蔬菜应充分清洗，水果应去皮，以避免农药污染。

### 健康饮水

多饮白开水，不喝咖啡、茶等刺激性饮品。

## 第7天 1W（1周） 孕前营养重点

补充营养要科学，并不是吃的越多就越好。若不能确切掌握自己所需要的营养物质的准确摄入与补充量，可以找专业医生寻求帮助。

### 孕前基本营养供给应

◆ **保证热能的充足供给：**最好在正常成人需要的2200千卡的基础上，再加400千卡，以供给性生活的消耗，同时为日后受孕积蓄一部分能量。

◆ **保证充足优质蛋白质的供给：**男女双方应每天在饮食中摄取优质蛋白质40～60g，保证受精卵的正常发育。

◆ **保证脂肪的供给：**脂肪是机体热能的主要来源，其所含必需脂肪酸是构成机体细胞组织不可缺少的物质，增加优质脂肪的摄入对怀孕有益。

◆ **保证充足的无机盐和微量元素的供给：**钙、铁、锌、铜等构成骨骼、制造血液、提高智力，维持体内代谢的平衡，

◆ **供给适量的维生素：**维生素有助于精子、卵子及受精卵的发育和成长。

具体地说：建议夫妻双方每天摄入畜肉150～200g，鸡蛋1～2个，豆制品50～150g，蔬菜500g，水果100～150g，主食400～600g，植物油40～50g，硬果类食物20～50g，牛奶500ml。

### 夫妻都要补充叶酸

准妈妈孕前3个月开始补充叶酸，每天0.8毫克，一直补充到怀孕后的3个月。0.8毫克剂量比过去的推荐量0.4毫克效果明显，而且对孕妇是安全的。

注意，准爸爸也要补充叶酸，叶酸不足会降低精液的浓度，还可能造成精子中染色体分离异常，会给未来的宝宝带来患严重疾病的极大可能性。

### 夫妻都要补锌

锌是人体多种酶或者激活剂的组成成分，对胎儿尤其胎儿脑的发育起着不可忽视的作用。孕妇每天至少需要摄入100毫克锌。

锌元直接并广泛参与男性生殖过程多个环节的活动，维持和助长性功能，提高精子数量与活力。准爸爸孕前注意补锌。

### 孕前就要补碘

孕前补碘比怀孕期补碘对下一代脑发育的促进作用更为显著。碘堪称智力营养素，是人体合成甲状腺素不可缺少的原料。

第8天

1W+1D（1周又1天）

## 远离有害物质

资料表明：胎儿发生异常，真正与遗传因素有关的仅占1%，绝大多数与有害环境等因素有关。好好回顾几个月来你们的情况吧。

### 戒除烟酒

准备怀孕的阶段，夫妻双方都要戒除烟酒。众所周知，吸烟会影响男方精子的发育，也影响女方卵子的发育。据统计，每天抽烟20～30支，精子畸形率显著增高；超过30支，畸形精子更多，并且会影响精子活动力。酗酒对生殖系统影响更大，可诱发前列腺炎，并使睾酮代谢加快，使睾丸萎缩，严重者出现阳痿。

### 尽量远离有害物质

如果女方的工作是密切接触电离辐射、铅、汞、汽油、油漆、二硫化碳、有机磷农药或麻醉剂等，就要调离这些对胎儿有害的工作岗位或工作环境，以免引起精子和卵子染色体的突变。

### 远离宠物

因为宠物如猫、狗等动物可能携带危害胎儿健康的病原体如弓形体等，可致胎儿多种畸形。狂犬病毒就更可怕。因此准备怀孕的女性应远离宠物。有此嗜好的怀孕女性，应及早忍痛割爱，将其送给亲友饲养。

### 改变避孕措施

一般说来，男用避孕套，女用避孕套、宫颈帽、阴道隔膜等屏障隔离避孕法对胎儿生长、发育没有不利影响，但是口服避孕药及宫内节育器对妊娠可能产生不利影响。

如果你们使用长效口服避孕药，那么建议停服6个月后再怀孕。停服速效避孕药至少须要2个月。女方如果放置宫内节育器，要在孕前2～3月取环，以便子宫内膜得以修复，方可避免流产、胎盘异常的发生。

### 尽可能不要服用药物

如果女方因某种疾病须服用药物的话，孕前应向医生咨询你所用药物是否影响受孕能力，是否会影响胎儿发育，是否会导致流产等等。一般情况下，假如不影响某些疾病的治疗，尽可能不要服药，尽可能不服用非处方药，因为许多非处方药内含有咖啡因、酒精等有害物质。

如果必须服药，就要在医生的指导下，尽可能使用对胚胎安全的药物。

第9天

1W+2D（1周又2天）

# 孕前疫苗接种方案

我国并没有为备孕女性设定免疫计划。专家建议：孕前最好接种风疹疫苗和乙肝疫苗，其他疫苗可在医生指导下选种。回顾一下你的情况，如果没有种过，可向医生咨询注意事项。现在想补种是万万不行的。

## 风疹疫苗

注射风疹疫苗要提前8个月。如果在孕期感染了风疹病毒，很可能会导致胎儿畸形。医生建议风疹疫苗至少应该在孕前3个月注射，这样才能保证怀孕的时候体内风疹疫苗病毒完全消失，不会对胎儿造成影响。

## 乙肝疫苗

注射乙肝疫苗要在怀孕前11个月。乙肝疫苗是按照0、1、6的程序注射的。从第一针算起，在此后1个月时注射第二针，在6个月时注射第三针。怀疑受到感染的孕妇，则应先注射一支免疫球蛋白，然后验血，如乙肝表面抗原或乙肝表面抗体阳性，就不需要注射了；若均为阴性，则需再注射3针乙肝疫苗。

## 甲肝疫苗

甲肝病毒是通过饮食、水源的途径传播的。由于在怀孕后，准妈妈抵抗病毒的能力减弱，很容易受到感染。所以，你最好在孕前3个月注射甲肝疫苗，以确保孕期宝宝健康。

## 水痘疫苗

水痘是由带状疱疹病毒引起的，如果准妈妈在孕早期感染水痘，就可能会导致宝宝的畸形，或者会导致宝宝患上先天性水痘，如果在孕晚期感染水痘就会对准妈妈的生命造成危险。所以，你最好在孕前3个月注射水痘疫苗。

## 流感疫苗

流感疫苗主要是通过呼吸道传播的疾病，它的传染性很强，如果在孕期准妈妈感染了流感病毒，就可能会使宝宝发生畸形，或者引起流产或早产。所以你最好在孕前3个月就注射流感疫苗。

第10天

1W+3D（1周又3天）

# 学会推算排卵日

月经正常的女性，每月只排卵一次。测算排卵日能帮助受孕，特别是那些不易受孕的女性，选择在排卵日性交，可以大大增加受孕的概率。

## 月经周期推算排卵日

这种方法仅适用于月经周期一向比较规律的女性。从月经来潮的第一天算起，倒数14±2天就是排卵日，通常女性在这几天会有小腹坠痛和乳房胀痛感。

### 阴道黏稠变化判断排卵日

女性通常月经刚过后，阴道分泌物很少并显得浓浊，黏性强。到了月经周期中间，即排卵前的1～2天，阴道会变得越来越湿润，分泌物不仅增多，而且会像鸡蛋清一样清澈、透明，用手指尖触摸能拉出很长的丝。

### 基础体温找排卵日

准备一张基础体温记录表。每天临睡前，把体温计放在枕下，从月经第一天开始，每日清晨起床前，在不说话和不进行任何活动的情况下，把体温计放在舌下测量5分钟。然后把测量到的体温度数记录在体温记录表上。将测到的基础体温连接成线，并且把性生活、失眠、月经期、腹痛等身体不适状况也记录下来，从中摸索规律。从曲线变化看，进入高温期前体温急剧下降的一天就是排卵日。一般来说，需要测量3个月以上月经周期才能掌握规律，达到准确。

## 第11天 1W+4D（1周又4天） 把握受孕的最佳时机

受孕时的环境、营养、心情等许多因素决定着精子和卵子的质量，所以，为孕育一个聪明、健康的宝宝，把握好受孕的最佳时机。

### 最佳月份——春末或秋初

其实，当今生活环境得到很大改善，怀孕季节或月份的优劣其实只是相对的。

有专家认为，受孕最佳季节在春末或秋初，即3~4月份或9~10月份怀孕较为理想。

春末，3~4月份正值春暖花开，气候温和，饮食起居易于调适，使胎儿在最初阶段有一个安定的发育环境。日照充足是春季怀孕的又一个好处，阳光能促进维生素D生成，利于钙、磷的吸收，利于胎儿骨骼的发育。多晒太阳还能促进血液循环，杀菌消毒。

秋初，9~10月份正值秋高气爽，气候温暖舒适，睡眠食欲不受影响，又是水果问世的黄金季节，对孕妇营养补充和胎儿大脑发育十分有利。而预产期又是春末夏初，气候温和，有利于产妇身体康复和促进乳汁的分泌，孩子衣着较少，护理方便。另外，春夏之交，日光充足，婴儿可有良好的光照条件，有利于婴儿生长发育的骨骼钙化，不易患佝偻病。

### 最佳时段——晚9～10点

科学家根据生物钟的研究表明，人体的生理现象和机能状态在一天24小时内是不断变化的，早7～12时，人的身体机能状态呈上升趋势；13时末至14时，是白天里人体机能的最低时刻；下午5时再度上升，晚11时后又急剧下降，普遍认为晚9～10时同房受孕是最佳时刻。

除此之外，同房后女方长时间平躺睡眠有利于精子游动，增加了精卵接触的机会。

### 最佳时机——排卵前2～3天到排卵当日

女性每月有4天时间为受孕最佳时机，即排卵前2～3天和排卵当日。从前面的月经周期图得知，排卵日在下次月经来前14左右，大约就是月经周期中间。

第12天

1W+5D（1周又5天）

## 避开9大受孕雷区(一)

临近排卵期了，今天就可以开始实施"造人"计划了。至此，特别提醒要避开受孕的雷区，给宝宝一个安全健康的开始。

### 情绪压抑时

情绪与健康息息相关，还可影响精子质量。同时不良的情绪刺激可影响母体激素分泌，不利于受孕，甚至引起流产。

### 新婚蜜月期间

新婚前后男女双方为操办婚事、礼节应酬而奔走劳累、迎来送往，体力超负荷消耗，降低了精子和卵子的质量。

### 旅行途中

旅行途中往往生活起居没有规律，饮食失调，饥饱无常，营养偏缺不匀，睡眠不足，使大脑皮质经常处于兴奋状态。再加上过度疲劳和旅途颠簸，可影响孕卵生长或引起子宫收缩，容易导致流产或先兆流产。

### 炎热和严寒季节

酷暑高温，孕妇妊娠反应重，食欲不佳，蛋白质及各种营养摄入量减少，机体消耗量大，会影响胎儿大脑的发育。另外，严寒季节，孕妇接触呼吸道病毒的机会增多，容易因感冒而损害胎儿。

### 在不良的自然环境

人体是一个充满电磁场的导体，自然环境的变化都会影响人体的生殖细胞，使精子和卵子受到辐射，甚至引起畸变，所以在这些时间都不宜受孕。

第13天

1W+6D（1周又6天）

## 避开9大受孕雷区(二)

### 接触放射线和剧毒物质

接受过X线照射的妇女，4周后怀孕较安全。如果曾反复接触农药和有毒化学品，需要等一个月受孕才较为妥当，以免生出畸形胎儿。

### 刚刚停用避孕药

避孕药有抑制排卵的作用，并干扰子宫内膜生长发育。长期口服避孕药的妇女，最好停药后两个月再怀孕为好。放置避孕环的妇女在取环后，应等来过2～3次正常月经后再受孕。

### 患病期间

疾病会影响体质、受精卵的质量、宫内着床环境。患病期间服用的药物也可能对精子和卵子产生不利影响。因此，夫妇双方有人患急性病，需等体质康复停药并征得医生同意后再考虑受孕为宜。

### 早产、流产或妇产科手术后

受孕妇女在早产、流产后，子宫内膜受到创伤，机体的平衡被突然打破，立即受孕容易再度流产而形成习惯性流产。所以首次流产或早产后，至少要过半年后再受孕，这样让子宫内环境有一个完全恢复的过程，并为下一次妊娠提供良好的条件。

葡萄胎摘除后，原已隐蔽在静脉丛中的滋养层细胞，经过一段时间后（多在1～2年），可重新活跃甚至发生恶性变化。因此，对葡萄胎手术后的病人，为防止其发展成恶性葡萄胎或毛膜上皮癌，至少要定期随访两年，在这段时间内绝对不能受孕。

剖宫产术后无论是子宫切口还是腹部切口，充分愈合都需要一定的时间。任何干扰子宫瘢痕肌肉化的因素，均可使瘢痕发生不同程度的缺陷。一般来讲，至少需要2年的充分愈合时间，以使瘢痕组织愈合得更好一些，减少再次分娩时的危险。

## 第14天

2W（2周）

## 今天是排卵的日子

按照孕程，今天是排卵的日子。卵子排出后，其寿命一般是12小时，精子进入子宫内的寿命是2 3天，所以最有效的实施受孕的时间是排卵前的2 3天到排卵后的10个小时。

### 精子进入阴道

性交时精液射进阴道后，数分钟后可以进入子宫颈管。正常阴道内环境呈酸性，不利于精子的活动和生存。不过，由附睾、精囊腺、前列腺和尿道球腺分泌液混合而成的精浆呈碱性，可以对阴道的酸性液体进行稀释和中和。另外，性交时呈碱性的子宫颈分泌液增多，可使宫颈口周围变为中性或碱性。这些都为精子在阴道内生存和活动创造了条件。

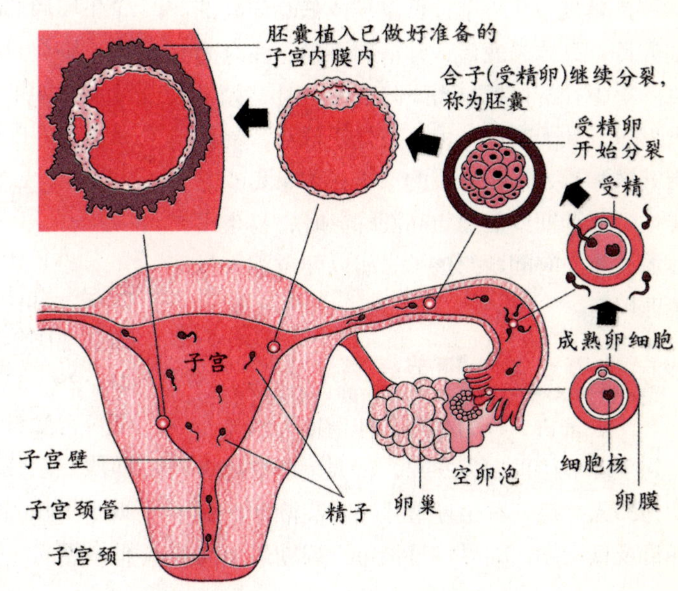

### 精子穿过宫颈

精子是否能穿过宫颈，与宫颈黏液的生化性质密切相关，宫颈黏液的分泌直接受卵巢分泌的雌激素和孕激素水平的影响。在排卵前期，成熟卵泡分泌大量雌激素，使宫颈黏液变得稀薄，清澈透明如蛋清样，量也增多。其中含有糖、维生素和盐类等营养物质，为精子活动提供能量。宫颈对精子起到一个筛选的作用，只有那些形态正常的高活动力的精子才能顺利通过宫颈。

### 精子在宫腔内运行

精子通过宫颈进入子宫腔后，借子宫腔液体的帮助，继续向上游动，经过子宫角，到达输卵管峡部。

### 精子通过输卵管

精子在输卵管内运行，主要是通过输卵管肌壁短暂的分段性收缩，使精子和管液向输卵管壶腹部方向运动。

## 第15天 2W+1D（2周又1天） 避开人体低潮期受孕

科学研究表明，每个人从出生起一直到生命终止，身体内一直存在着体力、情绪及智力三方面的周期性变化，这种周期性的变化为人体生理节律。

### 人体生理周期影响优生

人体处于生理节律低潮期或低潮与高潮临界日，身体易疲倦，并情绪不稳、注意力难以集中，身体抵抗力下降。受孕时，如果夫妻一方处于高潮，另一方处于低潮，易生出健康和智力情况一般的孩子；如果妻双方都处于低潮期或低潮与高潮临界时，易生出体弱、智力有问题的孩子。所以要重视人体生理周期。

### 找出夫妻双方生理节律高潮时间

一般来讲，体力生理节律周期为23天，情绪生理节律周期为28天，智力生理节律周期为33天。每一种生理节律都有高潮期、临界日及低潮期，临界日是指每个周期最中间的那一天，也就是低潮与高潮临界时间。三个生理周期的临界日分别的11.5天、14及16.5天，临界日的前半期为高潮期，后半期为低潮期。如果夫妻能在3个节律的高潮期受孕，孕育出的孩子往往身体健康、智力较好。

### 通过万年历计算人体节律周期

人体生理节律周期的计算，是从出生那天起一直计算到受孕那天为止的总天数，还需加上闰年所增加的天数。然后，分别除以23、28、33这三个数字，通过所得余数大小便可得知身体分别处于三个节律周期的哪一阶段。余数等于临界日的天数为临界日，余数小于临界日为高潮期，余数大于临界日为低潮期。

### 避免人为疲劳状态

准备受孕前几天，夫妻双方一定都要充分注意身体休息，放松心情。同时，最好停止性生活5～7天，以保证精子的活力。

实施受孕期间，既不要性生活过频，也不要性生活过疏，这样都不利于受孕。大约2天一次较好。

第16天

2W+2D（2周又2天）

## 成功受孕的有效措施

大多数人都认为只要不避孕，就能轻而易举地怀上宝宝，其实怀孕也是一项技术活，不懂得生理规律和性爱技巧，要宝宝也许并不是容易。

### 放松心情、减轻紧张

◆ 性交时，夫妻双方的注意力要集中，排除其他无关意念和事情的干扰。

◆ 夫妻双方都有性交的要求，并为此感到轻松愉快，而不仅仅是单方面需要，或者将性交视为负担和痛苦。夫妻双方要在高度的兴奋、愉悦、舒坦、满足中完成性行为，而不是索然无味。

◆ 不要有因为造人而性交的想法，要采取一种“无所求”的心态，认真对待，做好准备就好。

### 改善精子质量和数量

良好的受孕条件就是精子数量必须足够多，而且还要活动力好。专家认为，改善男性的精子数量和质量，关键还在均衡营养，减少性病感染。注意饮食可以增加受孕几率，下面推荐对生育有好处食物。

**韭菜** 韭菜可温肾助阳，活血散淤，理气降逆，别名又称“起阳草”。

**生蚝** 含锌，有助于合成男性荷尔蒙，生吃是保留蚝内的锌的最佳方法。其他如龙虾、海胆、海参、鱼卵、虾卵、贝壳类等也不错。

### 采用合适的性交体位

一般来说，希望怀孕时，性生活时宜采用男上女下位，并将女性臀部垫高，性交后，姿势最好能保持1小时，这样有利于精液储存在阴道后穹隆，对子宫后位的女性而言，尤其可提高其受孕率。

**第3周**

**受精卵** 妈咪，我与精子结合成受精卵用了24小时。然后要经过4天才能到达子宫。我一直在发育着。

**本周妈妈** 妈妈知道。当你的细胞团发育成熟，成为囊胚时会产生分泌物，我的体内开始发生极大的变化，包括月经停止等现象。

第17天

2W+3D（2周又3天）

# 宝宝性别是如何决定的

生男生女，自古以来就是人们很关注的问题，那么性别是如何决定的呢？

## 决定性别的X－Y机理

人体细胞的染色体具有23对，其中22对为常染色体，一对为性染色体。

性染色体有两种：即X染色体和Y染色体。女性的一对性染色体是两条大小形态相同的XX染色体，男性的一对性染色体则不相同，一条是X染色体，一条是较小的Y染色体。在精子和卵子形成时，经过两次减数分裂，每个精子和卵子就具有23条染色体，包括22条常染色体和一条性染色体。

由于女性的性染色体是XX，只能形成一种卵子，即含一条X染色体的卵子；男性性染色体是XY，可形成两种精子即含X染色体精子和含Y染色体精子。

X精子与卵子结合形成XX合子，发育成女孩；Y精子与卵子结合形成XY合子，发育成男孩。两种精子与卵子结合是随机的，受精机会均等，因此，下一代中男女性比例大致是相等的。

## X－Y机理的两大特点

1.性别是在受精（受孕）的那一瞬间就决定了的，此后孩子的遗传性别就无法改变，无论孕妇服多少中药、西药都无济于事，且可能导致胎儿畸形或危及孕妇生命。

2.在人类性别上起决定作用的是精子，一个卵子发育成男孩或女孩，取决于使之受精的精子是含Y染色体，还是X染色体，因此生女孩子时责怪女方是毫无根据的，这真是一件由来已久的大冤案。男方每次射精排出几亿个精子，X精子和Y精子各一半，至于是哪种精子受精，完全是随机的，不以人的意志为转移的，不应责怪任何一方。

人类对生殖细胞的长期研究和实验发现，决定性别的X型精子和Y型精子具有不同的特性：X型精子活动力弱，“行动”慢，但生存时间较长，而Y型精子活动力强，游动性快，寿命稍短一点；X型精子喜酸性环境，Y型精子则喜碱性环境。

### 伴性遗传

有些疾病的遗传，与性别有关，遗传学上称为伴性遗传。

在遗传过程中子代的部分性状由性染色体上的基因控制，这种由性染色体上的基因控制遗传性状的方式就称为伴性遗传，又称性连锁或性环连。

许多生物都有伴性遗传现象。关于人类，了解最清楚的是红绿色盲和血友病的伴性遗传。伴性遗传分为X染色体显性遗传（如：抗维生素D佝偻病，钟摆型眼球震颤等），X染色体隐性遗传（如：红绿色盲，血友病等）和Y染色体遗传（如：鸭蹼病，人类印第安毛耳外耳道多毛症等）。

第18天

2W+4D（2周又4天）

# 宝宝血型是如何决定的

ABO血型有四个主要的血型，即A、B、O和AB型。据统计，A型占27.51%，B型占32.33%，O型占36.49%，AB型仅占9.67%。

## 怎样推断宝宝血型

在医学和遗传学上，常利用父母的血型来推断子女血型，如父母双方均为O型，其子女必为O型血而不可能出现别的血型。又如父母一方为O型，另一方为B型，其子女可为B型或O型。但有时就难以判断，例如父母中一方为A型，另一方为B型，子女中就可以出现四种血型中任何一种类型。ABO血型系统是人们所熟悉的，是输血工作上极其主要的一种血型，忽视ABO血型的鉴定，或鉴定方法出现差错，都会造成溶血性输血反应，严重的可以导致死亡。

## 其他的血型

人类的血型除了ABO血型外，还有其他各种血型，如Rh、MN及Xg等多种血型。人类红细胞的各种血型，都是由不同染色体的基因来决定的，现在已知ABO血型的基因在第九对染色体上，而决定Rh血型的基因则在第一对染色体上。Rh血型是人类另一种血型，Rh血型可以分为两种，即Rh阳性和Rh阴性。Rh阳性的基因显性，用Rh或D表示；Rh阴性的基因是隐性，用rh或d表示。

**双亲和子女之间ABO血型关系表**

| 双亲血型 | 子女血型的可能型 | 子女不可能又的血型 |
|---|---|---|
| O+O | O | A、AB、B |
| O+A | A、O | AB、B |
| O+B | B、O | A、AB |
| O+AB | A、B | O、AB |
| A+A | A、O | AB、B |
| A+B | A、B、AB、O | |
| A+AB | AB、B、A | O |
| B+B | B、O | A、AB |
| B+AB | B、A、AB | O |
| AB+AB | AB、A、B | O |

第19天 2W+5D（2周又5天）

# 宝宝生日是哪天：计算预产期

怀孕时间由于确定卵子受精的日期不易，临床上是以末次月经（最后一次月经）的第一天作为妊娠的开始，这是世界统一的标准。

## 预产期常用计算方法

1.根据末次月经计算　末次月经日期的月份加9、日子加7，即为预产期的日期。

举例 最后一次月经是2008年2月5日，月份加9：2+9=11，日子加7：5+7=12，得出预产期为：同年11月12日。

最后一次月经是2009年5月28日，月份加9：5+9=12+2（来年2月），日子加7：28+7=30+5（下月5日），于是得出预产期为：来年3月5日。

2.根据基础体温曲线计算　将基础体温曲线的低温段的最后一天作为排卵日，从排卵日加38周。

3.根据B超检查推算　医生做B超时测得胎头双顶间径、头臀长度及股骨长度即可估算出胎龄，并推算出预产期（此方法大多作为医生诊断应用）。

## 其他估摸的计算方法

1.根据胎动日期推算　如果记不清末次月经日期，可以依据胎动日期推算。一般胎动开始于怀孕后18～20周。计算方法为：初产妇是胎动日加20周；经产妇是胎动日加22周。

2.从孕吐开始的时间推算　反应孕吐一般出现在怀孕6周末，就是末次月经后42天，由此向后推算至280天即为预产期。

3.根据子宫底高度大致估计　子宫底高度与孕周有关，可大致估计出预产期。

## 预产期到底准不准

预产期不是精确的分娩日期，科学家们统计过只有53%左右的妇女在预产期那一天分娩。

预产期可以提醒你胎儿安全出生的时间范围，但不要把预产期这一天看得那么精确。到了孕37周应随时做好分娩的准备，但不要过于焦虑，听其自然，如到了孕41周还没有一点分娩征兆出现，有条件的应住院观察，并考虑适时引产。

第20天 2W+6D（2周又6天）

# 妊娠时间及孕期阶段划分

## 妊娠时间平均280天

妊娠全程从末次月经第一天开始计算，平均280天，即40周，10个妊娠月。

妊娠月不同于自然月，固定按28天计算。妊娠月也称为胎儿的月龄。

## 孕期划分为早、中、晚期

根据阶段特点，临床上把孕程分为三个阶段，也就是通常说的早、中、晚期。

**怀孕早期** 习惯上指怀孕前3个月（1～12周）。严格地说，妊娠13周周末以前称为早期妊娠。

**怀孕中期** 习惯上指怀孕4～7个月（13～28周）。严格地说，第14周～27周周末，称为中期妊娠。

**怀孕晚期** 习惯上指怀孕8～10个月（29～40周）。严格地说，第28周及其后，称为晚期妊娠。

## 围产期

围产期是指怀孕28周到产后1周这一分娩前后的重要时期。

围产期是医务保健的重要时期，保健目标是降低婴儿及母亲的发病率和死亡率。围产期保健是指产前、产时和产后的一段时间内，对母亲、胎儿和新生儿进行一系列的保健工作，使母亲健康和胎儿、新生儿的成长发育得到很好的保护。

### 孕检档案标注法

为了明确妊娠的周数和月份，本书页眉怀孕天数后加注了孕检档案记时法。D为Day（天）的缩写，W为Week（周）的缩写，mW+nD表示m周+n天。

例如：16W+3D表示怀孕了16周又3天，就是说怀孕到了第17周的第3天，或者说是怀孕第5个月的第3天。

# 第21天 3W（3周） 生命的序幕，今天拉开

受精卵已到达子宫腔，今天进行着床。受精卵着床标志受孕的成功。所以今天可以说是你真正成为一个孕妈妈的第一天，一切多加小心！

## 具体过程

卵子受精后30小时，受精卵开始分裂成2个细胞，以后又经过一系列的分裂，细胞数目迅速增加，形状甚像桑葚，故称为桑葚胚。此时这些细胞仍都聚集在细胞的透明带内，细胞数目虽增加，但总体积并不增大，因而每个细胞越分越小，到受精后72小时具有16个细胞的桑葚胚就进入子宫腔。进入宫腔后，透明带消失，细胞之间出现一些腔隙，逐渐形成一大腔，称为胚泡。腔的一端有一群细胞称内细胞群，以后主要发育成胚胎及部分胎膜，腔的其余部分呈单层细胞排列，称为滋养层。将来发育成绒毛股，它与胚胎的营养密切有关。

## 受精卵的分裂与运动同步进行

受精卵在输卵管内依靠输卵管纤毛活动和肌肉蠕动，约运行3天后进入子宫腔内，再运行3天左右，在排卵后第6天开始着床。此时排卵后的卵泡已形成黄体，并且分泌孕激素和雌激素，使子宫内膜呈充血肥厚的分泌期，为受精卵的着床创造有利条件。受精卵的一端紧贴在子宫内膜，当即分泌一种分解蛋白质的酶，溶解子宫内膜，形成一个直

径约1毫米左右的缺口。胚泡即从缺口处埋入子宫内膜，上皮缺口迅速修复，胚泡的定居即告完成。这过程医学上称为受精卵的植入或着床。

此后受精卵就不断受子宫内膜腺体分泌的滋养，就好像种子撒在了肥沃、潮湿疏松的土壤里，吸收着丰富的营养，不断地生长和发育，成为胎儿。

第22天

3W+1D（3周又1天）

## 宝宝哪里会像你

从遗传学的角度来讲，父母会把自己的哪些“优点”传给自己的孩子呢？

### 绝对遗传

**肤色** 别无选择。它总是遵循父母“中和”色的自然法则。若一方白、一方黑，那么，在胚胎时“平均”后会给子女一个不白不黑的“中性”肤色。

**下颚** “像”得离奇。不容商量，下颚是显性遗传。父母任何一方有突出的大下巴，子女们常毫无例外地长着酷似的下巴，“像”得有些离奇。

**双眼皮** “绝对”遗传。有趣的是，父亲的双眼皮，大多数会传给子女，哪怕出生时是单眼皮，到长大后也会“补”上像他父亲那样的双眼皮。另外，大眼睛、大耳垂、高鼻梁、长睫毛，都是从父母那里最能得到的特征性遗传。

### 半数以上遗传概率

**身高** 只有30%的主动权掌握在孩子的手中。因为决定身高的因素35%来自父亲，35%来自母亲。假若父母双方个头不高，那只剩30%的后天身高因素，也决定了力求长个的尝试不会有明显效果。

**肥胖** 会使子女们有53%的机会成为大胖子。如果父母有一方肥胖，孩子肥胖的概率便下降到40%。这说明，胖与不胖，大约有一半可以由人为因素决定，因此，父母完全可以通过合理饮食、充分运动使子女体态匀称。

**秃头** 只传给男孩。造物主似乎偏袒女性，让秃头只传给男子。比如，父亲是秃头，遗传给儿子的概率则有50%，就连母亲的父亲，也会将自己秃头的25%的概率留给外孙们。这种传男不传女的遗传倾向，让男士们无可奈何。

**青春痘** 也与遗传有关。青春痘这个让少男少女耿耿于怀的容颜症，居然也与遗传有关。因为父母双方若患过青春痘，子女们的患病率将比无家庭史者高出20倍。

### 告诉准爸爸

#### 男性也要多学习孕产知识

妻子的怀孕是一件大事，新生命的到来意味着责任。在孕期这段特殊的日子里，作为老公和准爸爸，如何负起责任，如何帮助妻子安度这个孕产期呢？

凡事预则立，不预则废。要做好准爸爸就要认真学习孕产知识，对胎宝宝的成长和孕妈妈的身体变化充分了解，才能真正帮助妻子安度不容易的孕产期。

第23天

3W+2D（3周又2天）

## 宝宝有十怕，妈妈早知道

**1.怕妈妈生病：**孕妇一人生病，母子两人受害，尤其是孕妇患风疹、病毒性肝炎及巨细胞病毒感染、肾炎等疾病，会导致流产、早产、死胎及畸形。

**2.怕妈妈滥用药物：**许多药可以通过妈妈血液进入胎儿体内，对胎儿造成不同程度的损害，甚至引起胎儿畸形，其中尤以一些抗生素、解热镇痛药、抗癌药等对胎儿危害大。

**3.怕妈妈心情不舒畅：**孕妇长期精神忧虑、苦闷，不仅对胎儿发育不利，而且还影响胎儿出生后心理、生理及智力发育，也可给胎儿出生后带来遗传性焦虑。

**4.怕妈妈吸烟：**烟雾中的有害物质可通过血液进入胎盘，祸及胎儿，易造成早产、死胎、畸形及发生各种围产期并发症。

**5.怕妈妈酗酒：**酒精会通过母血进入胎儿体内对胎儿造成损害，甚至引起早产、流产、死胎或畸形，还会影响孩子出生后的智力发育。

**6.怕妈妈接受X线检查：**由于X线的“电离作用”和“生物效应”，可引起胎儿一系列反应，导致流产、早产、死胎和畸形。

**7.怕妈妈玩宠物：**孕妇经常玩猫、狗等宠物，极易感染弓形体病，孕妇感染后，可造成胎儿先天性感染，引起流产、早产或胎儿畸形。

**8.怕妈妈性生活不节制：**孕妇在孕早期（头3个月）和孕晚期（后3个月）如果性生活不节制，可引起早产、流产或宫内感染。

**9.怕妈妈干重活：**重活就是那些挑、抬、搬、提、背等强体力劳动。孕妇若勉强干这些重活、累活，易导致胎儿流产或早产。

**10.怕妈妈不按时做产前检查：**孕妇只有按时检查，才能发现自身及胎儿的异常，及时采取有效措施。另外，利用现代科学技术进行产前检查，能及时发现胎儿畸形和其他先天性疾病，以便及时采取补救措施。

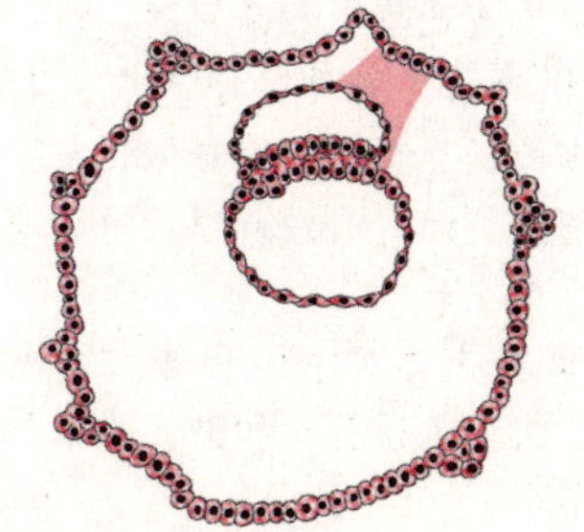

### 第4周

**受精卵** 细胞团开始分裂成外胚层和内胚层。两层细胞分裂都很快，并各再形成一个空腔，即羊膜腔与卵黄囊，两者之间的组织称为胚盘。

**本周妈妈** 专家告诉我，当细胞团发育成熟，成为囊胚时会分泌物质，我的体内开始发生极大的变化，包括月经停止等现象。

3W+3D（3周又3天）

# 大龄怀孕不必怕

医学上晚孕存在很多不利因素，对母亲和胎儿来说都不是明智的选择。但如果年龄已经大了，你也不必担忧，一样可以做好孕妈妈。

## 大龄产妇很普遍

根据一项人口调查，已婚妇女30岁仍未怀孕且打算要孩子的占半数以上，所以年龄较大的产妇并不孤单。有些妇产科医生认为，女人嫁人生孩子35岁都不晚。年龄大生育不好，但年龄对于女人生育能力没有致命的影响。

## 高龄产妇面对的问题

医学上把年龄在35岁以上初次妊娠的产妇定为“高龄产妇”。高龄产妇存在的风险主要包括这几个方面：

1.卵子老化易导致胎儿异常；

2.子宫收缩力变差、产道缺乏韧性，易导致难产；

3.高龄后身体机能变弱易导致流产；

4.妊娠并发症危及母婴健康；

5.精神负担过重引发烦躁不安。

幸运的是，随着医学技术的发展，这些风险已经可以大大回避了。

首先，胎儿异常可以防范。胎儿期诊断的技术正在提高，现在医生们已经可以在怀孕前8个月及时发现许多引起先天性缺陷的遗传异常。有些情况下，可以在出生前或分娩后实施有效治疗。

其次，难产问题可以回避。随着医学技术的发展，剖宫产手术已比以前有了很大的提高。不但麻醉方法已从以前单一的全身麻醉发展到现在的联合麻醉，使病人减少了痛苦，而且手术时间也由以前的1～2小时缩短到现在的几十分钟。因此，不得不进行剖宫产的高龄产妇不需要太多顾虑。

其他三方面只要细心照顾、及时医护、调整心态就可以克服。

## 高龄产妇付出更多

尽管不如想象的那么危险，但高龄产妇要生下健康的小宝宝，必须付出更大的努力。高龄孕妇孕前要全面体检，孕期必须要进行更多的产前检查项目，并进行胎儿产前诊断。须要额外检查的项目有：绒毛及羊水检查、脐带穿刺、甲胎蛋白检测等。

### 大龄女性孕前准备三部曲

1.增强自信。尽管已经过了生育生殖的最佳时期，但身体依然很健康，生活经验更丰富，能更充足地安排生活和工作。如果能做到定期体检、按时锻炼、补充合理的营养，身体会变得更年轻，即使再大几岁也不是问题。

2.积极治疗身体的小毛病。利用孕前检查的机会全面了解身体状况，有炎症就消除炎症，该做调理及时调理，该做治疗绝不耽搁。

3.保持夫妻关系的和谐。夫妻关系和谐，夫妻生活就会和谐、快乐，能提高受孕率。

第25天

3W+4D（3周又4天）

# 孕妈妈必须知道的数字

## 孕期

◆ 胎儿在母体内生长时间：280天，即40周。

◆ 预产期的简便算法：以末次月经的第一天为基数，月份+9，日期+7。

◆ 确认怀孕检查的时间：停经10天后，或出现早孕反应时。

◆ 早孕反应出现的时间：一般受孕后40天左右开始。

◆ 早孕反应消失的时间：妊娠12周后。

◆ 自然流产发生的时间：大多数发生在怀孕3个月内。

◆ 人工流产适宜的时间：停经后2个半月内；7～9周最适宜。

◆ 药物流产适宜的时间：停经后49天内。

◆ 体重增加范围：每周增重不超过0.5公斤，整个孕期增重12公斤左右。

◆ 孕妇洗澡适宜的水温：以39℃～40℃为宜，不可超过42℃。

◆ 自然胎动出现的时间：妊娠16～20周开始。

◆ 胎动最频繁的时间：妊娠28～34周。

◆ 胎动正常次数：每12个小时30～40次，不应低于15次。

◆ 听胎心音时间：妊娠18～20周后。

◆ 胎心音正常频率：120～160次/分钟。

◆ 早产时间：妊娠满28周至满37周前（196～258天）。

◆ 足月妊娠：妊娠满37周至不满42周（259～293天）。

◆ 过期妊娠：超过预产期天数14天。

◆ 分娩时间：初产妇12～16小时，经产妇6～8小时。

## 产后

◆ 产妇可以下床活动时间：顺产后24小时。

◆ 产妇可以轻微活动时间：产后2周。

◆ 产妇可以做一般家务时间：产后5～6周。

◆ 产妇身体完全恢复正常时间：产后6～8周。

◆ 产后可恢复性生活时间：6～8周。

◆ 新生儿可以喂奶时间：出生后半小时。

◆ 新生儿出生时的体重：2500克～3500克为正常，超过4000克为巨大儿，低于2500克为未成熟儿或早产儿。

## 儿童体重增长公式

◆ 1～6个月：

体重(千克)=初生体重 (月龄×0.6千克)

◆ 7～12个月：

体重(千克)=初生体重 (月龄×0.5千克)

一般认为：凡身长超过10%或低于10%的，属于超出正常范围。

第26天

3W+5D（3周又5天）

# 孕妈妈用电脑真的安全吗

无论是处理文件还是玩“偷菜”，让孕妈妈远离电脑似乎都是不可能的事。那么电脑真的安全吗？孕妈妈如何才能放心地使用电脑呢？

## 怀孕后使用电脑是安全的

网络时代的电脑，已成为人们离不开的伴侣。但有关电脑辐射方面的报道和传闻，却给孕妈妈蒙上了心理阴影。在此，我们肯定地告诉你：用电脑是安全的。

## 使用电脑注意事项

**1.避免长时间使用电脑** 连续使用时间最好不超过1小时，每天不超过4小时为宜。要防止长时间坐位引起盆腔血液滞留不畅。

**2.防止肌腱劳损** 长时间操作电脑会导致手指、手腕、手臂、双肩、颈部、背部等部位出现酸胀疼痛，因此，孕妈妈们每工作1小时应休息10分钟。

**3.注意用眼卫生** 眼睛与文稿、眼睛与屏幕的距离应保持在50厘米以上，最好采用目光下视20度的视角。

**4.注意多眨眼** 一般人眨眼少于5次/分钟，眼睛会干涩，而操作电脑时眨眼次数只有平时的三分之一，所以注意多眨眼，每隔1小时让眼睛休息一次。

**5.补充营养** 长期从事电脑操作的孕妇，应多吃一些新鲜的蔬菜和水果，注意增加维生素A、维生素$B_1$、维生素C、维生素E的摄入。

**6.泡点绿茶** 茶叶中的脂多糖可改善机体造血功能。茶叶还能缓解辐射。

**7.调整环境光线** 环境光线要柔和，避免屏幕反光或不清晰，以免造成眼部疲劳。如果身后有窗户应拉上窗帘。

**8.房间经常通风** 电脑房间要保持清洁卫生，室内应安装换气扇或空调。

**9.保持皮肤清洁** 电脑荧光屏表面存在着大量静电，其集聚的灰尘可转射到脸部和手部皮肤裸露处，时间久了，易发生斑疹、色素沉着，甚至会引起皮肤病变等。可在面部及双手涂抹护肤油。

**10.打字姿势要正确** 正确的打字姿势对身体各部位的健康有着重要的作用，建议各位孕妈妈仔细看看自己的打字姿势是否正确，如果你长时间地坐在电脑前，那么一些不良的姿势会给你的身体带来极大的伤害。

### 手机和平板电脑电脑的安全使用

手机虽然有辐射，但目前还没有确切的证据表明使用手机会造成胎儿的畸形，但也有专家提示，即便小剂量的慢性辐射，也可能对人体产生影响（如增加脑瘤发生率）。为此，我们提醒您注意：拨出或按接时拿远些，接通后再放在耳边；通电话尽量短；可以使用耳机接打电话；携带手机时可放到包里，不要放在腹部附近；平时尤其是充电时，远离手机。

平板电脑辐射不大，但也提醒一下：使用时离身体远些，平时尤其是充电时远离。

第27天

3W+6D（3周又6天）

# 胎教，你不得不学的知识

胎教早已不是什么新鲜词，可您未必知道得那么详细。现在到了要运用的时候了，你不得不学习了。

## 什么是胎教

所谓胎教，就是调节孕期母体的内外环境，促进胚胎发育，改善胎儿素质的科学方法。具体地说，就是孕妇自我调控身心的健康与欢愉，为胎儿提供良好的生存环境；同时给生长到一定时期的胎儿以合适的刺激，通过这些刺激，促进胎儿心智和身体的成长。

## 广义胎教和狭义胎教

广义胎教指为了促进胎儿生理上和心理上的健康发育成长，同时确保孕产妇能够顺利地渡过孕产期所采取的精神、饮食、环境、劳逸等各方面的保健措施。因为没有健康的母亲，亦将不会出生强壮的胎儿。广义胎教也称为“间接胎教”。

狭义胎教是根据胎儿各感觉器官发育成长的实际情况，有针对性地、积极主动地给予适当合理的信息刺激，进而促进其大脑机能、躯体运动机能、感觉机能及神经系统机能的成熟。换言之，狭义胎教就是在胎儿发育成长的各阶段，科学地提供视觉、听觉、触觉等方面的教育，如光照、音乐、对话、拍打、抚摸等，使胎儿大脑神经细胞不断增殖，神经系统和各个器官的功能得到合理的训练，以最大限度地发掘胎儿的智力潜能，达到提高人类素质的目的。从这个意义上看，狭义胎教可称为“直接胎教”。

## 实施胎教的科学依据

美国著名的医学专家托马斯的研究结果表明，胎儿在6个月时，大脑细胞的数目已接近成人，各种感觉器官起趋于完善，对母体内外的刺激能做出一定的反应。这就给胎教的实施提供了有力的科学依据。

现代医学研究认为，胎儿有奇异的潜在能力。胎儿从第5周开始即有较复杂的生理反射机能，10周时已形成感觉、触觉功能20周左右开始对声响有反应，30周时有听觉、味觉、嗅觉和视觉功能，能听到妈妈的心跳和外界的声音。

为开发胎儿潜力而施行胎儿教育，近年愈来愈引起人们的关注。

第28天

4W（4周）

# 奇迹，斯瑟蒂克胎教

## 普通工人培养4个天才儿女

身为机械工人的父亲和平凡的母亲所生下的4个女儿智商都超过了160，都被列入了仅占全美5%的高智商者的行列。这一事实一时之间几乎震惊了整个美国。它意味着有某一因素能够超越遗传，对人类的智商起到决定性的作用。

根据这对夫妇的名字，她们实施的胎教办法，被称为斯瑟蒂克胎教法。斯瑟蒂克胎教法的中心思想是，只要以父母对孩子的爱为基础制订完全的怀孕计划，并积极地将其付诸实践，无论是谁都可以生下聪明伶俐的小孩。

## 斯瑟蒂克胎教方法

斯瑟蒂克胎教的具体方法如下：

1.经常用悦耳、快乐的声音唱歌给胎儿听。

2.多播旋律优美节奏明快的音乐或歌曲，将幸福与爱的感觉传递给胎儿。

3.随时与胎儿交谈。由早上到晚上就寝，一天里在做着什么，想着什么，都跟胎儿说。例如，早上起床，跟胎儿说早安，告诉他现在是上午，可以将当天的天气告诉胎儿。

4.讲故事给胎儿听。自己必须先了解故事的内容，然后用丰富的想象力，把故事说给胎儿听。说故事时，声调要富感情，不要单调乏味。

5.多出外散步，丰富见识。出外散步，无论是看到什么，如车辆、商品、行人、植物，都可以将它们变成有趣的话题，细致地描绘给胎儿听。例如路上遇见邮差，便告诉胎儿邮差穿怎样的制服，邮差帮我们传递信件等。

6.利用形象语言。在白色的图书纸上，利用各种色彩来描绘文字或数字，加强视觉效果。教导文字时，除反复念之外，还要用手描绘字形，并牢牢记住文字的形状与颜色，而且要有形象化的解说，以A为例，可以对胎儿说，A好像是一顶高尖的帽子，然后选出一个以A为首的单词教给胎儿，如Apron，并跟胎儿说，这是妈妈在厨房烹饪时要穿的，今天这件的图案很大，此外，妈妈还有好多件。以后，妈妈会穿着它做饭给你吃。教导数学时，也要用形象的教导法，如告诉胎儿1加1等于2时，不妨说妈妈有一个苹果，如果爸爸给我一个苹果，那么，我们有两个苹果。

7.出世后跟进。等小孩出生以后，最好把胎教所用过的东西，放在婴儿的面前，如此一来，婴儿会慢慢回忆起以前学过的东西。

# 第2个月

# 勇敢地面对“害喜”

4W+1D（4周又1天）

## 本月专家指导

对于月经周期规律的妇女，如果月经推迟1周以上，基本可以确定为怀孕。但环境变化或精神刺激也会引起月经推迟甚至闭经，所以怀孕与否要上医院检查才能最终确认。

孕2月，容易流产，应避免激烈运动和性生活；胎儿脑部和内脏的形成时期，不可接受X光检查，不要随意服药，避免感冒，戒烟戒酒，不接触宠物；本月会出现尿频、呕吐等妊娠反应，要放松心情，多喝水，多休息，少吃多餐；如果出现剧烈呕吐，要上医院。

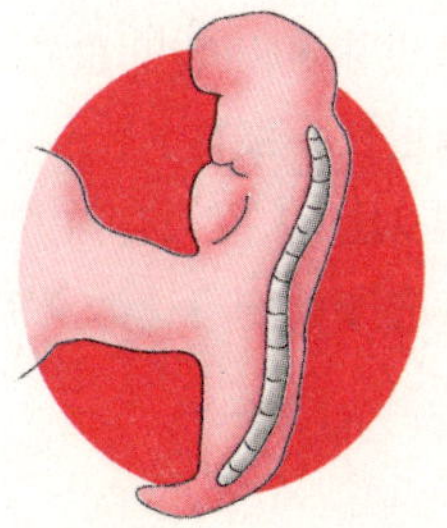

第5周

本周宝宝 妈咪，我已被牢固地种植入你的子宫里了，但是我还很小，像一只小海马。

本周妈妈 你虽小，但妈妈还是感到腹部不适，有点想吐。为了让你更好地成长，妈妈的子宫内膜会变得肥厚、松软，而且富有营养。

第30天

4W+2D（4周又2天）

## 本月孕程——宝宝像只小海马

妊娠2个月时，胎儿已发育成人的形状了，通过监测仪已能辨别出头、躯干的轮廓了，骨头还处于软骨状态，有弹性。

### 宝宝发育

**胎宝宝的体长：**2～3厘米。

**胎宝宝的重量：**约为4克。

**宝宝的形状：**已发育成人的形状，已能辨别出头、躯干的轮廓了。手、脚已分明，甚至5个手指、脚趾都有了，连指尖长指甲的部分也能看得出来了。

**内脏器官：**胃、肠、心脏、肝脏等内脏已初具规模，特别是肝脏在明显地发育。神经管鼓起，大脑急速发育。从外表上还分不出性别，但内外生殖器官的原基已经能被辨认。

**五官：**眼睛、耳朵、嘴大致出现了，已经像人的脸了。但眼睛还分别长在两个侧面。

### 妈妈变化

**月经停了：**胚芽着床，月经暂时消失。

**出现妊娠反应：**出现恶心、呕吐等感觉，大部分人早上空腹时尤为强烈。

**乳房肿胀：**乳头刺痛感还未消失，乳房下方的血管越来越明显。

**子宫如鹅蛋般大小：**子宫开始慢慢增大，白带增多。

**下腹部出现胀痛：**因子宫增大压迫到膀胱引起便秘、腹泻、多尿等现象，同时，也会常感到下腹发胀。

第31天

4W+3D（4周又3天）

## 本月营养关注

### 孕2月饮食原则

多数准妈妈在此时会出现早孕反应，心情比较烦躁，食欲比较差，孕妈妈孕2月的饮食原则如下：

◆ 多吃些能开胃健脾、减轻呕吐的食品，如苹果、枇杷、石榴、米汤、白豆、赤豆、鸭蛋、鲈鱼、白萝卜、白菜、冬瓜、淮山药、红枣等。

◆ 进食适量的含蛋白质、脂肪、钙、铁、锌、磷、维生素和叶酸的食物，这样才能使胎儿正常地生长、发育。

◆ 多吃一些对胎儿智力有益的食品，胎儿可以通过母体选择食物迅速改善其脑力。

## 孕2月营养要素

◆ **蛋白质**：孕2月，由于腹中胎儿尚小，发育过程中不需要大量营养素，摄入的热量不必增加。只要能正常进食。并适当增加一些优质蛋白质，就可以满足胎儿生长发育的需要了。蛋白质每天的供给量以80克为宜。

◆ **脂肪**：由于早孕反应，准妈妈有可能吃不下脂肪类食物，但也不必勉强自己，此时可以动用自身储备的脂肪。另外豆类、蛋类、乳类食品也可以少量补充脂肪。

◆ **能量**：含淀粉丰富的食品不妨多吃一些，以提供必需的能量。

◆ **维生素**：维生素是胎儿生长发育必需的营养物质，叶酸、B族维生素、维生素C、维生素A都是孕2月必须补充的。准妈妈要多吃新鲜的蔬菜、谷物、水果等。

◆ **水和矿物质**：准妈妈要注意补充水和矿物质，如果早孕反应严重。剧烈呕吐容易引起人体水盐代谢失衡。准妈妈要多吃干果，不仅可补充矿物质，还可补充必需脂肪酸，有利于宝宝大脑的发育。

# 第32天 4W+4D（4周又4天）验孕方法早知道

按正常的月经周期，你的“好朋友”已经推迟几天没来了，你是否意识到“小宝贝”已悄悄来到？是不是急切想确认这个秘密呢？

## 验孕试纸法

首先用干净的杯子搜集尿液，以滴管吸取待测试的尿液，滴到测试卡的凹槽中，等待5分钟后取出测试片，便可知道是否怀孕。

## 基础体温

排卵后的基础体温要比排卵前高出0.5℃左右，并且持续时间长达12～14天，直至月经前1～2天或月经第一天才下降。如果连续测试3～4天，即可判断是否已经怀孕。

## 宫颈黏液

宫颈黏液涂片有许多排列成行的椭圆体，医生见到这么多的椭圆体就可以判定是妊娠现象。因为女性在怀孕后，卵巢的“月经黄体”会分泌大量孕激素而形成椭圆体。

## 妇产科检查

此项检查主要是医生通过触摸来检查已孕女性的子宫的大小、柔软度、宫颈颜色等，以确定怀孕的情况。

## 超声波检查

停经5周以上经阴道超声，停经6周以上经腹部超声可见胎囊，停经7周以上经腹部超声检查可使子宫内胚胎显示在荧光屏上并有心跳，确诊是否怀孕。

## 妊娠血检法

该方法必须到诊所或医院的实验室去做，只要几滴血液。在受精一个星期后做化验，一两天后，就可以得到正确率几乎100%的结果（如果实验室没有差错）。

第33天

4W+5D（4周又5天）

# 怀孕日记：给宝宝的特殊礼物

有宝宝啦，孕妈妈和准爸爸都很兴奋、激动。那么，趁着这个特殊的时期，孕妈妈和准爸爸不妨一起来写怀孕日记吧！把自己的感受和孕期的酸甜苦辣，都点点滴滴记下来，这就是孕期中留给自己和宝宝的第一份凝聚着无限爱意和回忆的完美的礼物。

## 写怀孕日记好处多

写怀孕日记不仅可以帮助孕妈妈掌握孕期活动及变化，而且可以作为判断胎儿及母体健康情况的参考，可以帮助医务人员了解孕妈妈在妊娠期间的生理及病理状态，为及时处理异常情况提供依据。

怀孕日记可以减少因记忆错误而造成的病史叙述不当或医务人员处理失误等情况。尤其是高龄孕妇，有高血压、糖尿病等慢性病的特殊孕妈妈更应该坚持定时写怀孕日记。

## 怀孕日记该写什么

孕妈妈和准爸爸怀着迎接宝宝的心情来写这个爱的日记，可以写自己和爱人的心情感受，可以写一天的情绪状况，可以写有了宝宝之后孕妈妈身体发生的变化，可以写听了宝宝的胎心音后的感觉，可以写通过超声波见到宝宝腹中模样的激动心情等。辛酸和幸福，难过与开心，都可以渗透在文字中。

## 准爸爸也来记怀孕日记

怀孕日记不仅仅是孕妈妈记录，准爸爸也要在日记中写下对宝宝想说的话。这样有助于夫妻两人在日记中和未出生的宝宝交流，同时也能促进夫妻间的相互交流，这样不仅能使丈夫感受到当爸爸的幸福，还能加深夫妻之间的感情。

## 让日记丰富多彩

有创意的父母还可以把孕期的图像粘贴在日记中表达自己的心情和感受。比如可以在日记上粘贴宝宝的超声波图像、孕妈妈妊娠时的照片、孕妈妈在孕期和准爸爸的合照等，能使日记的内容丰富多彩。

有些孕妈妈和准爸爸还把孕期夫妻谈话和畅想宝宝未来的言语及时记录下来，从而成为珍贵的孕期记录。

### 日记具体内容建议

以下几点具体内容值得在日记中记载，是资料也是历史，值得回顾。

1.月经日期。早孕反应起止日期及状况。

2.第一次胎动日期，做胎动监护后做好记录，记录每日胎动的次数。

3.孕期出现病症，记录起止日期，主要症状及用药详情、副反应等。

4.若接触到有害有毒物质，做详细记录，包括时间、物质、不良反应等情况。

5.若接受放射线，如做X光、CT或其他放射线检查，记录照射部位及时间。

6.重要化验及特殊检查的结果，如肝功、B超、胎儿监护、胎盘功能检测等，应妥善保存各种化验单，检查报告单。

7.对孕期做自我监护的各种情况，记在日记里，还可以配一些照片。

第34天

4W+6D（4周又6天）

# 烦恼并幸福着的怀孕征兆

现在，你或许已经感到了身体上的一些不适，你是不是又惊喜又忐忑，因为这些不适可能就是怀孕的征兆，你盼望的幸福时刻真的要来了。

## 停经

月经周期规律的妇女，月经推迟1周以上，基本可以确定为怀孕。但环境变化或精神刺激也会引起月经推迟或闭经，所以不要急于下结论。

## 植入性出血

在受孕后第11~12天左右，经期已过，一些女性会有少量的阴道出血。这种阴道出血可能是由于受精卵植入血液丰富的子宫内膜所引起的，这个过程在受精6天后开始。

植入性出血的出血量非常少，表现为一些红色血斑，或者粉红色、红褐色斑迹。持续大约一两天。如果血量比较大，尤其是同时还伴有疼痛感的话，一定要去医院就诊，因为这有可能是宫外孕的征兆。

## 恶心呕吐

恶心呕吐是最常见的怀孕征兆。孕吐大大多在受孕1个月左右之后才会出现，少数幸运者整个孕期都不会孕吐。不过，也有一部分女性在此之前，就会开始觉得恶心。

差不多一半有孕吐的女性，在孕中期开始后，就不再出现恶心、呕吐现象了。其余的大部分女性可能还需要再等1个月左右的时间，孕吐症状才会有所减轻。

## 尿频

妊娠早期孕妇常感小便次数增多，妊娠中期自行消失。这是由于增大的子宫压迫膀胱引起的，是胎儿生长的信号。

## 乳房胀痛

怀孕早期，妇女的乳房即开始变化，妊娠8周起，乳房就逐渐膨大，孕妇会感觉乳房发胀或刺痛。

## 疲倦

怀孕时身体易困乏劳累，睡眠也会增加，这是受雌激素变化的影响。尤其在怀孕的前3个月里，你的身体会强迫你睡觉。这种异常的疲倦通常过了前三个月就会消退。

## 基础体温居高不下

怀孕的话，即使到了月经预算日，基础体温也不会下降，反而继续升高。36.7℃～37.2℃的低热状态会一直持续到怀孕13～14周，所以，高温状态持续3周以上，可以确定为怀孕了。

## 早孕自测呈阳性

早孕检测结果阳性应该是最确凿的怀孕征兆了。但不管包装上怎么写，许多早孕自测试剂在女性错过月经1周后，才能测出怀孕。所以，如果你是在这之前做的测试，并且得到的是阴性结果，过几天，你可以再测一次。

一旦你自测出阳性结果，一定要到医院做进一步的检查。

第35天

5W（5周）

## 孕吐可以轻松面对

孕吐是早孕反应的一种常见症状，其形式和程度因人而异。孕妇在怀孕1个多月的时候会挑食、偏食、有轻度恶心呕吐，这属于早孕反应。轻度的孕吐反应，一般在妊娠3个月左右即会自然消失，对身体无大的影响，也不需要特殊治疗，只要情绪稳定，适当休息，注意调节饮食即可。

### 适当吃些酸味食品

怀孕早期的孕妇大都喜欢吃酸性口味的食品，丈夫和家人应多准备一些这类食品。孕妇在口味上可以尽量选取自己想吃的东西，多喝水，多吃富含维生素的食物，防止便秘而加重早孕反应。另外，多变换孕妇就餐环境，也可激发孕妇的食欲。

### 进食讲究少食多餐

妊娠恶心呕吐多在清晨空腹时较重，可多吃一些较干的食物，如烧饼、饼干等可减轻反应。如果孕妇孕吐严重，要多吃蔬菜、水果等偏碱性的食物，以防酸中毒。

### 饮食以清淡为主

这个时期孕妇的膳食原则上是以清淡、易消化为主，如面包、饼干、牛奶、藕粉、稀粥、蜂蜜及各种新鲜水果等。避免吃过于油腻的食品。

### 呕吐后休息一会儿

孕妇进食后一旦呕吐，可深呼吸，听音乐，或室外散步，然后再继续进食。进食后，最好卧床休息半小时，这样症状可减轻。晚上反应较轻时，食物要多样化，必要时睡前可适量加餐，以满足孕妇和胎儿的营养需要。

### 别过多喝汤

汤类和油腻类食物最容易引起恶心或呕吐，在进餐时不要过多喝汤、饮料和开水，避免吃油炸或难以消化的食物。

第36天

5W+1D（5周又1天）

## 巧吃水果多健康

水果营养丰富，受到孕妈妈的喜爱，许多孕期不适会通过吃水果来缓解。但是孕妈妈了解吃水果的一些讲究吗？

### 水果的作用

吃适量的水果不仅能增加营养、补充维生素和矿物质，而且还能增进食欲、帮助消化，有利于孕妈妈在孕期膳食营养结构的改善。

### 水果吃法八原则

◆ 吃水果的最佳时间是每天的上午，同时最好是在饭后2小时内或饭前1小时吃比较好，饭后立即吃水果会造成胀气和便秘。

◆ 吃水果不仅要控制好吃水果的量，还要尽量选含糖量低的水果。

◆ 避免食用刚从冰箱中拿出来的水果，因为太凉的水果会使肠胃蠕动变慢，影响消化。

◆ 孕期应多吃当季水果，不要吃反季节的水果，因为一些反季节水果是用激素催熟的，孕妈妈多吃，可导致体内激素水平升高，不利于胎宝宝的性别发育，而且反季节水果口感也不是很好。

◆ 吃水果要均衡种类，不能过于单一，因为不同的水果所富含的营养物质和成分是各不相同的，这样可均衡摄取营养。

◆ 孕妈妈不宜多吃太甜的水果，更不能把水果当作正餐来食用，否则容易导致体内血糖升高，可能会引发妊娠期糖尿病。

◆ 生吃水果前必须洗净外皮，削水果的刀要与其他切菜、切肉的刀分开，并且清洗干净，避免将寄生虫卵带到水果上。

◆ 吃完水果后，最好漱口，因为有些水果含多种发酵糖类物质，酸性水果里的某些成分也会对牙齿有较强的腐蚀性，食用后若不漱口，口腔中的水果残渣易造成龋齿。

## 第37天 5W+2D（5周又2天）

## 不可闹“情绪”

孕妇的行为、生活环境和精神状态的变化对胎儿的发育是有一定影响的，好的情绪对胎儿是有益的，但如果情绪波动过大则会对胎儿产生不利影响，孕早期尤其要注意。

### 不要过度紧张

当孕妇情绪过度紧张时，肾上腺皮质激素分泌较多。肾上腺皮质激素有阻碍胚胎某些组织融合的作用。若在胚胎发育的关键时期，肾上腺皮质激素分泌过多，就会阻碍胚胎左右上颌突、内侧鼻窦的融合，引起唇裂、腭裂等畸形。

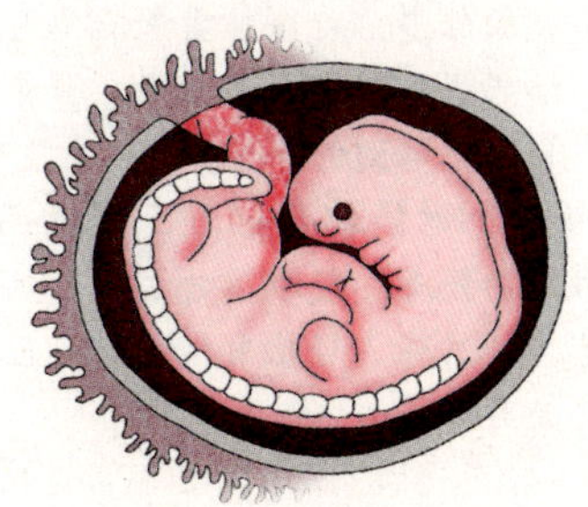

#### 第6周

**本周宝宝** 我的肾和心脏等主要器官都已形成，心脏已开始运送血液，许多器官如脐带、眼、耳、嘴等的雏形已经具备，并且正在快速地发育哦。

**本周妈妈** 妈妈现在会出现尿频现象，阴道分泌物也逐渐增加，肚子或者腰部常处于紧绷状态。我的乳头变得敏感，并伴有刺痛感，且乳头的颜色加深。

## 情绪变化幅度不要过大

有研究认为，当情绪变化时，由神经系统控制的内分泌腺会分泌出各种不同类型和数量的激素，使血液中化学成分发生变化。情绪愉快时会使血液中增加有利于健康的化学物质，当情绪低落时则会使血液中产生对神经系统和心血管系统有害的化学物质。

胎儿生长发育所需要的营养和氧气，是由母亲的血液通过胎盘供给的。这就不难理解，当孕妇情绪变化时，母体血液中化学物质的质和量发生了改变，从而通过胎盘进入胎体对胎儿的生长发育产生影响。

因此丈夫和家庭中其他成员，应对孕妇给予更多的关怀和体贴，使孕妇能够保持心情舒畅、情绪安定。同时孕妇自己也要心胸开阔、乐观，对于不愉快的事情，要以正确冷静的态度对待，使自己能够孕育出一个健康的孩子。

# 第38天 5W+3D（5周又3天）早孕反应正确应对

孕早期会出现厌食、恶心、呕吐、头晕、倦怠，甚至低热等早孕反应，一般在妊娠第6周出现，在12周后自行缓解。这是孕妇特有的正常生理反应，只要在日常的生活和饮食上稍加注意就行，无需特殊治疗。

## 适量活动

孕妈妈出现孕吐不适的时候，可以适当地休养。但是当身体好转些时，就应该适当做些轻缓的活动，散散步、做些轻缓的保健操，让身体处于良好的状态。

## 饮食调配，对付孕吐

饮食调理是缓解孕吐最简单安全的方法。孕妈妈可以根据自己的喜好，选择一些想吃的食物，通常清淡食品，凉拌蔬菜、新鲜水果、酸味食物及汤羹类食物应是孕妈妈首选的食品。

## 心情愉悦，环境温馨

孕妈妈要保持轻松，愉快的心情，不必过多地担忧和惊慌，有时间多听听音乐、与朋友和家人聊聊天，适当地打扮自己，放松心情。准爸爸要给妻子提供一个和谐温馨的家庭环境，多陪妻子做她喜欢做的事情，使她的身心得到放松。

### 告诉准爸爸

**孕早期准爸爸要下厨房**

早孕期间，孕妇身体和心理都有很大变化，早孕反应和情绪的不稳定，会影响孕妇的正常生活，这就需要准爸爸的帮助和理解。

在早孕这个特殊的阶段，有些孕妈妈一闻到饭菜的味道，就会加重恶心呕吐感。因此，孕妈妈要少进厨房做饭，避免接触油烟或者不想闻到的味道。

准爸爸这个时候就要出马，积极担起家务和做饭的任务，使孕妈妈远离任何使她感到恶心的气味，轻松度过早孕反应期，尽显丈夫对妻子的体贴和关怀！

第39天

5W+4D（5周又4天）

# 孕初期出血不是小事

据统计，至少有20%的孕妈妈在怀孕初期有过出血情况。这种情况可称为“妊娠月经”，但这并非是真正月经，很多女性因为妊娠月经而不知道自己已经怀孕，这是很危险的。如果知道自己怀孕，孕妈妈难免为此遭受一场心理风暴。孕初期出血是怎么回事呢?

## 出血原因多种多样

孕初期出现的出血原因各有不同，并不能一概而论。

**1.先兆流产** 孕初期出血引起的原因有很多。最常见的就是先兆性流产，主要发生在怀孕40天左右，由于孕妇本身体质的关系，会出现这种情况，往往开始的时候只有轻微的腹部不适，出血或多或少，到严重的时候才会有剧烈腹痛的情况出现。

**2.宫外孕** 一般发生在怀孕2个月左右，出血不会很多，因为宫外孕出血往往是在体内出血，但会伴随剧烈绞痛。

**3.葡萄胎** 多发生在闭经后的2~3个月，持续性的阴道出血或持续腹胀，部分孕妈妈可能出现高血压、严重的妊娠反应、水肿等异常现象。

**4.胎盘低置** 随着孕程的增加，子宫下段逐渐伸展，子宫颈口扩大，但胎盘却不能随着子宫颈口的扩大而有发展，结果就会发生胎盘局部剥离、血管破裂出血。假如情况不严重，胎儿也有可能保留下来，但是整个孕期都会出现稀稀拉拉的出血现象。假如出血量很大，就十分危险。

**5.与胎儿无关的原因** 孕初期出血有时候和胎儿并没有关系，女性的一些妇科疾病也会产生出血的情况，比方说宫颈糜烂、宫颈息肉、子宫内环境恶劣等，会造成阴道不同程度出血的情况。

## 一旦有出血 要及时就医

出血状况不是自己所能判断的，一旦出现，就应该到医院及时检查和治疗。假如是先兆性流产，医生会采取措施进行保胎；假如是宫外孕，那是越早治疗对身体的伤害会越小；如果是妇科疾病，那么采取适当的治疗，并不会影响到孩子在母体内的生长发育。

如果不及时就医，按照经验来处理这类情况，弄不好便会出现无法挽回的伤痛。

第40天

5W+5D（5周又5天）

# 孕期用药十大铁律

进入了孕期，尤其是孕早期，用药是件大事。及时了解孕期用药原则是非常必要的。

## 医生要明确情况

有受孕可能的妇女用药时，按已孕用药；孕妇看病就诊时，应告诉医生自己已怀孕和妊娠阶段。

## 用药要明确目的

用药有明确的指征和适应证，既不能病情不明滥用，也不能有病不用。有病不用疾病同样会影响胎儿。

## 采用保守原则

能少用的药物决不多用，可用可不用的尽量不用。尤其是在妊娠的头3个月，能不用就不用，能暂时停用就暂停使用。

## 采用选优原则

当两种以上的药物有相同或相似的疗效时，就考虑选用对胎儿危害较小的药物。

## 权衡已知风险

已肯定的致畸药物应禁止使用。但如果孕妇病情危重，则慎重权衡利弊和风险后，方可考虑使用。

## 避免未知风险

能单独用药就避免联合用药，能用结论比较肯定的药物就不用比较新的药。试验性用药，包括妊娠试验用药，就更要谨慎。

## 严格控制时间及剂量

用药必须注意孕周，严格掌握剂量、持续时间。尽量缩短用药疗程，病情控制后及时停药。

## 切忌自选自用

切忌自选自用药物，或听信偏方、秘方，以防发生意外。自己用药一定在医生的指导下使用已证明对胚胎与胎儿无害的药物。

## 遵循用药说明

服用药物，注意包装上的“孕妇慎用、忌用、禁用”字样。

## 考虑终止妊娠

孕妇误服致畸或可能致畸的药物后，应找医师根据自己的妊娠时间、用药量及用药时间长短，结合自己的年龄及胎次等问题综合考虑是否要终止妊娠。

### 告诉准爸爸

#### 处处关心谨防流产

准爸爸在爱妻怀孕的早期千万要小心谨慎，因为怀孕早期是流产的高发时期。要想自己的爱妻和宝宝安然无恙，一定要格外地注意爱妻的安全，尽量不让妻子做繁重的家务活。

第41天

5W+6D（5周又6天）

# 孕期忌用中西药盘点

据调查，约有92%的孕妇用过药，其中65%竟然是未经医生处方而自行服用的，这是很危险的。用药不当贻害无穷，务必谨慎。特别提醒，这里只是有限分类列举，未能穷尽。

## 孕妈妈忌用的西药

**1.任何一种抗癌药：**可导致胎儿畸形，造成四肢短缺、外耳缺损、唇腭裂及脑积水等，可引起胎死宫内。

**2.激素类药物：**如果孕妈妈在怀孕早期应用雌激素，可导致生下的女孩发生阴道腺癌；雄激素可使女性胎儿的外生殖器男性化。在妊娠14周以前，大剂量或持续应用肾上腺糖皮质激素，可引起死胎、早产、唇腭裂、无脑儿等畸形。

**3.镇静药：**眠尔通可致胎儿发育迟缓和先天性心脏病。巴比妥类可致指(趾)短小、鼻孔通联。

**4.解热镇痛药：**阿司匹林、非那西汀可致胎儿骨骼畸形、神经或肾脏畸形。

**5.抗甲状腺药：**可抑制胎儿甲状腺素的合成而导致死胎或先天性克汀病等。

**6.降血糖药：**如磺脲类药物，可引起流产、死胎、多发性畸形。

**7.大剂量抗疟药：**如奎宁能引起胎儿视网膜损害。

## 孕妈妈忌用的中药

孕期服用中药也应多加小心，某些中药对胚胎也具有直接毒、副作用。

**1.禁用的中药：**强烈的逐水药、行血药、活血化淤药，如：巴豆、牵牛子(又叫黑丑、白丑)、大戟、斑蝥、商陆、麝香、三棱、水蛭、莪术、虻虫等等等。

**2.慎用的中药：**应尽量避免使用具有通经去淤、行气、破滞，以及辛热、滑利等作用的药物，如桃仁、红花、大黄、枳实、附子、干姜、肉桂、半夏、冬葵子等都应禁用。

**3.选用中成药：**应先详细看说明书，并咨询医生，以确保安全。

第42天

6W（6周）

# 解除感冒的困扰

如果孕妈妈感冒了，但不发热，或体温不超过38℃，可增加饮水，补充维生素C，充分休息，感冒症状就可得到缓解。如果有咳嗽等症状，可在医生指导下服用药物，孕妈妈千万不可自己随意服药。

## 排卵两周内没关系

如果孕妇感冒的时间是处在排卵以后两周内，用药就可能对胎儿没有影响。

## 排卵后两周感冒需终止妊娠

如果感冒时处在排卵以后两周以上，这一时期，胎儿的中枢神经已开始发育，孕妇高热39℃如持续3天以上，就可能会对胎儿造成影响。如果出现以上情况，就需要与医生、家人共同商讨是否继续本次妊娠。

### 孕早期感冒危害大

如果孕妇在怀孕3～8周之后患上感冒，并伴有高热，就对胎儿的影响较大。病毒可透过胎盘屏障进入胎儿体内，有可能造成胎儿先天性心脏病、兔唇、脑积水、无脑和小头畸形等。感冒造成的高热和代谢紊乱产生的毒素会刺激子宫收缩，造成流产，新生儿的死亡率也会因此增高。

### 轻度感冒

可选用板蓝根冲剂等纯中成药，并且多喝开水，同时要注意休息，补充维生素C，感冒很快就会好。

### 重感冒伴有高热、剧咳

一定要及时上医院，并坚持治疗。可选用柴胡注射液退热和纯中药止咳糖浆止咳。同时，可采用湿毛巾冷敷，或用30%左右的酒精（或将白酒对水冲淡一倍）擦浴，可起到物理降温的作用。

第43天

6W+1D（6周又1天）

## 做好孕期口腔保健

民间流传着“生个娃娃掉颗牙”的俗语，这是因为牙齿在孕期容易发生病变，导致很多的口腔问题。但如果孕妈妈在孕期做好口腔保健，就可以避免这些问题。那么怎样做好孕期的口腔保健呢，跟随我们一起学习吧！

### 定期检查口腔

女性一旦怀孕，最好能定期到牙科做口腔检查，对牙齿的疾病，如龋齿、牙龈炎、牙周病等问题进行提前治疗，以防在怀孕期间发生不好的状况。同时，在孕期，孕妈妈要了解自己目前的口腔情况，掌握正确清洁口腔的方法，弄清口腔清洁的注意事项，如果需要也可安排在适当时机进行治疗。

### 加强牙齿所需营养物质的摄取

孕妈妈在孕期应该加强胎宝宝牙齿发育所需的各种营养物质的摄取，例如维生素A、维生素C、维生素D、钙、磷、铁等。此外，还要保证孕妈妈供应的热量适宜，营养素之间的比例得当，以确保胎宝宝的健康成长。

### 做好口腔的清洁

孕妈妈要养成良好口腔清洁习惯，加强口腔卫生。要做到“早晚刷牙，饭后漱口”，保持口腔清洁。通常，刷牙时间不要少于3分钟，并且按照正确的刷牙方法进行牙齿的清洁。另外，因为齿缝和龈线下是细菌滋生之地，而这偏偏是牙刷不易刷到的地方。因此，可以使用漱口水、牙线作为辅助洁牙的工具进行口腔清洁。

第44天

6W+2D（6周又2天）

## 孕早期孕妈妈美丽计划

怀孕了，由于身体各方面的变化，一直白净细嫩的脸会出现很多孕妈妈不想看到的瑕疵，这些小小的瑕疵却大大地影响了孕妈妈的心情。下面就给各位孕妈妈支几招，让您的脸在整个孕期都白净细嫩。

### 洗脸也是美容的重点

妊娠期间早晚洗脸各1次，使用平时常用的洗面奶，仔细地洗，洗干净后抹上必要的护肤品。夏天是容易出汗的季节，要增加洗脸次数。勤洗脸不仅是为了去掉油垢，还可为皮肤增加水分，使皮肤湿润光滑，富有弹性。

### 不是夏天才要防晒

由于激素的作用，孕妇脸上容易长雀斑。一般到产后就会自愈，不必十分介意。孕妇受紫外线照射也容易长雀斑，所以不要让强烈的直射阳光照在脸上和其他无遮盖的皮肤上。外出时最好穿长袖上衣，还应该戴上遮阳的帽子。脸上还可抹些防晒霜，以保护皮肤。

### 按摩手法不可少

妊娠期间，孕妇每天都应进行脸部按摩。按摩既可加快皮肤的血液流通，增进皮肤的新陈代谢，保护皮肤的细嫩，还可使皮肤的机能在产后早日恢复。

按摩要领如下：首先用洁面乳擦掉脸上的污垢，或用温水洗净脸面，然后用毛巾擦干。在脸上均匀地抹上按摩膏以后，再用中指和无名指从脸的中部向外侧螺旋式按摩约50次。

按摩完毕后，用一条拧干的热毛巾擦拭一下。每天坚持按摩，对皮肤是十分有益。

第45天

6W+3D（6周又3天）

## 有些化妆品得“割爱”了

化妆本来并非禁止之事，可当您怀孕之后，就要警惕某些化妆品中的有害成分。孕妇应该禁用哪些化妆品呢？有必要作个盘点。

### 染发剂

染发剂不仅会引起皮肤癌、乳腺癌，甚至还可以导致胎儿畸形。

### 冷烫精

孕妈妈头发非常脆弱，而且极易脱落。若再用化学冷烫精烫发，更会加剧头发脱落。冷烫精中常含一种含硫基的有机酸，属有毒化学物质，影响体内胎儿的正常生长发育。

### 口红

口红是由各种油脂、蜡质、颜料和香料等成分组成。其中油脂通常采用羊毛脂，羊毛脂除了会吸附空气中各种对人体有害的重金属微量元素，还可能吸附大肠杆菌。吸附在嘴唇上的有害物随着唾液侵入体内，使孕妇腹中的胎儿受害。

## 指甲油

指甲油大多是以硝化纤维为基料，以丙酮、乙酯、丁酯、苯二甲酸等化学溶剂和增塑剂及各色染料制成，这些化学物质对人体有一定的毒害作用。指甲油中的有毒化学物质很容易随食物进入体内，并能通过胎盘和血液进入胎儿体内，日积月累，就会影响胎儿健康。

## 脱毛剂

脱毛剂是化学制品，会影响胎儿健康；而电针脱毛不但效果不理想，电流刺激还会影响胎儿。

## 祛斑霜

孕期脸上会出现色斑加深现象，是正常的生理现象而非病理现象。孕期祛斑不但效果不好，还由于很多祛斑霜都含有铅、汞等化学物质以及某些激素，长期使用会影响胎儿发育，有致畸的可能。

## 洗涤剂

洗涤剂中含有酒精硫酸物质，通过皮肤吸入人体，当达到一定的浓度时，就会导致受精卵的死亡，使妊娠中止。

6W+4D（6周又4天）

# 孕妈妈美美地睡个觉

对于孕妈妈来说，睡眠具有重要的意义，拥有良好的睡眠才能有良好的精神状态，这样才有利于腹中宝宝的生长发育。

## 打造完美卧室

将卧室内其他用品搬到另一间房去，让卧室只成为安静休息的场所。还可以将明亮耀眼的聚光灯换成柔和的或可以调挡的灯，营造出浅黄、温馨的卧室气氛，这也有助于睡眠。选择棉麻织品的床单和被里。床单、被里和人的皮肤直接接触，必须要符合卫生舒适的要求。要有较好的透气性和吸湿性。枕头内的填充品和枕头的高低要适合，一般认为荞麦皮枕芯无论冬夏都适合，不会成为

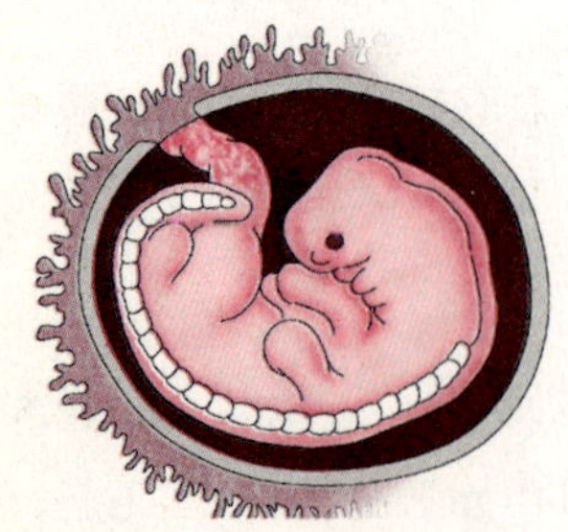

### 第7周

**本周宝宝** 妈咪，现在我的手臂和腿正在发育中，眼、耳、鼻、胰脏等都在快速地发育。心脏每分钟大约跳140下，比妈妈心跳要快2倍呢。

**本周妈妈** 哦，我的身体会感到很疲劳，且心率开始陡然增快，新陈代谢率也增高了25%。本周我的口味也会有所改变，会特别倾向某一种味道的食物。

过敏源，可以放心选用。经常将卧具放在阳光下晾晒，利用紫外线杀菌驱毒，保证卧具的卫生，这对睡眠质量及健康都非常重要。

### 睡前要有所准备

睡前喝一杯牛奶可以帮助尽快入睡。注意，为了避免半夜上厕所，除了牛奶，孕妈妈最好在睡前2个小时不再喝水，也不要喝咖啡、浓茶等易引起兴奋的饮料。

睡前不要看刺激性的图书或电视节目，以免引起精神兴奋。难以入睡。上床后还可缓缓地做几下深呼吸。使脑部纷乱活跃的思维逐渐转为平静。

在睡前痛快地洗个热水澡或用热水浸泡双足，亦能解除困乏，有助于顺利地进入梦乡。

### 最佳睡眠姿势剖析

孕期最好的睡觉姿势是侧卧，并以左侧卧位为最佳，并保持腿和膝盖弯曲。这种姿势可以改善子宫的右旋转程度，减轻妊娠子宫对下腔静脉的压迫，增加回到心脏的血流量，保证胎盘的血液供给，给胎宝宝提供生长发育所需的营养物质，有利于胎宝宝的生长发育。

## 第47天 6W+5D（6周又5天） 洗澡不再是随意的事

孕妇在怀孕期间由于汗腺和皮脂腺分泌旺盛，因此孕期应经常洗头、洗澡，勤洗外阴，勤换内衣，以保持体表的清洁，促进周身血液循环和皮肤排泄作用。但孕妈妈洗澡就不能那么随意了。

### 最佳洗澡方式：淋浴

妊娠期间，由于身体内激素的分泌发生了变化，使阴道分泌物的酸碱性改变，阴道对外来病菌的抵抗力降低，坐浴时。浴后的脏水可进入阴道，进而引起宫颈炎、附件炎，有时还会导致宫内感染，引起早产，尤其是妊娠后期更易发生这种情况。因此，孕妇不宜盆浴，更不要到公共浴池去洗澡。还有，淋浴时尽量不要弯腰。

### 洗澡时间不宜过长

浴室内由于通风不良，空气污浊，温度高，这些都会降低空气中的氧气含量，再加上热水的刺激，使孕妇体内的血管扩张。这样血液流入躯干、四肢较多，进入大脑和胎盘的血液减少，氧气的含量也会减少；而脑细胞对缺氧的耐受力很低，因此，有少数的孕妇会因此而发生昏倒。若孕妇洗澡时间过长，就会造成胎儿缺氧，胎儿脑缺氧时间如果过长，则会影响神经系统的生长发育。因此，孕妇一般要控制自己洗澡时间不宜超过15分钟，或以孕妇本身不出现头昏、胸闷为度。

### 水温不宜过高

水浴温度过高，会对胎儿的中枢神经系统造成危害。孕妇体温比正常体温高1.5℃时，胎儿细胞发育可能停滞；上升3℃时，则有杀死胎儿脑细胞的危险。而且这种脑细胞的损害往往是不可恢复的。胎儿脑细胞损害的表现。轻者有智力障碍，重者可出现小眼球、唇裂、外耳畸形等，还可反复发作癫痫。一般高温水浴持续时间越长，水温越高，后果越严重。因此，孕妇不要用39℃以上的水洗浴。

第48天

6W+6D（6周又6天）

## 孕早期营养原则

孕早期，胎儿各器官处在分化形成阶段，此时又逢恶心、厌食妊娠反应时期，故增加营养应重在饮食的质量，多吃一些适合自己口味、易消化、清淡、富有营养的食物。并注意多吃一些粗制食品，尽量做到不偏食。

### 合理调配膳食

**粮谷类食物：**包括米、面、杂粮、赤豆、绿豆及含脂肪多的坚果类。这些食物可提供能量，供给蛋白质、无机盐、B族维生素、膳食纤维。每日最低摄入量应在200克以上。

**蔬菜、水果类食物：**它们主要供给孕妇维生素和无机盐，如胡萝卜素、维生素C、维生素$B_2$、钙和铁。每日摄入量至少应该在500克以上。

**动物性食品：**如猪、牛、羊、鸡、鸭肉及肝、肾、心、肚，水产类、蛋类。这些食物蛋白质含量高，容易消化吸收，是最重要的优质蛋白质的来源，还可提供一定的脂肪、脂溶性维生素和无机盐。每日摄入量至少在100克以上。

**乳类和乳制品：**它们是营养最完全的一类食品，富含蛋白质和容易吸收的钙。孕妇每日应尽量保证摄入乳类和乳制食品200克。

### 饮食中注意的问题

怀孕最初3个月，由于妊娠反应，吃不下太多东西，所以营养的补给是不充分的。一餐吃不了太多，可以少食多餐，以瘦肉、鱼类、蛋类、面条、牛奶、豆浆、新鲜蔬菜和水果为佳。进食时，最好将饮食中的固体与液体食物分开，即在正餐完毕后隔些时间再喝水或汤。如果食欲较好，应尽量摄取足够的维生素$B_1$、维生素C和钙及水等物质，比如喝牛奶，多吃干酪、新鲜蔬菜、水果等。

第49天

7W（7周）

## 豆类食品让宝宝更聪明

豆类食品是重要的健脑食品，孕期孕妈妈应该适量地多吃些豆类食品，这对胎儿脑的发育十分有益。

### 大豆——高级健脑品

大豆中含有相当多的氨基酸，正好弥补米、面中营养的不足。这些营养物质都是脑部所需的重要营养物质，可见大豆是很好的健脑食品。

大豆中蛋白质含量占40%，不仅含量高，而且是适合人体智力活动需要的植物蛋白。因此，从蛋白质角度看，大豆也是高级健脑品。

大豆脂肪含量也高，约占20%。在这些脂肪中，亚油酸、亚麻酸等多种不饱和脂肪酸又占80%以上，这也说明大豆是高级健脑食品。

### 豆豉——可提高记忆力

豆制品中，首先值得提倡的是发酵大豆，也叫豆豉，含有丰富维生素$B_2$，其含量比一般大豆高约1倍。维生素$B_2$在谷氨酸代谢中起着非常重要的作用，而谷氨酸是脑部的重要营养物质，多吃可提高人的记忆力。

### 豆腐——健脑非常好

豆腐是豆制品的一种，其蛋白质含量占35.3%，脂肪含量占19%，是非常好的健脑食品。如油炸豆腐、冻豆腐、豆腐干、豆腐片(丝)、卤豆腐干等都是健脑食品，可搭配食用。

### 豆浆——比牛奶更健脑

豆浆中亚油酸、亚麻酸等多不饱和脂肪酸含量都相当多，是比牛奶更好的健脑食品。孕妇应经常喝豆浆，或与牛奶交替食用。

### 豆类虽好，不宜过量食用

豆制品富含蛋氨酸，孕妈妈如果长期吃过多豆制品，蛋氨酸在酶的作用下转变为同型半胱氨酸，从而损伤动脉管壁内皮细胞，促使胆固醇和甘油三酯沉积于动脉壁，易造成动脉硬化。如果孕妈妈摄入豆制品过多，人体对铁元素的吸收功能就会受到抑制，从而导致孕妈妈出现不同程度的疲倦、嗜睡、贫血、身体无力等症状。

第50天

7W+1D（7周又1天）

## 孕早期流产不可不防

孕早期由于胚胎在子宫内的发育还不健全，孕妈妈生活的环境可能存在着很多不利于胚胎发育的隐患，这样可能会导致流产。所以孕早期孕妈妈应该多加注意，防止流产的发生。

### 孕早期易发流产的原因

妊娠早期，胚胎对各种有害或不良因素十分敏感，如某些药物、放射线、化学物质的侵害、细菌、病毒的感染以及体内内分泌激素水平的异常或某些营养物质的缺乏等，这些都可使胚胎发育产生缺陷，从而最终导致自然流产。有些流产是属于无法防止的流产，也就是说，不论以何种方法都不能避免其发生流产。而绝大部分的自然流产都是由于胚胎不健全所致，这些萎缩变形的卵泡有60%～70%是因为染色体异常或受精卵本身有问题，受精卵长到某种程度后，即会萎缩，从而发生死胎、流产。

### 预防流产七项注意

1.计划在适孕年龄生产，不要当高龄产妇或高龄产爸。如果您年龄已经大了，就要更关注下面几项。

2.注意均衡营养，补充维生素与矿物质。

3.养成良好生活习惯，起居要规律，学会缓和情绪、缓解工作压力。

4.改善工作环境，避开所有的污染物质。调整好居室的环境，保持居室通风。

5.黄体期过短或分泌不足的妇女，最好在月经中期和怀孕初期补充黄体素。

6.若患有内科合并疾病，应先积极治疗，最好等病情得到控制或稳定一段时间以后再考虑怀孕。

7.习惯性流产的妇女（自然流产超过3次以上）应该进行详尽的检查，包括妇科B超检查、血液特殊抗体监测，内分泌激素测定和夫妻双方血液染色体分析等。

第51天

7W+2D（7周又2天）

## 安胎药物知多少

对有流产或早产迹象的孕妈妈，医生常常会建议使用安胎药。而许多孕妈妈在使用安胎药前，总是担心安胎药会不会给胎宝宝造成危害。那么就让我们认识一下身边的安胎药吧。

### 常用安胎药——黄体酮

黄体酮是常用的安胎药物，一般先兆性流产和早产都可以使用黄体酮来进行安胎和保胎。黄体酮分为针剂与口服两种。其中针剂黄体酮属于油性针剂，不溶于水，注射时会比较疼，所以注射后必须用力揉一揉。至于口服黄体酮则是近期研发的新药，可口服，也可做塞剂，唯一的缺点是用药后，较容易出现恶心、呕吐等不良的肠胃症状。

### 新开发安胎药——孕保宁

孕保宁是新开发投入使用的一种安胎药物，它主要作用于子宫，而不会对其他循环代谢系统产生影响。因此，孕保宁的保胎效果非常好，副作用相对较小，但是价格偏高。如果孕妈妈家庭条件许可，可使用这种安胎药。

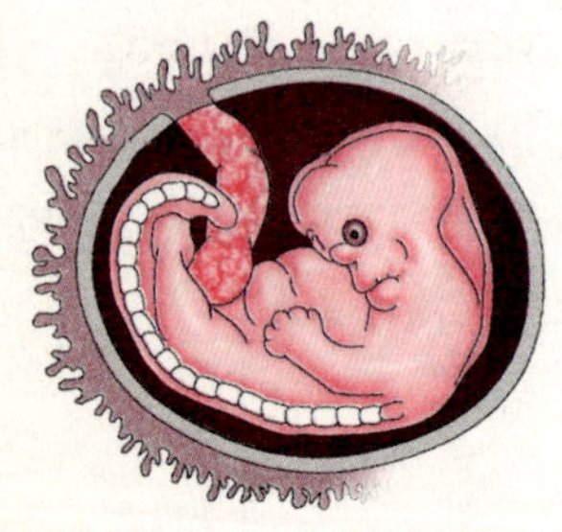

第8周

本周宝宝 妈咪，现在我的脸部渐渐可以看出眼睛、耳朵和鼻子，手指头和脚趾头也在发育中，我的皮肤薄得像纸一样，血管清晰可见。

本周妈妈 妈妈现在乳房胀大，腰围也增大了，有时还会出现昏沉乏力、身体不适、恶心呕吐等症状。

### 常用安胎中药

常用的安胎中药主要是白术和黄芩。古人把白术、黄芩当作安胎的“圣药”。脾虚不利于固胎，而白术有补脾、扶正固本的功效，为治疗妊娠胎动不安的常用良药。黄芩具有清热燥湿、泻火解毒、凉血止血、除热安胎的功效，适用于怀胎蕴热所产生的胎动不安。

第52天

7W+3D（7周又3天）

## 孕妈妈的“性”福生活

孕期的性生活是不完全被禁止的，健康而适度的性生活不仅是可以的，而且还能大大增进夫妻间的感情。况且怀孕后不必担心避孕的问题，可以使夫妻更放松，更能体验到房事的快乐。

### 适宜性生活的时期

孕期头3个月与末3个月不应房事，4月～6月虽不禁止，但应节制。从怀孕期女性性欲变化规律及预防产科疾病发生的角度出发，此期房事选择合理的性交体位尤为重要。

### 孕期性生活的原则

专家指出，怀孕后性生活的原则一定要记住，首先不能压迫或撞击肚子，再者不要给子宫以直接的强烈刺激。如果孕妇不愿同房，决不可勉强，要记住性生活不仅仅是指性交本身，还包括性爱抚等许多范围，因此在怀孕期间，夫妇双方一定要在感情上支持和身体的爱抚，共同度过这一生中的特殊时期。

### 不能性生活的情况

专家认为，怀孕后的前3个月和怀孕最后2个月不能有性生活，有腹痛或阴道出血等情况，或医生认为有流产或早产可能的时候；有多次流产史或早产史的孕妇应注意减少再次发生流产和早产可能；有前置胎盘等产科原因不宜同房者，有严重合并症者。

### 几种安全性爱姿势

◆ **女性跪卧后入式：**这种姿势要注意自己腿部将支承男性上身体重，不可过分前倾，动作宜小，以防女方腹部受压。此式可防止阴茎插入过深，刺激子宫及移动胎位。

◆ **女性半仰卧侧入式：**男女双方同向侧卧。女前男后，都向后斜倚，女方双腿分开，男性双腿置于女方双腿间行房事。此式中，女半卧于男上，腹部无受压危险，阴茎插入阴道的深度较浅，故适宜妊娠期采用。

◆ **双立位后入式：**女方站立、上身前倾，双手扶物，两腿分开、臀部抬起，男性立于其后交接。此式亦无压迫女腹之嫌，可控制阴茎插入过深之特点。

## 第53天 7W+4D（7周又4天）孕妈妈的夏季保健守则

三伏盛夏，赤日炎炎，一般人都在为食欲减退所扰，为暑气逼人所困，有着妊娠呕吐反应、身体笨重的孕妇更是为酷暑而苦恼。那么，孕妇将如何顺利度夏呢？

### 合理饮食

酷暑，孕产妇不宜吃产热高的高脂肪食物。饮食宜清淡、凉爽可口，如大米绿豆粥（温）、大米百合粥、清蒸鱼、豆皮或腐竹拌黄瓜等。注意，孕产妇不宜多饮冷饮，不宜用啤酒和汽水等饮料解暑，更不可吃变质的东西。

### 创造室内舒适的“小气候”

影响健康和舒适的因素有室温、湿度、风力、辐射等，所以应着重从这几个方面改善居室环境让孕妇过得更舒适。孕妇的居室温度最好能保持在25℃～30℃，湿度宜保持在50%左右，避免中午太阳直射，经常通风，但不宜总开电扇直吹。室内空气干燥时，勤洒净水或放置一盆清水。睡觉时不要一直开着冷气，同时要注意选用手感舒服的床单和睡衣。

### 选择适宜的服装

要穿颜色素淡吸热差的衣服，以白、淡黄和浅绿色为宜。衣料要选用放热量大的麻纱和导热性能好的丝织品。另外，孕产妇衣服款式宜宽大、松软，切不可穿紧身衣裤。

### 勤洗澡

为了安全、顺利度夏，更好地解暑降温，孕妇应该比一般人更要勤洗澡。孕妇有条件的每天中午和晚上临睡前各淋浴一次，或用温水擦身各一次，不要嫌麻烦。

## 第54天 7W+5D（7周又5天）孕妈妈的冬季保健守则

冬季气温低，温差变化大，呼吸道抵抗力降低，容易引发一些传染病。因此，孕妇应该注意衣着和起居，室温力求稳定，寒潮袭来时应多穿些衣服，外出时尤应严防着凉受寒。

### 注意饮食营养

冬季人体散热多而快，孕妇应该吃得更好些，以满足母子的生理需要。冬季孕妇应多吃些瘦肉、鸡、鱼、蛋类、乳类、豆制品和动物肝肾等营养丰富的食品。特别值得注意的是，冬季绿叶蔬菜极少，容易缺少维生素，孕妇应多吃些绿叶蔬菜和水果，以及含维生素A十分丰富的胡萝卜等。

### 常晒太阳

孕妇需要比一般人更多的钙质。以保障胎儿的骨骼发育。钙在体内的吸收和利用离不开维生素D，而维生素D需要在阳光的紫外线参与下由体内进行合成。因此，孕妇需要接受充足的阳光。但晒太阳不可隔着玻璃，因为紫外线不能通过玻璃。起不到作用。这就要求孕妇在冬季天气较好时，到户外去晒太阳。每天不应少于半小时。居住在西北房、平时与阳光接触较少的孕妇，尤应做到这一点。

### 严防跌伤

北方的冬天，天寒地冻路滑，孕妇身重体笨，容易跌伤。所以，冬天里孕妇不可穿高跟鞋或塑料底的鞋，应穿布底、软底、底不滑的鞋。走路、乘车，特别是夜里去厕所，以及上下楼梯时，应格外小心，严防跌倒，以免发生意外。下雪天孕妇应尽量不外出，若要上班工作则需有伴同行。

### 注意通风换气

冬天人们常将门窗紧闭，不注意换气，易造成空气污浊，氧气不足，孕妇会感到全身不适，还会对胎儿的发育产生不良的影响。另外，冬季用煤火取暖时，应注意通风，勤检查炉灶，预防煤气中毒。

## 第55天 7W+6D（7周又6天） 关于胎教的三个基本问题

### 疑问1：胎教是否真的有用

不少准妈妈每天不厌其烦地跟腹中“宝宝”说话，听音乐，做抚摸，难免心中会问，胎教对胎儿真的有效吗？

随着现代医学不断发展，越来越多的研究表明，胎宝宝在母体内不仅仅是个单纯的营养索取者，随着他（她）逐渐“长大”，他（她）的感觉器官和神经系统无时无刻不在接收来自母体内外的信息。他（她）能感知母亲的心跳，甚至还能“体察”母亲的情绪和精神活动。母亲和胎儿之间的种种奇妙的联系最终构成了胎教实现的基础。

可以说，胎教虽不能创造奇迹，却可以激发胎儿内部潜能，让他在生命之初接受良好有益的教育。因此，胎教应该属于优生学范畴，也发挥着促进优生的作用。

### 疑问2：胎教从什么时候开始最好呢

我们的回答是，如果还没开始，现在就开始。胎教其实是一个循序渐进的过程，十月怀胎，关键是准父母要有耐心和恒心，既不能操之过急，也不能三天打鱼，两天晒网，工作再忙，每天也要抽出5分钟怀着轻松的心情与胎宝宝亲密交流，给胎宝宝以良好的刺激！

**告诉准爸爸**

#### 你的臂膀是她最踏实的依靠

从怀孕初开始，孕妈妈就处于喜悦与忧虑的矛盾之中，经历着从未体验过的生理变化；在畅想宝宝成长的同时，又担心宝宝的健康。孕妈妈变得多虑，内心也非常敏感和脆弱，甚至会产生恐惧感。对准爸爸的精神依赖比以往要更强烈，对准爸爸的期望值也更高。这时候，她需要准爸爸坚实的臂膀。

### 疑问3：胎教的要点究竟是什么

很多的准妈妈为了孕育一个聪明宝宝，不停地和胎宝宝一起“学习”，弄得自己很疲惫。那么，胎教的要点到底是什么呢？

专家提醒准父母，胎教本身是为了促进胎儿期的感官功能的发育，并不是说真正让胎儿“学习”音乐，“学习”外语，甚至更多的东西。

准妈妈的体内环境是胎宝宝生长小环境，怀胎十月，准妈妈的生活和心情与胎宝宝的健康成长密不可分。从这一点来说，不要把胎教单纯地理解为只是针对胎儿的教育，准妈妈同时也要关注自己的生活情绪。

那么只要是对胎儿有益的事情都可以归入胎教的范畴。大到环境的改善、情绪的调节，小到听音乐、散步、和宝宝说悄悄话都是胎教的内容。有句话说得好，最好的胎教源自准父母的生活。放松心情，愉快地接受一个聪明活泼的小天使降临吧！

## 第56天 8W（8周）孕早期开始胎教

### 早孕反应对胎教的影响

我们都知道，早孕反应是正常的生理现象，怀孕3个月后会逐渐消失。而在怀孕的前3个月，孕妈妈的生理反应，如恶心、呕吐、乏力、食欲不振等，往往影响孕妈妈的心情、情感与心理平衡，使孕妈妈产生烦躁、易怒或易激动、抱怨等不良情绪。

恰恰此阶段是胚胎各器官分化的关键时期（胚胎于此阶段形成）。孕妇的情绪可以通过内分泌的改变影响胎儿的发育，孕妇在怀孕早期的不愉快心情，往往可以借助母子沟通的方式而影响胚胎。因此，克服早孕反应、怀孕早期保持健康而愉快的心情是这一时期的关键，从广义胎教来说，这也就是孕早期的胎教关键。

### 孕早期胎教的内容

胎教要从孕妇自我情绪调整和人为地对感官进行刺激两方面进行。

其实，从怀孕之日起，每个孕妇就已经在自觉或不自觉地开始了胎教，这就是夫妇双方（尤其是孕妇）的情绪、对新生命的渴望、对饮食起居的安排与调整。

如果夫妇双方或孕妇对早孕反应过于敏感和紧张，往往会对怀孕早期的正常生理变化产生焦虑和不安，甚至反感和厌恶。这种情形非常不利于胚胎早期健康地形成，不利于胎儿的身心健康和发育。

### 孕早期的抚触胎教

主要是进行情绪调整，对胎儿进行感官良性刺激。除了孕妇的个人情绪调整以外，我们可以按照胎儿感觉机能发育的顺序，给予胎儿适当超前的良性感官刺激，是这一时期胎教的另一个内容。

怀孕3个月时，胎儿已具人形，对外界的压、触动作可以感应，孕妇可用轻柔的手法按摩下腹部，或在摇椅中轻轻摇动，通过羊水的震荡给予胎儿压、触觉的刺激，会促进胎儿神经系统的发育。

# 第3个月
# 欣喜中的小心翼翼

8W+1D（8周又1天）

## 本月专家指导

一般都是本月接受初次产前检查，建立孕妇保健卡，以后按医生要求做好定期检查。这个月仍是容易流产的时期，还是妊娠反应最重的阶段，孕妈妈要做好心理准备。

害喜严重的孕妈妈，如果食欲不佳，尽量选择自己较想吃的食物。由于早孕反应，孕妈妈常会出现消化不良，食欲不振等情况。这时除了少吃多餐外，应挑选容易消化的、新鲜的食物，尽量避免吃油炸、辛辣的食物。

这个月对于外界环境里面，可能会导致胎儿伤害的因素，如：挥发性化学物质、辐射线等，应事先安排保持安全距离。由于胎儿这个月着床的情况还不是很稳定，所以孕妈咪要安心养胎，给胎儿一个健康、安宁的环境，防止意外流产。

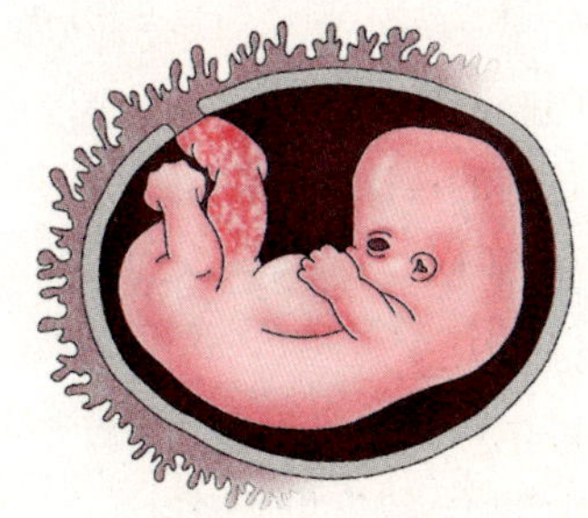

### 第9周

**本周宝宝** 妈咪，现在我的小尾巴已经消失了，各个器官系统也开始慢慢建立。从我的脸部可以看出眼、耳和鼻，四肢的关节也渐渐形成。

**本周妈妈** 现在别人还看不出妈妈怀孕的迹象，妈妈常会感觉到腿部紧绷发疼，腰部酸痛。而且妈妈的皮肤变得粗糙，乳房摸起来也发硬发痛。

第58天

8W+2D（8周又2天）

## 本月孕程——宝宝有心跳了

怀孕第3个月前的宝宝，只是胚胎，而现在已是胎儿了。

### 宝宝发育

**胎宝宝的体长：** 6～7厘米，猛然增长了两三倍。

**胎宝宝的体重：** 约20克，是上个月的四倍哟。

**宝宝外形变化：** 尾巴完全消失，躯干和腿都长大了，头还是明显的大。下颌和脸颊发达。胎儿的头、躯干、手、腿、脚已可分辨。

**胎盘：** 这个时期胎盘正在形成，但完成还需一段时间，以便在母亲的子宫内营造舒适的温床。以往都是靠自己的营养细胞自行成长的胎儿，接下来便可以借由胎盘获取母亲的养分。一旦胎盘完成后，胎儿流产的危险性也随之降低。

**内脏器官迅速发育：** 内脏中最先形成的就是肾脏。而心脏也大约在怀孕满3个月的时候形成，如果装置检查胎儿心跳的机械，应该听得到胎心音了。肝脏、脾脏、盲肠等也逐渐发育。

### 妈妈变化

妊娠第3个月后，由于胎儿的增长开始加速，因此母体内的新陈代谢和生理功能也将随之发生较大的变化。

**妊娠反应加剧：** 在胎盘尚未形成时期，准妈妈的妊娠反应仍然存在。这一阶段易有腹胀、便秘、四肢无力和头晕等症状。

**乳房变化：** 乳房更加膨胀，在乳晕、乳头上开始有色素沉着、颜色发黑。

**外阴颜色加深：** 因供血增加使会阴部呈深紫色，阴道分泌物增多。

**子宫如梨般大小：** 下腹部的隆起还不明显，有的准妈妈在下腹部骨盆边缘可触及增大的子宫底部。

第59天

8W+3D（8周又3天）

## 本月营养关注

### 孕3月饮食原则

孕3月是胎儿大脑和骨骼发育初期，而且准妈妈的早孕反应仍在持续，8～9周是最难受的时候，孕妈妈要注意加强营养，补充因孕吐而损失的营养。孕妈妈孕3月的饮食原则如下：

◆ 要保证蛋白质的摄入量，可以多方面摄入，植物蛋白和动物蛋白都可以。

◆ 此期是胎儿大脑和骨骼发育的初期，要注意必需脂肪酸、钙、磷等微量元素的摄入，还要补充适量维生素，包括叶酸。

◆ 准妈妈还应保证碳水化合物的摄入量。

## 孕3月营养要素

◆ **蛋白质：**蛋白质是构造人的内脏、肌肉以及脑部的基本营养素，与胎儿的发育关系极大，孕妇万万不可缺乏蛋白质，如果孕妇蛋白质不足，不但会导致胎儿发育迟缓或发育不良，造成先天性疾病和畸形，而且容易引起流产，同时产后母体也不容易恢复。有的妇女就是因为孕期蛋白质摄入不足，分娩后身体一直虚弱，还引起多种并发症，给身体带来极大的损害，对喂养婴儿也不利。

◆ **维生素D：**缺乏维生素D可致孕妇骨质软化、骨盆畸形。在孕妇有低钙症状，血中钙磷乘积低于40时，胎儿可有先天性佝偻病。一般孕妇血中维生素D随孕期而下降，故孕妇应多接受日光照射。我国推荐的孕妇维生素D供给量为107μg/d。海鱼、禽、畜肝脏，蛋、奶中维生素D含量较多。

◆ **微量元素碘：**妊娠期间，胎儿一天天在生长发育，碘的需要量也在增加。12~22周，正是胎儿大脑和神经系统形成的重要时期，若碘元素及甲状腺素缺乏，会造成大脑皮质中主管语言、听觉和智力的部分不能得到完全分化和发育。胎儿出生后，表现为不同程度的聋哑、痴呆、身材矮小、痉挛性瘫痪、智力低下及小头、低位耳等畸形。

# 第60天 8W+4D（8周又4天）补碘真的不能少

碘是人体甲状腺激素的组成成分，而甲状腺激素又是人脑发育所必需的内分泌激素。所以为了让腹中胎儿脑发育更完善，在关键时期孕妈妈补碘是很有必要的。

## 脑发育不可缺少的碘元素

人脑在形成时有两个发育、分化的旺盛期，也是最容易受损害的时期，科学界把它称为脑发育的临界期。一是胎龄10~18周，这是神经母细胞增殖、发育及分化、迁徙、形成脑组织的时期；二是生前3个月至生后2岁，即脑发育成熟的主要阶段。这两个阶段需要更多的碘来合成足量的甲状腺激素供应脑发育，若缺碘就会造成不同程度的智力损害，这种损害是不可逆的。

胎儿在胚胎发育的3个月时才开始逐渐形成自己的甲状腺，故0~3个月的脑发育，主要依赖于母亲提供甲状腺激素。当母亲怀孕时碘摄入不足，母亲和胎儿的甲状腺都要从母亲的血液中摄取碘，由于胎儿的甲状腺功能在发育中还不健全，因此在竞争摄取碘时处于劣势，故母亲怀孕期间缺碘会造成胎儿脑发育障碍。

## 孕妈妈如何补碘

孕妇要适时补碘，一定要多吃些海藻食品。海藻食品含有较多的钙、铁、钠、镁、磷、碘等。

另外，孕妈妈还应该多吃含碘食物、碘盐、碘化豆油、鱼、虾、海带等，特别是患地方性甲状腺肿的妇女怀孕后更要注意碘的摄取。妊娠晚期，应在医生指导下，每日加服碘化钾20～30毫克，以保证甲状腺素的合成，这样既有利于孕妇健康，又可以预防小儿患克汀病。

孕妈妈需要注意的是，切不可自行擅自补碘，最佳的办法是怀孕前3个月到医院去检测碘营养水平，然后在医务人员的指导下按需补碘。

第61天

8W+5D（8周又5天）

# 孕早期运动慢慢来

适当的锻炼不但可以使孕妈妈精力充沛，还可以加强肠蠕动，从而减少孕期便秘的发生。但孕早期的胎儿在子宫内还不太稳定，过于激烈的运动容易造成流产，所以孕早期孕妈妈运动应该慢慢来。

## 准妈妈运动好处多

在妊娠期间，由于体内激素发生变化，孕妈妈的关节通常都会出现松弛现象，因此关节容易感到疲劳和发紧。运动可以促进滑膜液进入关节，使你感到四肢伸展自如。

运动还可以促使大脑分泌更多的内啡肽，让你保持良好的情绪。通过运动，皮肤内的血流量会增加，使你看上去精神焕发。如果你在妊娠期间睡眠出现了问题，那运动是一个再好不过的调节方法了，因为它可以帮助你消除紧张和不安的心情，有助睡眠。

孕妇适当运动和活动，还可以调节神经系统的功能，增强心肺活力，促进血液循环，也有利于胎儿生长发育。

## 剧烈运动要不得

妊娠早期，孕妈妈要忌做剧烈运动，切忌肩挑重担，不要提举重物和长时间蹲着、站着或弯着腰劳动。这样过重的活动会压迫腹部或引起过度劳累，导致胎儿不适，造成流产。不要跑步、举重、打篮球、踢足球、打羽毛球、打乒乓球等，这些运动不但体力消耗大，而且动作太剧烈，容易导致流产。

## 适合孕早期的运动

孕早期适合孕妈妈的运动有散步、慢跑、打沙弧球、台球等，散步和慢跑可以帮助消化、促进血液循环、增加心肺功能，而打沙弧球和台球是调节心情的运动方式。这些运动动作都比较缓慢，所以非常适合孕早期的妈妈。

### 告诉准爸爸

#### 警惕孕妈妈出现腹痛

此时孕妈妈容易出现腹痛，准爸爸应该多加注意，应及早带孕妈妈去看产科医生，以排除病理性腹痛，以免延误病情，引发不良后果。

准爸爸要对孕妈妈多加呵护，走路时提醒她不要突然加快脚步，或是走远路。出现下腹疼痛时，让孕妈妈卧床休息或在下腹部做一下热敷，以缓解疼痛。

第62天

8W+6D（8周又6天）

## 产检项目的作用和意义(一)

大家都知道产前检查是很重要的，但不同地方、不同医院，产前检查的时间、次数和项目往往不同，确实容易让人产生困惑。没关系，只要了解了各个产检项目的作用和意义，困惑就可迎刃而解了。孕妈妈，花点时间和精力了解一下吧。

### 量身高

最初做检查时测一次即可。医生将通过身高和体重的比例来估算你的体重是否过重或过轻，以及盆骨大小。

### 测体重

每次检查的必测项目。通过孕妈妈的体重可以间接检测胎儿的成长。整个孕期体重增加约为12.5公斤，每周增加350g～500g之间。

体重增得太多易出现并发症，心脏负担过重；体重增得太少又会导致胎儿营养吸收得不够，影响胎儿的正常生长。

### 量血压

每次检查的必测项目。一般标准值不应超过130/190mmHg，或与基础血压(孕前血压)相比增加不超过30/15mmHg。血压高是妊娠高血压疾病的症状之一，一般发生在20周以后，它将影响胎儿的发育成长。

### 测宫高与腹围

早、中期，每月的增长是有一定的标准的，而到后期通过测量宫高和腹围，可以估计胎儿的体重。同时根据宫高妊娠图曲线以了解胎儿宫内发育情况，是否发育迟缓或巨大儿。

如果连续2周宫高没有变化，须立即去医院。

### 浮肿检查

怀孕后，尤其是5～6个月以后，胎儿的增大和羊水的增多，宫体对下肢血管的压迫使下肢血液回流不畅造成脉压增高，下肢容易出现浮肿。这虽然算不上是一种病症，但浮肿也是妊娠期高血压疾病的表现之一，所以要区分清楚属于哪种情况——是妊娠期的水肿还是妊娠高血压疾病所引起的浮肿。

如果浮肿现象严重，必要时就要进行利尿治疗。

第63天

9W（9周）

## 产检项目的作用和意义(二)

### 血液检查

通常在第一次产检最为细致，包括很多项目，如肝功能、肾功能、血型（ABO）、巨细胞、风疹、弓形体病毒感染、梅毒筛选等，如果要保留脐血还要做HIV检查，即艾滋病毒检查。

### B超

一般3次。第一次在20周以后，重点在于排畸，过早看不清；第二次检查在34周左右，目的是监测羊水量、胎盘位置、胎盘成熟度及有无畸形，了解胎儿发育与孕周是否相符；第三次在37周后，查看有无畸形、有无脐带绕颈、脐脑动脉的血流好不好，并了解发育情况、确定胎位，为确定生产方式提供依据。

### 心电图

一般在初诊和32～34周时分别做一次心电图。初诊时，主要是了解一下孕妈妈的心脏功能，排除心脏疾病，以确认孕妈妈是否能承受分娩，有问题的话要进内科及时治疗。另外，孕期心脏的负担会经历两个高峰时期，第一个高峰是妊娠32～34周，第二个高峰是分娩时，所以第一个高峰时要做一下心电图，看看心脏负担情况。

### 内诊

也叫阴道检查，快到预产期的时候做。主要是对宫颈、阴道、外阴进行检查，从外而内，先是看外阴，然后检查阴道和宫颈。阴道内的检查，主要看是否湿疣、血管扩张、阴道畸形、阴道横格、阴道纵格、双阴道等与分娩相关的情况。

第64天

9W+1D（9周又1天）

## 产前检查计划项目表

### 孕早期产检项目

| 月份 | 1～3个月 |
|---|---|
| 周数 | 12周内 |
| 检查次数 | 早孕建卡 |
| 常规检查 | 妇科检查 |
| 化验检查 | 血常规 尿常规 白带 梅毒筛查 |

### 孕中期产检项目

| 月份 | 4个月 | 5个月 | 6个月 | 7个月 |
|---|---|---|---|---|
| 周数 | 13～16周 | 17～20周 | 21～24周 | 25～28周 |
| 检查次数 | 初查 | 每4周1次 | | |
| 常规检查 | 身高 体重 血压 宫高 腹围 浮肿检查 胎心多普勒听诊 | 体重 血压 宫高 腹围 浮肿检查 胎心多普勒听诊 | | |
| 化验检查 | 尿常规 血常规(筛查唐氏儿) 内诊(子宫颈防癌图片检查) | 尿常规 血常规(根据医生的建议) | | |
| 辅助检查 | 心电图 | B超2次(17～20周、23周左右) | | |

### 孕晚期产检项目

| 月份 | 8个月 | 9个月 | 10个月 |
|---|---|---|---|
| 周数 | 29～32周 | 33～36周 | 37～40周 |
| 检查次数 | 每2周1次 | | 每周1次 |
| 常规检查 | 体重 血压 宫高 腹围<br>浮肿检查 胎心多普勒听诊 | | 体重 血压 宫高 腹围<br>浮肿检查 胎心多普勒听诊 |
| 化验检查 | 尿常规 血常规(根据医生的建议) | | 尿常规 血常规(根据医生建议) |
| 辅助检查 | 骨盆内诊、心电图B超(36周左右) | | 胎儿监护 |

第65天

9W+2D（9周又2天）

## 孕期B超检查应慎重

有些医院在给孕妇做B超检查时，顺便给胎儿拍“写真”，此举受颇欢迎。专家认为，在做B超检查时顺便给胎儿拍照，是不会有影响的，但是为了拍照而多做B超，而且时间加长，就要慎重了。

### B超检查的作用

在妇产科学上，B超检查是必不可少的。B超的作用如下：

◆ **观察胎儿生长发育及其周围环境：** 早孕闭经5～6周就可以在宫腔中看出胎囊，随孕期的增加，可观察胎儿的发育情况，还可诊断有无流产的危险，可以确诊胎儿是否是宫外孕。妊娠晚期，超声波可观察胎位、脐带和胎盘位置，测量子宫内羊水的多少，以尽早发现胎儿宫内窘迫。

◆ **发现异常情况：** 妊娠15～25周内，超声波能够显示胎儿畸形、胎儿发育迟缓、胎位不正、羊水多、脐带绕颈、前置胎盘、胎盘早剥或胎盘老化、葡萄胎、妊娠合并症、子宫肌瘤和卵巢肿瘤等。

### 超声波检查不可过多

澳大利亚的杰里米·劳伦斯经过大量研究，结果表明：将妊娠期间有过5次以上B超检查的孕妇与只有过1次B超检查的孕妇相比较，前者对胎儿生长发育的不利影响是后者的两倍。

**专家建议** 孕妇无特殊情况，应尽量不做B超检查，尤其在孕早期更应避免。确实需要时，也应尽量减少超声波的强度，缩短检查时间，以1分钟左右为宜。通常在膀胱充盈的条件下，B超检查子宫和妊娠情况1分钟就可以完成。所以，B超检查前，孕妈妈可先憋尿，使膀胱充盈，以缩短检查时间。

第66天

9W+3D（9周又3天）

# 如何选择产检医院

孕期的产检必须重视，选择一家适合自己的产检医院是非常必要的。产检医院有很多，基本可以分为妇幼保健院、综合性医院和民营医院三大类。孕妈妈如何根据自身情况进行合理选择呢？

## 妇幼保健院——专业能力突出

妇科和产科是大部分妇幼保健院的专业特色，而来医院就诊的对象大部分是孕产妇，医生工作的内容基本上都是围绕着产前检查、分娩服务等进行。妇幼保健院的医生临床经验丰富，专业技术熟练。妇幼保健院的产科病房往往有各种分类，可以允许家属陪产等，为孕产妇提供的护理服务更加规范，并设有对新生儿的专业服务。

## 综合性医院——整体实力雄厚

许多综合医院都设有产科，产科门诊能为孕妈妈做全面的孕期检查以及分娩服务。综合医院的科室齐全，整体实力雄厚，往往还设有妇幼保健院没有的内科、外科等科室，辅助检查条件更加齐全。

部分孕妈妈孕期可能会出现产科并发症，有些孕妈妈会合并一些内外科的疾病，严重者会危及母儿生命。而综合医院的产科医生处理合并症和并发症的临床经验丰富，并有相应的科室做保障，因此能及时地进行会诊和治疗。

## 民营性医院——服务人性化

民营性质的妇产医院注重营造温馨干净的就诊环境，为孕产妇提供的服务也非常人性化。医护人员与孕产妇都是“一对一”式的服务，而且环境温馨舒适，有很多单人病房可供选择，方便家人全程陪同。

就诊时间自由，可以持续到晚上，隐秘性也好。同时，医院的专科医疗设备比较先进，但一般性的设施和设备可能不像综合性医院那么齐全，收取的费用也比较昂贵。

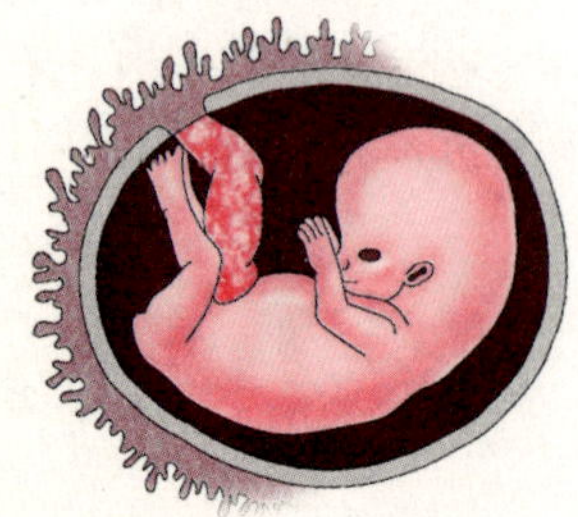

### 第10周

**本周宝宝** 妈咪，我长得可快呢！现在身长应该超过4厘米了，手腕、脚踝开始形成，耳朵也快长成了。

**本周妈妈** 是吗，宝贝。现在妈妈的肚子越来越大，情绪波动也很大，常为小事大动肝火。乳房、腰围都在增大，因为你，妈妈该换上大号的胸衣和宽松的衣服了。

第67天

9W+4D（9周又4天）

# 孕妈妈进补要慎重

很多女性在得知自己怀孕后，就开始努力补充一些营养品，希望借此来满足胎儿的营养需要。其实，孕妈妈即使加倍进补，也不等于宝宝就可以吸收那些补品的营养，所以进补也得通过科学的方法。

## 人参

人参属大补元气之品，孕妇不宜食用。因为人参中含有作用于中枢神经及心脏、血管的多种化学成分，能够使人体产生广泛的兴奋，其中对中枢神经的兴奋作用能导致服用者出现失眠、烦躁、心神不宁等不适症状，反而影响孕妇的休息质量。此外，人参具有升压作用和抗利尿作用，容易导致孕妇的血压升高和加重水肿。从胎儿来看，胎儿对人参的耐受性很低，孕妇服用过量人参有造成死胎的危险。

## 桂圆

桂圆又名龙眼、益智、骊珠、元肉，其味甘、性温；归心、脾经；有开胃、养血益脾、补心安神、补虚长智之功效。

中医认为“产前宜凉，产后宜温”，因为大部分女性在怀孕后阴血偏虚，内热较重，如过多食用性温、大热之物，容易出现“火上加火”的情况，严重者可出现漏红、小腹坠胀等先兆流产或是早产症状。

## 人参蜂王浆、洋参丸等补药

再好的补药，也要经过人体代谢过程，增加肝肾负担，还有一定副作用，所以对孕妇和胎儿都会带来不同程度的影响。如有的孕妇为了营养，便服了大量的蜂乳，结果导致严重腹泻，以致最终流产。常服人参蜂王浆、洋参丸、宫宝等，会损伤孕妇和腹中胎儿。此外，蜂王浆内含有雌性激素，可能会引起胎儿的性早熟。

## 过量食用鸡蛋

孕妇多吃鸡蛋，摄入蛋白质过多，在体内可产生大量硫化氢、组织胺等有害物质，引起腹胀、食欲减退、头晕、疲倦等现象。同时，高蛋白饮食可导致胆固醇增高，加重肾脏的负担，不利孕期保健。

### 告诉准爸爸

**坚持帮助妻子克服孕吐反应**

妊娠反应还会持续一段时间，丈夫应坚持协助并鼓励妻子克服恶心、呕吐等反应，坚持进食，少吃多餐。

丈夫要多为妻子准备些清淡、易消化的食物，富含蛋白质、糖类、维生素的食物，例如：蛋类，蔬菜、水果、牛奶及豆浆等。一旦孕妈妈突然想吃什么，做丈夫的务必快速反应，及时解决。

第68天

9W+5D（9周又5天）

## 让孕早期不再烦躁

胎儿保健不仅应保证孕期母亲不生病、胎儿发育正常，还应当注重心理保健。烦躁的负面情绪，不仅对胎儿不好，还会造成身心压力。下面介绍的几招有助于缓解孕期烦躁的方法。

### 早睡早起

放弃没有规律的作息，养成早睡早起的好习惯。早晨起床后，到室外散散步。

### 倒倒你的苦水

怀孕后，由于生理上的原因，很多准妈妈变得比较脆弱，心里常会产生一些莫名其妙的失落感、压抑感、恐惧感，遇事容易发怒、焦虑、惊慌、悲伤等。当你碰到不愉快的事情时，一定要主动及时地说出来，让丈夫做做你的出气筒。

也可以约上几位好朋友，一起吃饭聊天，向她们宣泄心中的不快；或约上其他的孕妈妈，一起交流“孕妈妈经”。

### 写日记

写孕期日记，你可以每天写，也可以两三天或四五天写一次。写的内容可随心所欲地发挥，什么都可以写，可长可短，比如早孕反应怎么开始和结束的、什么时候听到胎心音了、感觉到胎动了等。还可以不定期地让准爸爸给你拍一些照片，然后贴在日记里面，图文并茂，乐趣无穷。

### 看书、听音乐

可以经常阅读一些书籍，调节自己的身心。孕妈妈可以边看书边将内容讲解给肚中的宝宝听，千万不要以为宝宝和你隔着一层肚皮，跟她讲话是一件不可思议的事，只要你用“爱”来和宝宝交流，就能有效地刺激胎儿的脑部发育。

听音乐是孕妇在怀孕期间保持心情愉快的最简单可行且有效的方法。比较适合准妈妈听的音乐有莫扎特的《小夜曲》；维尔第的小提琴协奏曲《恋人》第一乐章、《四季》第四乐章等。音乐以优雅、悦耳动听的轻音乐为佳。

第69天

9W+6D（9周又6天）

## 孕妈妈选择内衣有学问

由于孕期孕妈妈会发生一些生理性的变化，孕妈妈的内衣更要选择透气性、吸湿性、保温性好的材料，以便缓解身体上的不适。

### 文胸

◆ **舒适性**：为适应乳房的胀大，最好选用可调整型的罩杯。所谓舒适合身的胸罩，在穿起来的时候，应该能够与你整个乳房紧密贴合在一起，乳罩的中央紧贴胸部，没有空隙。

◆ **材质：**以较透气的棉质胸罩为优先考虑，避免选购样式花哨、可引起皮肤过敏的蕾丝材质。也不要购买用化纤布做的不透气或不吸水的乳罩，以免发生湿疹。

◆ **肩带：**用心感受一下肩带在你胸廓上的位置。在背部的位置，应该是舒适地贴近你的肩胛骨下方；在胸部的位置，你也不应该会有任何的不适感；最后，再试着举起手臂或耸耸肩，感受一下是否有不适感产生。

◆ **吊环：**最好是选用较宽、且有衬垫的吊环。

◆ **夜间型胸罩：**有许多孕妇会在夜晚使用材质较轻的夜间型胸罩，让胸部稍微喘息一下，缓解不适。

### 内裤

孕妇阴道分泌物增多，宜选择透气性好、吸水性强及触感柔和的纯棉质内裤，对皮肤无刺激，不会引发皮疹和痒疹。切忌贴身穿化纤衣裤。

推荐两种适合孕妇的内裤：

◆ **覆盖式内裤：**覆盖式内裤能够保护孕妇的腹部，裤腰覆盖肚脐以上部分，有保暖效果；松紧可自行调整，随怀孕不同阶段的体型自由伸缩变化；有强有力弹性伸缩蕾丝腰围，穿着更舒适；有适宜与多种服装搭配及穿着需要的款式和花色，如平口、灰色等。

◆ **产妇专用生理裤：**产妇专用生理裤采用舒适的柔性棉制作，弹性高，不紧绷。分固定式和下方可开口的活动式两种，便于产前检查和产褥期、生理期等特殊时期穿着。

## 第70天 10W（10周）拥有属于自己的好心情

孕期孕妈妈可能会有很多不适，这时就要学会调节自己的心情，让整个孕期都有属于自己的好心情。这样也有利于胎儿的健康发育。

### 告诫提醒法

明白了消极情绪对人的负面影响，因此在漫长的孕期生活中，要时时告诫提醒自己不要生气，不要着急，不要烦恼，不要悲伤，为了宝宝，也为了自己，想开点儿，尽量提高心理承受能力，遇到挫折要有思想准备，做到防患于未然。

### 摆脱转移法

有时消除烦恼的最好办法就是努力摆脱那些使人烦恼的人和事，离开那种使人不愉快的场合，转移自己的注意力，参加一些平时喜欢的活动，如听音乐、相声，看电视小品，欣赏山水风景画册，出去郊游，上街逛商店、购物等等，使不良情绪转移到别处去。

### 外向社交法

那些内向性格的人一旦有了不良情绪，常常闭门独居，郁郁寡欢，心中的结久久难解。所以有了烦恼应走出去，向亲友倾诉，广交朋友，将自己置身于乐观向上的人群中。充分享受友情的欢乐，从而使情绪得到积极的感染，从中得到满足和快慰。

### 宣泄释放法

不良情绪要疏导而不能堵塞，疏导的方法之一就是要让它有个宣泄释放的途径，这是相当有效的调剂方法。可向知心好友或日记本倾诉自己的处境和困惑，让烦恼通过宣泄有个出口。

### 情绪放松法

每天应抽出不少于30分钟的时间与爱人到住处附近草木茂盛的宁静小路上散散步，看看街景，逛逛商场，使自己脑子放松一下，心情会变得非常舒畅；尤其是美妙的鸟鸣声、清新的空气、悦目的花草树木，更能帮助您消除紧张情绪，使您深受感染而自得其乐。

## 第71天 10W+1D（10周又1天）孕早期要谨防病毒感染

孕妇受到细菌、病毒的侵袭时虽有胎盘屏障保护着胎儿，使之免受危害，但有些细小的病毒仍能透过胎盘屏障危及胎儿的正常发育，甚至导致胎儿畸形。尤其是孕早期胎儿处于易感期，孕妈妈更应加倍注意。

### 孕期应预防哪些病毒

**风疹** 孕早期患急性风疹病可引起胎儿畸形。常见的有先天性白内障、视网膜炎、耳聋、先天性心脏病、小头畸形及智力障碍。

**巨细胞病毒症** 可致小头畸形、视网膜炎、智力发育迟缓、脑积水、色盲、肝脾肿大、耳聋等。

**水痘** 可引起胎儿肌肉萎缩、四肢发育不全、白内障、小眼、视网膜炎、脉络膜炎、视神经萎缩、小头畸形等。

**流感** 可引起胎儿唇裂、无脑、脊椎裂等神经系统异常。

**单纯疱疹** 可发生小头畸形、视网膜炎、晶状体混浊、心脏异常、脑内钙化、神经系统异常、短指（手指和脚趾）。

### 如何预防病毒感染

预防病毒感染应注意几点：

1.实行孕前计划免疫，增强体质，加强锻炼，提高自身免疫力，这是预防病毒感染的重要措施。

2.尽量不到公共场所，避免同病毒携带者接触。怀孕后抵抗力下降易遭受感染。

3.注意饮食卫生、不到公共就餐场所用餐。一部分病毒可通过消化道感染，如食入不洁食品，使用公用餐具，都可能引起感染。

4.选择受孕期，避开易感季节。病毒感染多发生在冬春季节，此期人群易患病毒感染性疾病。

另外，孕期感染易发生在孕早期，而且早期感染对胚胎发育影响严重。所以，孕早期要特别谨慎小心。

### 告诉准爸爸

**帮助妻子放松心情**

接踵而来的各种不适使孕妈妈不像往常那样开心，感觉时时有压力。准爸爸除了要想办法调节她的情绪。多和她谈些快乐的话题，也可以经常送些小礼物，如防辐射的孕妇装，合脚的孕妇鞋等物品。

第72天

10W+2D（10周又2天）

## 当心食盐摄入过量

孕期孕妈妈需要注意的东西比较多，其中，食盐的摄入就是不可忽视的一条。孕妈妈摄入食盐要适度，如果过量则很容易造成妊娠高血压等病症，同时还会增加肾脏负担、加重妊娠浮肿。

### 看不见的盐

我们日常饮食和餐桌上还有一些看不见的盐，通常各种各样的食品和调味品中都含有盐的成分。往往在孕妈妈还没有注意到的时候，盐的摄入量就已经超标了。如腌制食品、卤制食品、罐头食品、糕点食品、冷冻食品、熟食、调味品等等。食用前，都要考虑到其中盐的含量，避免用盐过度。

### 减少食盐摄入的方法

平时孕妈妈可以通过以下的方法，减少盐的摄入量。

◆ 多用天然的调味品，如葱、姜、蒜、肉桂、五香粉、香草片、胡椒等，或者购买低盐或无盐酱油。

◆ 在烹饪的过程中注意盐的用量，千万不要因为一时的味道喜好而过度用盐。同时，烹饪方法可以多采用蒸、炖、烤等多种方法，保持食物的鲜美，而不要加入太多的调料。

◆ 选择本身就含有甜味的蔬菜，如西红柿、瓜类、芋头、新鲜的甜玉米等，即使不加入调味品，味道也很可口。

◆ 不要选择含钠量较高的蔬菜，如胡萝卜、发芽的蚕豆等。这些蔬菜含钠量还是比较高的，应该少量食用。

第73天

10W+3D（10周又3天）

## 做家务要量力而为

孕妇在妊娠期间坚持适宜的家务劳动，对母子健康都有益，适度的家务劳动能增强孕妇体质，提高免疫功能，有效地防止多种疾病的发生。但在做家务的同时也得考虑到宝宝的存在了，要量力而为。

孕妇做家务应掌握一定的尺度，要在不疲劳的前提下做一些家务，如做饭、收拾屋子、扫地等等。体力劳动时不能太累，时时都要有自我保护意识。具体说来，孕妇应注意以下几方面的情况。

◆ 不宜登高去打扫卫生，不要在大扫除时搬动沉重的东西，因为这些动作既危险，又压迫腹部。弯腰用抹布擦东西的活也要少干或不干，在妊娠后期最好是不干。同时也别在庭院干除草一类的活，因长时间蹲住，骨盆充血，也易流产。

◆ 冬天在寒冷的地方打扫卫生时，不能和冷水长时间打交道，因身体着凉会导致流产。

◆ 做饭时为避免脚部疲劳、浮肿，能坐在椅子上操作的就坐着做。妊娠晚期注意不要让灶台压迫已经突出的大肚子。

◆ 出去买东西要选择人少的时候，在人群中，有时腹部会被别人的胳膊肘撞击而发生不测。当感冒流行时，也易被传染上。去大商店尽量别爬楼梯，要利用电梯。一次别买太多的东西，抱着很沉的东西走路不方便，必要时可分几次去买。不要骑自行车出去买东西，特别是在妊娠后期，因骑自行车时腿部用力的动作太大，易引起流产。在妊娠期，动作的敏捷性降低了，反应也比平时迟钝了，所以应该时时处处地多加留心。

◆ 洗完衣服晾衣服时，因为是向上伸腰的动作，要肚子用力，因此要特别小心才不会发生诸如流产等问题，也可以把晾衣服的竹竿降低。并且，洗的衣服太多时要干一会儿歇一会儿，才不会因长时间站立造成下半身出现浮肿等。熨衣服要在高矮适中的台上进行，并且是坐在椅子上更合适。抱被子和晾被子之类的事，应由丈夫去做，因为孕妇做这些活会压迫腹部，影响胎儿发育。

◆ 踏缝纫机时，腹部要用力，也应尽量避免使用；如能使用电动缝纫机，振动不到腹部还可以，但在使用过程中，若感到腹部不舒服，就该马上停下来。

第74天

10W+4D（10周又4天）

# 职场孕妈妈注意事项

怀孕后，大部分上班族孕妈妈每天都会按时上班，在上下班路途、工作环境以及工作餐中往往存在着一些对孕妈妈不利的因素，上班族孕妈妈要多加注意。

## 当心流产

**注意保胎：**职业女性每天都要按时上下班，还要面对繁重的工作。因此，要特别注意。哪怕是出现轻微的出血症状，也应立即到医院接受检查。有流产经历的女性，最好休息3个月，直到妊娠稳定期再开始工作。

**上下班注意：**上下班时要特别注意安全，要保护腹部不要受到冲击，走路时间不宜过长，以不感到疲劳为好。

## 挑三拣四工作餐

**慎吃油炸食物：**工作餐中的油炸类食物，在制作过程中使用的食用油可能是已经

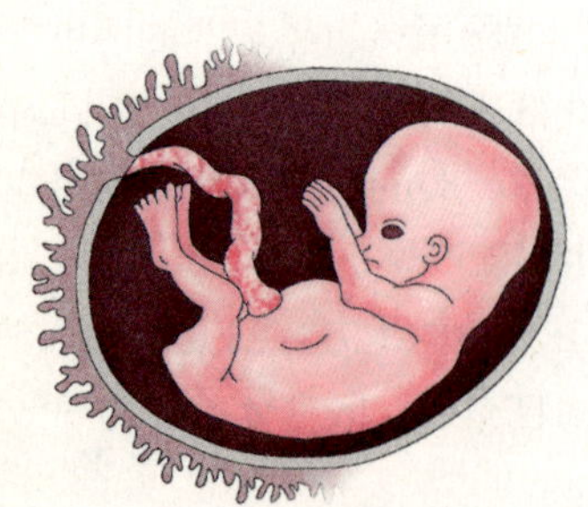

### 第11周

**本周宝宝** 妈咪，现在的我已经长大了一倍，头部会占去身体的一半，而维持我生命的器官如肝脏、肾、肠、大脑等也开始工作。

**本周妈妈** 为了适应你生长的变化，我的子宫也在不断增大，血液量也逐渐增多，排汗量也会随之增加，我会感到比平时更容易口渴。

用过若干次的回锅油。这种反复沸腾过的油中有很多的有害物质，因此，最好不要食用工作餐里的油炸食物。

**拒绝味重食物：**应少吃太咸的食物，以防止体内水钠潴留，引起血压上升或双足浮肿。其他辛辣、调味重的食物也应该明智地拒绝。

**饭前吃个水果：**为了弥补工作餐中新鲜蔬菜的不足，在午饭前1小时吃个水果。

### 处处注意的安全

**椅子** 不要用带着滑轮的转椅，以免失去平衡而跌倒。

**电脑** 孕早期远离电脑。怀孕后，使用电脑要适时适度，经常起身活动或到通风良好的地方做简单的体操和深呼吸。

**复印机** 尽量不要使用复印机，需要使用时最好请求身边同事帮助。

**量力而行** 不要超负荷工作。

**定时换气** 每隔2～3个小时到户外去呼吸一下新鲜空气，不仅能够放松心情，促进血液循环，更有益于消除疲劳。

第75天

10W+5D（10周又5天）

## 让工作状态变得舒适

孕妈妈除了要注意工作中的不利因素外，更应注意设法让工作状态更舒适，完成工作的同时，不要憋屈了腹中的宝宝。

### 劳逸结合

即使是在比较紧张的工作当中，感到疲劳也要稍事休息，条件允许的话，到屋顶平台或阳台上呼吸新鲜空气。

### 常变换姿势

坐办公室的孕妇，往往长时间保持一种姿势，很容易疲劳。建议半小时要改变一下姿势，伸伸胳膊、腿，以解除疲劳。如果像商场售货员那样长时间站着工作，要随时注意休息，累了就坐一会儿。此外，长时间坐着工作的准妈妈，可以在脚下垫一个小台子，抬高脚的位置，防止脚部浮肿。

### 着装要舒适

穿舒适的鞋，在办公桌底下放个鞋盒作搁脚凳。在办公室放双拖鞋是不错的选择。衣着上尽量穿宽松的连衣裙。

### 不要憋尿

妊娠早期，孕妈妈会出现尿频，总想排尿。不要因为正在工作就忍耐，这对身体不好。不管别人怎么看，感到尿意尽快去厕所，这是一件大事。

### 不要突然站起

随着胎儿的成长，母体的血液循环负担加重。因此，突然站起、向高处伸手放东西或者拿东西等动作，会引起眼花或脑贫血，容易摔倒，所以要注意：一切行动都应采取“慢动作”。

第76天

10W+6D（10周又6天）

# 孕妈妈饮水有讲究

水是人体内重要的溶剂，各类营养素在体内的吸收和运转都离不开水。孕期孕妈妈体内的血液总容量将增加40% 50%，因此更要保证水的供给充足。由于水质的千差万别，孕期饮水更是大有讲究。

## 切忌口渴才饮水

口渴是大脑中枢发出要求补水的救援信号。感到口渴时，说明体内水分已经失衡，身体细胞脱水已经到了一定的程度。孕妇饮水应每隔2小时一次，每日8次，总共1600毫升左右。

## 不能喝久沸的开水

反复沸腾后，水中的亚硝酸根以及砷等有害物质的浓度相对增加，这样会导致血液中的低铁血红蛋白结合成不能携带氧的高铁血红蛋白，可能引起孕妈妈血液含氧降低，威胁胎儿的安全。

## 切忌喝没有烧开的自来水

因为自来水中的氯与水中残留的有机物相互作用，会产生一种叫“三羟基”的致癌物质。孕妇也不能喝在热水瓶中贮存超过24小时的开水，因为随着瓶内水温的逐渐下降，水中含氯的有机物会不断地被分解成为有害的亚硝酸盐，对孕妇身体的内环境极为不利。

## 不宜喝浓茶

浓茶中含有较多的咖啡因和鞣酸。孕妇常喝浓茶对胎儿骨骼发育有不利的影响，鞣酸还会妨碍铁的吸收，会导致孕期贫血。

## 不宜喝可乐类饮料

可乐类饮料其所含的咖啡因能迅速通过胎盘作用于胎儿，使胎儿受到不良影响。咖啡因可使实验动物发生腭裂、趾或脚畸形，甚至脊柱裂、无下颌、无眼、骨化不全、发育迟缓等。

## 告诉准爸爸

### 和妻子建立“统一战线”

小宝宝到来之前，很多问题容易引起家人的争执，比如给孩子起名字，为他准备什么样的小床，以及养育观念的不同等。

面对异议，准爸爸要做的就是“维护和平”、保障你的新“三口之家”的利益。在此，即便你与妻子有不同意见，也不要当场与她争执而应单独沟通。在家人面前你越支持她，私下里她就越容易采纳你的意见。

第77天

11W（11周）

# 室内种养花草不可随意

室内养花草可以美化居室，但有些花草会使人产生一些不适症状，对于孕妈妈症状会尤其明显和严重。因此，须要多加注意。

## 不宜长期放在室内的花卉

洋绣球花（包括五色梅、天竺葵等）所散发的微粒，如与人接触，会使人的皮肤过敏而引发瘙痒症；

夜来香（包括丁香类）会散发出大量刺激嗅觉的微粒，闻之过久，会使高血压和心脏病患者感到头晕目眩、郁闷不适，甚至病情加重；

月季花长期放在室内，散发出的气味，会引起一些人气喘烦闷；兰花、百合花的香气会令人过度兴奋而引起失眠。

紫荆花所散发出来的花粉如与人接触过久，会诱发哮喘症或使咳嗽症状加重；

## 有毒的花卉

黄杜鹃的植株和花内均含有毒素，一旦误食，轻者会引起中毒，重者会引起休克，严重危害身体健康；

郁金香的花朵含有一种毒碱，接触过久，会加快毛发脱落；

一品红全株有毒，白色汁液能刺激皮肤红肿，误食茎叶后有中毒死亡的危险；

水仙的鳞茎误食会引起肠炎、呕吐，叶和花的汁液能使皮肤红肿；

仙人掌类植物刺内含有毒汁，人体被刺后易引起皮肤红肿、疼痛、瘙痒等过敏症状。

因此，想要怀孕的妇女在家中或者办公室中应该选择合适的植物，以免对将来的怀孕造成不良的影响。

第78天

11W+1D（11周又1天）

# 孕妈妈要学会科学吃酸

孕早期由于一些生理原因，孕妈妈的食欲往往不好，而酸味的食物能刺激胃分泌胃液，促进胃肠蠕动，增加食欲。所以大多孕妈妈喜爱吃酸，那么科学吃酸的原则就一定要知道。

## 酸味食物有助于孕妇补充营养

一般怀孕2～3个月后，胎儿开始形成骨骼。钙是构成骨骼的主要成分，但是要使游离钙形成钙盐在骨骼中沉积下来，必须有酸性物质参加。孕妇多吃酸味食物能够促进胎儿骨骼的生长发育。

此外，孕妇吃酸味食物还有利于铁的吸收，促进血红蛋白的生成；维生素C也是孕妇和胎儿所必需的营养物质，对胎儿形成细胞基质、产生结缔组织、心血管的生长发育、造血系统的健全都有着重要的作用；维生素C还可增强母体的抵抗力，促进孕妇对铁质的吸收利用，而富含维生素C的食物大多呈酸味。

因此，孕妇吃些酸味食物可以为自身和胎儿提供较多的维生素C。

### 孕妇食酸应讲究科学

有的孕妇喜欢吃人工腌制的酸菜、醋制品，此类食物虽有一定的酸味，但维生素、蛋白质、无机盐、糖分等多种营养几乎丧失殆尽，而且腌菜中的致癌物质亚硝酸盐含量较高，过多食用就对母体、胎儿健康无益。所以，喜吃酸食的孕妇，最好选择既有酸味又营养丰富的番茄、樱桃、杨梅、海棠、橘子、酸枣、葡萄、青苹果等新鲜水果，这样既能改善胃肠道的不适症状，又可增进食欲，为孕妇增加营养。

## 第79天 11W+2D（11周又2天）孕期准爸爸事务列表

| 时间 | 准爸爸每月应该做的事 |
|---|---|
| 怀孕2～3个月 | 孕吐时给予协助，帮妻子寻找任何她可能接受的食物。<br>安抚并鼓励妻子不安的情绪。<br>陪妻子做第一次产前检查。 |
| 怀孕4个月 | 孕吐时给予协助，帮妻子寻找任何她可能接受的食物。<br>了解孕妇所需的健康生活，注意帮妻子维持生活的规律。 |
| 怀孕5个月 | 做好当爸爸的心理准备。<br>体贴妻子。<br>常和妻子谈论母亲的角色。 |
| 怀孕6个月 | 决定生产的地方。<br>安排妻子继续上班后的育儿问题。<br>常和妻子谈论母亲的角色。 |
| 怀孕7个月 | 认清产后丈夫所应扮演的角色。<br>生产时的联络方法，生产时该带的东西都该准备了。<br>学习生产的正确知识。 |
| 怀孕8个月 | 决定好宝宝的名字。<br>学习有关新生儿的知识。<br>熟悉日常生活，在妻子生产时能扛起所有的杂事。 |
| 怀孕9个月 | 帮妻子按摩，减轻身体的不适。<br>陪妻子散步，适当运动，以利生产。<br>学习有关婴儿身心发育的知识。 |
| 怀孕10个月 | 使家人和公司之间的联系畅通。<br>陪妻子做最后一次产检。<br>学习分娩异常和助产知识。 |

# 第80天 11W+3D（11周又3天）造安全舒适的家居环境

孕期孕妈妈可能在室内待的时间比以前更长了，这时就要尽量让自己的家居环境更加舒适，那么就从现在开始为自己打造一个温馨健康的家居环境吧！

## 营造温馨卧室

卧室内的卧具摆放合适与否与孕妈妈的睡眠质量有直接的关系。卧室要选择采光、通风较好的地方，床铺要放在远离窗户、相对背光的地方，因为在窗户下睡觉容易受风着凉，从窗户照进的太亮的光线也影响睡眠。

## 购买家具认环保

如果孕期要购买新家具，就尽量购买真正的木制品家具。选用正规厂家生产的环保型物品。

## 给屋子去蟑灭螨

蟑螂能携带的细菌病原体有40多种，螨虫的分泌物足以引起过敏性哮喘、过敏性鼻炎和过敏性皮炎等疾病，严重危害妈妈和宝宝的健康。此外，地毯是螨虫栖息的良好场所，所以一定要注意清洁地毯，或者干脆把地毯卷起来，暂不使用。

## 房子装修要谨慎

装修材料中的有害物质，如甲醛、苯、甲苯、乙苯、氨等，无法在短时间内完全散发掉，不但对母体健康有害，还会增加胎宝宝先天性畸形、白血病的发病率。所以，怀孕前后如果打算装修房子的话，一定要选择环保、无污染的装修材料。装修后至少要闲置3个月再入住。为了确保安全，在装修好后请专业人员进行甲醛检测。

# 第81天 11W+4D（11周又4天）盲目保胎不可取

孕妈妈不可盲目保胎，以防由于保胎方法不当导致出现畸形儿。是否可以实施保胎，必须进行检查后再做决定。

## 注意胚胎是否存活

为此，要定期做妊娠试验或抽血做绒毛膜促性腺激素（HCG）免疫测定、妇科检查和超声波检查。若妊娠试验呈阴性或超声检查证明胚胎已死亡，应终止保胎，并立即做刮宫手术，不可再盲目保胎。

## 大龄孕妇保胎应进行检查

**羊膜穿刺术** 怀孕17～21周进行。抽取羊水，通过分析，判断是否存在染色体异常。

**音谱分析** 把胎儿活动声波转化到屏幕上。这种方法常安排在羊膜穿刺术前进行，以确定胎儿在子宫中的位置。此法还能够观察头骨的变化、形成，并确定胎儿的年龄以及判断孕妇怀有几胎。

**抽取胎儿血样** 有助于直接观察胎儿及其血液，可以检查出一些胎儿血液病。通过以上检查可以确定继续妊娠还是终止妊娠。

## 盲目保胎危害大

当孕妇发生先兆流产时，医生必须通过详细的检查找出原因，若进行强行保胎会对母婴产生以下危害:

**心理创伤**。由于未找到流产的原因，虽多次妊娠，多次保胎，均告失败，孕妇会对怀孕产生担忧心理，背上沉重的思想包袱。

**过期流产**。盲目保胎可使滞留在宫腔内的胎盘与子宫壁发生粘连，使用保胎药的某些激素有抑制子宫收缩作用，使坏死的胚胎不易排除，导致过期流产。再做补救人流，不仅增加孕妇痛苦，而且还易发生胚胎残留，子宫穿孔或术后宫腔粘连等并发症。

**胎儿畸形**。有些流产是胚胎发育异常之故，盲目保胎可生出畸形儿。

第82天

11W+5D（11周又5天）

# 孕早期尿频怎么办

在孕早期，因为孕激素引起盆腔充血，在盆腔中占据了大部分的空间，导致膀胱承受的压力增加，会使孕妈妈出现尿频的现象。不过孕妈妈不必过于担心，因为此症状到孕期的第4个月就会慢慢地减轻。

## 减少尿频的发生

孕妈妈可以调整饮水时间，在白天保证水分摄入，控制盐分，为避免在夜间频繁起床上厕所，可以从傍晚时就减少喝水。切记，万万不可因为尿频就刻意少喝水，这样只会导致身体缺水，进而影响胎宝宝的发育。

有了尿意应及时排尿，切不可憋尿。如果憋尿时间太长，而影响膀胱的功能，以致最后不能自行排尿，造成尿潴留。

可做凯格尔运动，做此运动不仅可收缩骨盆肌肉，以控制排尿，亦可减少生产时产道的撕裂伤。此外，排尿时身体向前倾，可以帮助你彻底排空膀胱。

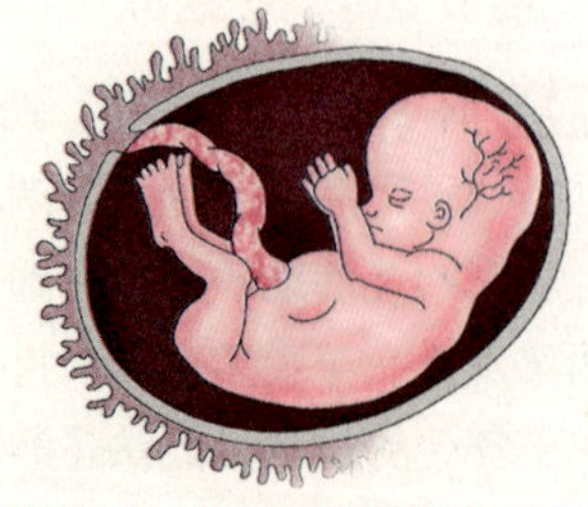

### 第12周

**本周宝宝** 妈咪，我身体的骨骼开始变得坚硬了，手指和脚趾完全分开。肾脏开始运作，我还能将尿排入羊水中。

**本周妈妈** 是吗？现在我的妊娠反应减轻了，情绪也开始转好，只是我的面部出现了黄褐斑，有时会出现眩晕等。

### 凯格尔运动

凯格尔运动也叫骨盆底收缩运动，是一套可以用来增强骨盆底肌肉力量的练习。骨盆底肌肉承载着尿道、膀胱、子宫和直肠。这套运动可以增强骨盆底的肌肉力量，从而减轻压力性尿失禁——70%的女性在怀孕期间或生产后都被这个问题所困扰。甚至还有证据表明，强健的骨盆底肌肉会缩短第二产程的时间。

骨盆底肌肉练习还能促进直肠和阴道区域的血液循环，预防痔疮，加快会阴侧切或会阴撕裂愈合。最后，在产后经常坚持进行骨盆底肌肉练习，不仅有助于对膀胱的控制，而且会增强阴道的弹性，让产后的性生活更加幸福。

孕妈妈最好在刚怀孕时，就开始骨盆底肌肉运动，产后也应该继续进行。如果孕妈妈没有开始做骨盆底肌肉练习，我们建议从现在就开始进行，并且要一直坚持下去，成为伴随自己一生的好习惯。

## 第83天 11W+6D（11周又6天） 最常用的8种胎教法(一)

最常用的胎教方法有8种。进行这些胎教时，准妈妈对于胎教不必严格要求，以免情绪紧绷造成相反效果。保持轻松、愉快的心情才是最好的胎教。

### 营养胎教

必须注重均衡的饮食搭配，做好体重控制，针对孕期的不同阶段，做重点式的营养补充。孕期1～3个月：补充叶酸和维生素，摄取容易消化、清淡的食物，可减缓怀孕初期的不适症状。怀孕中期：因孕妇的食欲增加，应注意补充富含蛋白质、钙、植物性脂肪的营养食品。怀孕晚期：应控制水和盐分的摄入量，并监控体重的增加。

**适合周数** 得知怀孕开始

### 音乐胎教

建议孕妈妈选择舒缓、轻柔、明朗旋律、温和自然、有规律性、节奏和妈妈心跳相近的音乐或乐曲。莫扎特的EQ音乐、大自然的河川、溪流声、虫鸣鸟叫声等都是不错的选择，具有安抚胎儿、调节昼夜规律的作用。

妈妈应避免听嘈杂或不当的音乐(胎儿不喜欢听到高振动频率的音波)。

**适合周数** 怀孕第16周开始

### 美育胎教

经常欣赏艺术作品可以提高人的感受力。孕妈妈可以带着肚子里的小宝宝，一同欣赏美丽的事物，当孕妈妈感受到美的同时，也在无形中传达给宝宝了喔！

**适合周数** 怀孕第20周开始

### 抚摸胎教

父母用手轻轻抚摸胎儿或轻轻拍打胎

儿，通过孕妈妈肚皮传达给胎儿，形成触觉上的刺激，促进胎儿感觉神经和大脑的发育。父母用手在腹部抚摸胎儿，用手指对胎体轻按一下，胎儿会作出反应。可以边触摸，边说话，加深全家人的感情。

适合周数 怀孕第20周开始

# 第84天 12W（12周） 最常用的8种胎教法(二)

## 意念胎教

孕妈妈在怀孕期间透过想象来勾勒宝宝的形象，这个形象在某种程度上，将与即将出生的胎儿相似。有些孕妈妈很担心胎儿出生后，是不是有身体上的残缺，经常忐忑不安，不如在房间里贴一些可爱宝宝的画像或照片，可以帮助孕妈妈保持愉快的心情。

适合周数 怀孕第28周开始

## 对话胎教

爸爸和妈妈每天都要跟肚子里的宝宝说说话，早上起床打招呼、不时地把看到的东西分享给宝宝等。这不仅是语言胎教的重点，也是建立亲子关系的关键。

适合周数 怀孕第24周开始

## 运动胎教

在进行时，孕妈妈必须掌握好动作的幅度与运动量。

孕妈妈可以做一些胎儿小体操，在感觉到胎动时仰卧、全身放松，用双手从上到下、从左到右，反复轻柔地抚摸腹部，有时，也可以用手指轻压胎儿，并感觉胎儿随着指压轻轻地蠕动。除此之外，孕妈妈每天做适量的运动，有助于顺产，并减少生产时会阴肌肉受损。

适合周数 怀孕第20周～36周

## 光照胎教

胎儿的视觉发育大约要到36周大时，才能对光照的刺激产生反应。每天用手电筒紧贴肚皮一闪一闪地照射胎儿的头部，每次持续2分钟，胎儿出生后的动作行为、视觉功能及对昼夜的区分也表现得比较强。

适合周数 怀孕第32周开始

# 第 4 个月

# 进入安全期啦

第85天

12W+1D（12 周又 1 天）

## 本月专家指导

现在腹部变大了，原来的衣服开始变得不合体，你需要穿孕妇装了。拥有一个自己的宝宝，这个梦想原来似乎那么遥远，但现在你会感到近在咫尺，因为这个月你就要真切地感到胎动了。

从这月开始，胎宝宝开始迅速生长发育，每天需要大量营养素，尽量满足胎儿及母体营养素存储的需要，避免营养不良或缺乏的影响。避免过多脂肪和过分精细的饮食。

保证 8 ～ 9 小时的睡眠时间，并且尽量要有30分钟或更多的午休时间。睡眠姿势以左侧卧位为最佳，用枕头把脚垫高，可帮助血液循环，注意盖好腹部，以防受凉。

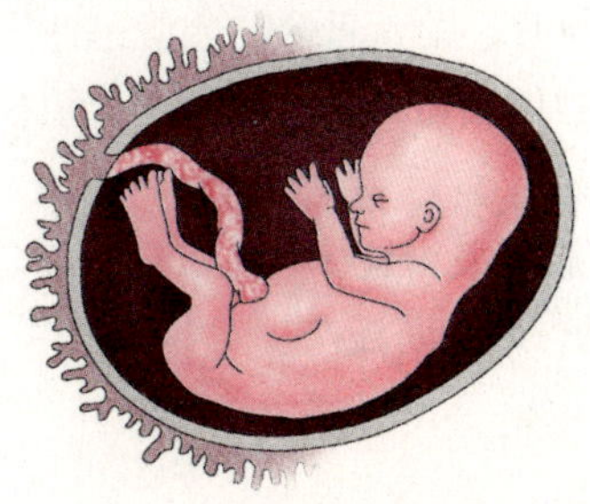

### 第13周

**本周宝宝** 妈咪，从现在起，我的声带开始形成了，眼睛也慢慢地从两侧向中间靠近。

**本周妈妈** 太好了宝贝，妈妈腹部也开始隆起，乳头可以挤出像初乳似的乳汁来。腹部、大腿内侧和臀部会出现妊娠纹，这是因为你才出现的特有标记哦。

## 第86天 12W+2D（12周又2天）本月孕程——宝宝会皱眉了

妊娠4个月时，胎儿皮肤颜色进一步加红，同时也变厚了，这有利于保护胎儿的内脏。胎儿脸上会长出叫做毳毛的细毛。

### 宝宝发育

**胎宝宝的体长：**16厘米。

**胎宝宝的体重：**110～120克。

**开始活动了：**胎儿的胳膊、腿能稍微活动了。

**更加安全了：**胎盘也形成了，与母体的连接更加紧密，流产的可能性已大大降低。胎膜长结实了，羊水的数量也从这个时期开始急速增加。

**胎儿成长速度加快：**由于胎盘发育完成，改善了母体供给胎儿营养的方式，胎儿的成长速度加快。大脑边缘系统开始形成。

**内脏器官：**胎儿心脏的搏动也更加有力了，内脏几乎已完全形成。

**能感受舒适或不快：**当孕妈妈心情舒适的时候，腹中的胎儿也一样，他也会感到舒适、愉悦。

### 妈妈变化

妊娠第4个月时的孕妇腹部微凸，但仍然不是很明显，子宫变大、多尿、骨盆充血，并影响乙状结肠、大肠而常常发生便秘。

**妊娠反应逐渐消失：**早孕反应逐渐消失，但分泌物、尿频、腰部沉重感依然存在。

**乳房变化：**乳房明显增大，乳头及乳晕着深褐色，从乳头里可以挤出一种淡黄色的黏液。

**呼吸系统变化：**妊娠后因耗氧量增加，致使肺通气量大，有时会出现过度通气现象。

## 第87天 12W+3D（12周又3天）本月营养关注

### 孕4月饮食原则

孕4月，胎盘已经形成，流产的可能性减少许多，可算进入安定期了。孕妈妈孕吐基本结束，容易出现贫血。孕妈妈孕4月的饮食原则如下：

- 多补充铁质，以防贫血。
- 孕4月，胎儿骨骼与内脏迅速发育，需要更多的优质蛋白质、钙、锌、植物脂肪等营养素。
- 因胎儿发育较快，还应吃些富含维生素E的食物，以预防流产。

## 孕4月营养要素

◆ **蛋白质：**孕妈妈每天蛋白质的摄入量应增加15克，达到75～95克。食谱中应增加鱼、肉、蛋、豆制品等富含优质蛋白质的食物。特别是孕期反应严重。不能正常进食的孕妈妈更应多摄入优质蛋白质。

◆ **热量：**自孕4月开始，孕妈妈必须增加摄入热量和各种营养素，以满足胎儿各个系统发育中进行的大量复杂的合成代谢的需要。我国推荐膳食营养素供给量中规定孕中期热量每日增加约200千卡。

◆ **维生素：**为了帮助孕妈妈对铁、钙、磷等营养素的吸收，孕4月也要相应增加维生素A、维生素D、维生素E、维生素$B_1$、维生素$B_2$和维生素C的供给。维生素D有促进钙吸收的作用，故每日的维生素D需要量为10毫克。准妈妈应多选择各种蔬菜和水果，如西红柿、茄子、白菜、葡萄、橙子等。

◆ **矿物质：**对生成胎儿的血、肉、骨骼起着重要作用的蛋白质、钙、铁等成分，孕4月的需求量比平时大得多。每天对钙的需求量增加至1000～1200毫克，铁增加至25～35毫克，其他营养素如碘、锌、镁、铜、硒也要适量摄取。

◆ **水：**孕妈妈每天应饮用6～8杯水，其中果汁的量最好不要超过两杯，因为果汁甜度太高，不利于宝宝骨骼发育。

# 第88天 12W+4D（12周又4天） 孕妈妈补钙宝宝更强壮

钙是骨骼和牙齿的重要构成成分。如果孕妇钙摄入不足，不能满足胎儿的需要，则会影响胎儿的骨骼发育；同时，由于母体的骨钙供给了胎儿，也会造成母体缺钙。

## 钙质的重要性

由于钙具有降低神经肌肉兴奋性的作用，当血钙水平下降时，则神经肌肉的兴奋性增强而可导致肌肉出现痉挛，手足抽搐。对荨麻疹等过敏性疾病还常给予钙盐治疗，降低神经肌肉的兴奋性而起到止痒的作用。此外钙对心肌有加强收缩的作用，能维持正常的心跳节律。

有孕妇常在夜里或在清晨尚未起床的时候出现大腿或骨盆区肌肉痉挛。多数人认为该现象与孕妇缺钙有关，但也有专家认为这是因为胎儿压迫神经造成大腿和骨盆区局部

**告诉准爸爸**

### 让孕妈妈的生活丰富多彩

胎儿除生理需要外，还需要一些与精神活动有关的刺激和锻炼。如，丈夫可与妻子开适度的玩笑，幽默风趣的话会使妻子的感情更丰富；陪妻子观看喜欢的影剧；让妻子与久别的亲人重逢；陪妻子作短途旅游等。总之，让她的情绪出现短暂的、适度的变化，为未出世的孩子提供丰富的精神刺激。

血液循环不好所致。

由于孕妇和哺乳期妇女要为自身和胎儿提供钙，因此孕妇和哺乳期妇女都要补充钙质。

## 钙的主要来源

含钙丰富的食物中以牛奶为最佳。不仅因为牛奶含钙量高，而且主要是牛奶中的钙极易被人体吸收利用。每100毫升牛奶中含钙约120毫克，因此每天喝一袋牛奶（250毫升），即可补充300毫克钙，约占孕中期妇女每日推荐摄入量的1/3。

海产品中，如虾皮、小鱼干、紫菜、海带、海鱼等均是富含钙的食物；豆制品，如黄豆、黑豆、豆腐、豆腐丝、豆腐干等含钙量也较多；芝麻酱、黑芝麻、花生、核桃、葵花子等也是富钙食物。由于以上食物不可大量摄入，因此其钙的营养学价值还是远差于牛奶。各种绿叶蔬菜也是我国膳食中钙的主要来源，但由于草酸含量高而使钙的吸收率降低。

第89天

12W+5D（12周又5天）

# 让孕妈妈的秀发飘逸起来

怀孕后，孕妈妈的头发可能会更干涩、更油腻了。这使得孕妈妈的心情变得很糟糕，心情不好直接影响胎宝宝的健康发育，当然不利于宝宝的生长发育。怀孕中期是保养头发的好时期。只要懂得细心呵护，孕妈妈的秀发同样可以飘逸起来。

## 选择合适的发型

如果头发比较厚，脸型比较饱满，就适合留长头发，让脸看起来修长一点。

如果原本就留着长发，但发质比较干燥，且容易分岔或断裂，那么最好把头发剪短或打薄一点。

如果是直发，自然分泌的发油可以让头发看起来更有光泽。

## 根据发质来选择洗头的次数

如果头发比较干燥，可以减少洗头次数，并使用少量、成分温和的洗发精洗头。洗完头之后，也可以抹上一层保湿润发摩丝，以避免干裂现象的发生。

如果头发是油性的，可以洗得勤快一点。

## 美发小技巧

**头发油和头皮屑——柠檬焕发法：**将护发素和柠檬混合，并将其涂在洗过半干的头发上，固定好，戴上浴帽，5分钟后洗净。混合后的护发剂，在头发上涂薄薄一层就行。

**头皮痒、敏感——芝麻油焕发法：**取芝麻油适量，以清水轻轻弄湿头发，从发根至发尾涂上芝麻油并按摩头皮，包上热毛巾捂30分钟，再以温水洗头，进行一般洗发程序即可。

**头发易折断，脆弱，起静电——黄豆护发焕发秘法：**将50克黄豆和2杯矿泉水一起煮开，水滚后改小火煮成一杯待用。除去黄豆，洗头后用黄豆水冲洗最后一次，洗后无需再用清水冲洗头发。

**掉发——酸奶焕发法：**用洗发精洗头发，冲洗干净之后，用酸奶充当润发乳使用，秀发不但不会有洗发精残留的问题，摸起来还非常的柔顺，但务必要用温水冲洗干净。

12W+6D（12周又6天）

# 孕妈妈也时尚——孕妇装选择

传统观念认为，孕妈妈的衣服可以随便穿，不拘束就行了。而不去注意面料和款式的选择，其实孕妈妈也应该选择适合自己的面料，以免影响胎宝宝的成长，同时漂亮大方的穿着也会让孕妈妈更加年轻美丽。

## 面料的选择

通常来说，孕妇装的面料一定要透气性好、易洗耐洗、舒适大方。随着季节的变化，孕妇装的面料选择也各不相同。

一般来说，夏季以棉、麻织物居多，要求面料吸汗且透气，最好选择棉质的面料，易与皮肤接触，吸汗力强，避免发生热痱或者过敏等。冬季最好选择各种呢绒或带有蓬松性透气的面料。要有保暖性，同时还要轻柔。另外，胸部、腹部、腰部及下半身处，最好不要有硬物束缚。

## 款式的选择

衣服的款式以身体的活动不受拘束及方便为原则。家中的服装以舒适为第一前提，而工作时的孕妇装则多少要透些职业装的气息。

上衣的胸、腹部、袖口要宽松，宜前开襟或肩部开扣、V字领。传统的上小下大的连衣裙装，也因为适合不同月龄的孕妇而地受孕妇喜爱。上下身分开的衣装易于穿脱，可以减少孕妇笨重身体的不便。

最流行的款式还有背带裤。背带裤的带子比较宽，不会勒到胸脯，比较适合孕期腹部膨隆的变化；又不会勒到腰部，穿在身上可以掩盖腹部、胸部、臀部的粗笨体形，给人以宽松自然的美感。

## 型号的选择

由于怀孕使孕妈妈的血液循环加速，孕妈妈常感到身体发热，尤其是孕晚期腿脚容易水肿；衣服紧小会很难受，应穿着比身体大一个型号的孕妇装。最好选择可调节的衣裤，这样整个孕期就不一定要随着身体的变化而准备很多的孕妇装了。

### 告诉准爸爸

**不必过度保护**

妻子怀孕了，好丈夫会特别关心，家务活儿全包下来，什么也不让妻子干，甚至有的还不让妻子上班，担心被挤、被碰着。殊不知，孕妇活动过少，会使体质变弱，不仅可增加难产的发生率，还不利于胎儿的生长发育。所以让孕妈妈适当活动，做点家务是可以的，不必过度保护。

第91天

13W（13周）

# 选择合适的鞋袜

体重的增加，腿和脚的压力加重，所以孕妈妈的腿脚容易浮肿。因此，选择合脚而舒适的鞋和袜十分重要。

## 孕妈妈少穿高跟鞋

穿高跟鞋可以让女性显得身形挺拔、格外精神。然而孕妈妈却不适宜再穿高跟鞋，因为随着肚子的一天天增大，以及体重的增加，孕妈妈的身体重心前移，站立或行走时腰背部肌肉和双脚的负担加重，如果穿高跟鞋，就会使身体支立不稳，由于身体加重，脚的负担加重，走路或站立，都会使脚感到吃力。

适合孕妈妈的鞋跟高度为2～3厘米，这种高度的鞋底造型也正好符合正常人的足弓，这样可使脚掌受力均匀，无论是站立；还是行走都不会感到很累。

## 轻松选好孕妇鞋

鞋类尺码需依脚长而定，并且略比脚大1厘米左右，为脚部的胀大留出空间。

选择圆头且肥度较宽、鞋面材质较软的鞋子。鞋底要选择耐磨度好且止滑性较佳的大底。

鞋型选择上开式，即系鞋带式或魔术粘贴带式较佳，其次可以选择有松紧带或可调整高度的鞋类款式。

注意鞋跟高度，平跟的鞋子则会由于孕妈妈身体重心前移、体重增加等原因，给孕妈妈带来足底筋膜炎等足部不适的困扰。

## 适合孕妈妈的袜子

对于袜子的选择，同样也是要宽松、吸汗、不易滑倒的纯棉袜，切忌穿尼龙丝袜，因为它既不吸汗又很滑。另外，还要注意袜口一定不要太紧，否则会影响脚部的血液循环。

第92天

13W+1D（13周又1天）

# 享受美好的大自然

## 为什么要到大自然中去

生活在现代城市中的人们，难得欣赏到真正大自然的风光。在快节奏的生活环境中，久而久之会令人心情压抑、沉闷。妊娠期的孕妈妈，更会渴望清新的空气和花红柳绿、鸟语花香的自然环境。应当设法改善自己的生活环境，争取经常走出家门，到户外或郊外的广阔天地中，欣赏自然景色。

观赏大自然，就是对自己身心的调节过程，登山则倾注于起伏的山峦，观海则胸怀受到大海宽广的启迪，人们在欣赏自然景色时，会产生怡然自得的感受，调节身心。所谓“闻鸟鸣聪耳，看鸟飞明目，观青绿悦神，赏花香宁心”。经常步郊野，花间觅路，草丛寻径，桃红柳绿，万物生机勃勃，能够心旷神怡，气爽神清。

## 怎样与大自然亲密接触

与大自然亲密接触，比较好的方法是：孕妇在早上起床之后，到有树林或者草地的地方去做操或散步，呼吸那里的清新空气。树林多的地方以及有较大面积草坪的地方，尘土和噪音会比较少。那些依旧在工作的孕妇，除早晨外，在工作休息时间也应到树木，草坪或喷水池边走走。晚上最好能开小窗睡眠。若天太冷可关窗，但应在起床后，打开所有的窗户换空气。

另外，假日里与丈夫和亲朋好友一起去郊外游玩，也是一种呼吸新鲜空气的好办法。在欣赏秀丽的大自然田园景色的同时，未出世的宝宝也会受到益处，有时胎宝宝还会在母腹中手舞足蹈，以表示感激之情呢？

总之，大自然是无限美妙的。多欣赏大自然的美，不仅可以使人得到休息，娱乐，有幽静、清爽、舒适之感，还可以使人大开眼界，增长知识，增添青春的活力。这些都是极有利于孕妇和胎儿的身心健康的。

# 第93天 13W+2D（13周又2天）别把不良情绪带给小宝宝

孕期孕妈妈的情绪由于种种原因可能会变得很坏，但这种坏的情绪可能会影响到胎儿的身心健康。所以为了胎儿能够健康成长，孕妈妈应尽量保持良好的情绪。

## 不良情绪之一：担忧和焦虑

你是不是会为宝宝和自己的未来担心忧虑，为宝宝的生育费用担心，为怀孕可能丢失工作而担心，为自己的体形日益臃肿而烦恼。而这样容易使孩子形成胆小怕事的性格，同时心理承受能力也降低，做事容易情绪化，可能会经常莫名其妙地大哭特哭。

**解决方案** 随时调整自己的情绪，一旦发现自己正在陷入忧郁焦虑的泥潭，应立刻想办法疏导或转移注意力，可以通过看书和电视来缓解紧张的情绪，让自己开朗起来。

## 不良情绪之二：发怒

一个容易动怒的妈妈，很可能会生出一个容易动怒的孩子。如果你常常发火的话，容易使孩子的性格更固执、更偏激，也更容

### 告诉准爸爸

#### 对孕妈妈要宽容

怀孕也许让原来温柔、善解人意的妻子像变了一个人，可能一句话没说好就大发脾气，或者稍不如意就泪如泉涌。准爸爸要了解，这种情绪波动是怀孕的女人的“专利”，并不是妻子真的变得不可理喻。要在以前，或许遇到这种妻子“找茬”的时候，准爸爸早跳起来了，可是现在却是练习宽容平和心态的最好时机。

想一想，准妈妈为了你们的宝贝付出了那么多，偶尔发发脾气也是可以原谅的吧！妻子发脾气了，开个玩笑把话题转移一下，或者先把错误承认下来，再不行就干脆让妻子自己安静一会儿。只要准爸爸的姿态高些，准妈妈过后会意识到自己乱发脾气是不对的。

易情绪化，孩子长大后会不好管教。

**解决方案** 一旦遇到可能会发火的时候，就告诉自己先等一等，然后可以喝点水，在屋子里走几圈，等这个过程完成后，你的火应该已经熄灭了。为了减少发火的次数，你也可以在觉得自己要发火前，出门去散步，这样也有助于稳定情绪。

### 不良情绪之三：多愁善感

准妈妈经常哭泣，伤感，容易使孩子形成胆小、懦弱、缺乏自信心的性格。

**解决方案** 在伤心时找一些事来做，以分散自己的注意力，也可以看一些轻松愉快的电影、电视来缓解情绪。当然，如果伤感情绪严重的话，找人倾诉则是最佳的发泄方法。

## 第94天

13W+3D（13周又3天）

## 运动安全八项原则

孕期适当运动，有利于母体和胎儿的健康，但做运动必须注意安全，量力而行，不可勉强。

- 孕妇每周至少运动3次。运动量的大小以心率在每分钟140次以下为宜，有氧运动每次不超过20分钟。
- 孕妇应在运动前多喝水。喝水多，运动时出汗多，体温散得快，体温不会升高。
- 运动前要做好准备活动，使全身关节和肌肉活动开。
- 运动服装和运动鞋应符合各运动项目的要求。合适的运动服装、运动鞋是防止运动损伤的前提，不应当轻视。运动服要选择宽松、柔软、弹性好、吸水性好的服装。运动鞋直接影响足部及下肢关节的健康。因此一定要根据运动项目来选择，如慢跑的鞋一定要合脚、舒适、透气等。
- 孕妇要加强腿部力量和腹部力量的锻炼，以使双腿适应体重的快速增长和减轻胎儿对后背下部的压力。怀孕后期要加强阴道肌肉力量的锻炼，有助于分娩。
- 孕妇妊娠早期不应骑自行车运动，孕中期骑自行车运动时，也要做到不急不赶，不急启动，不急刹车。
- 孕妇在闷热天、酷暑天要严格控制运动量。
- 孕妇在运动中，若感觉有头晕、恶

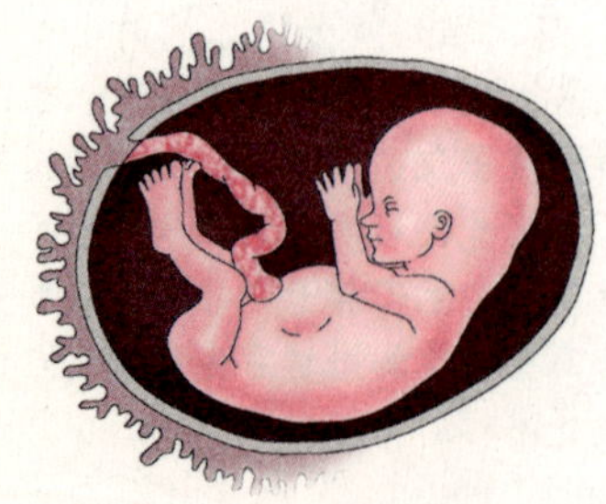

### 第14周

**本周宝宝** 妈咪，我的两只手开始有了基本的反射动作。我的手指成长已经完成，并且有了指纹印。

**本周妈妈** 我现在虽然已摆脱了孕吐的烦恼，但是由于孕激素水平的升高，使我小肠的平滑肌运动减慢，这会使我遭受便秘的痛苦。

心、局部疼痛、极度疲劳时，应立即停止运动，原地休息。如出现阴道分泌物增多或出血，应马上去医院检查，并在以后停止运动或减轻运动。

第95天

13W+4D（13周又4天）

## 孕妈妈唇部护理不可忽视

我们都知道要勤洗手，护理手，因为手会频繁地与外界接触，会给人体带来很多的细菌。但我们往往会忽视对唇部的护理，其实唇部的护理对于孕妈妈的健康同样重要。

### 外出回来时给嘴唇做个清洁

孕妈妈一般外出的时候，通常都很注意不随便用手拿东西吃，或从外面一回到家，就马上去洗手。可是，孕妈妈很少想到嘴唇也同样应该做卫生。空气中不仅有大量的尘埃，而且其中还混杂不少的有毒物质，如铅、氮、硫等元素。它们落在孕妈妈身上、脸上的同时，也会落在嘴唇上。

孕妈妈经常在没有清洁嘴唇的情况下喝水、吃东西，或时不时地总去舔嘴唇。殊不知这些不经意的小动作，却将附着在嘴唇上的很多化学有害物质以及病原微生物带入了口腔。这些物质对一般人群没多大影响，但对孕早期各器官都处于形成关键期的胎宝宝来说，却会带来很大的影响。如引起胎宝宝组织器官畸形等。

### 孕妈妈嘴唇干燥时可以使用润唇膏吗

一般而言，润唇膏属于外用药品，各个厂家的选料、配方、制作技术都不同，虽然有些产品标出是孕妇唇膏，但实际上大部分唇膏是合剂，成分多样，给判断能否使用该种药品带来较大的困难。因此，建议孕妈妈最好选用天然的维生素E来滋润嘴唇，还可以通过多补充花生油（天然植物油）来改善嘴唇干裂的症状。

第96天

13W+5D（13周又5天）

## 乳房护理不要大意

怀孕以后，由于体内孕激素水平增高，乳腺组织内的腺泡和腺管不断增生，乳房的皮下脂肪渐渐沉积，使乳房的外形有了很大的变化。孕妈妈从怀孕起就要开始呵护自己的乳房，以保证乳房的健美挺拔。

### 清洗乳头

经常用清水擦洗乳头，如果乳头结痂难以清除时，还可先涂上植物油，待结痂软化后再用清水清洗，擦洗干净后涂上润肤油，以防皲裂。

## 规律按摩

从妊娠中期开始，乳腺真正发达起来，最好从孕20周开始进行乳房按摩。持续按摩乳房有利于乳房的血液循环，使分娩后排乳通畅。

每天有规律按摩一次，也可以在洗澡或睡觉前进行2～3分钟的按摩。

动作要有节奏，乳房的上下左右都要照顾到。用拇指和食指轻轻按摩乳头，直到乳头突出来。按摩的力度以不感觉疼痛为宜，一旦在按摩时感到腹部抽搐，应立即停止。

**方法一** 由外向里

用右手覆在腋窝附近，然后从左向右循环按摩乳房。

将左手大拇指的指尖压在右手上面，以肩膀为中心轻柔地前后运动肘部。

同理，按摩右乳房。

**方法二** 由上向下

用右手由上向下轻轻按摩左侧乳房。用左手大拇指按压右手背，以肩膀为中心，缓缓上下运动。

同理，按摩右乳房。

**方法三** 由下而上

用右手向上托起左侧乳房。将左手抵住右手背，从下往上推动乳房。

同理，按摩右乳房。

# 第97天 13W+6D（13周又6天）给宝宝唱首好听的歌

## 怎样给胎儿唱歌

如果孕妇能亲自给胎儿唱歌，将会收到更令人满意的胎教效果。一方面，孕妇在自己的歌声中陶冶了情操，获得了良好的胎教心境；另一方面，孕妇唱歌时产生的物理振动，和谐而又愉快，使胎儿从中得到感情上和感觉上的双重满足，这一点，是任何音乐所无法取代的。

因此孕妇在工作之余，不妨经常哼唱一些喜爱的歌曲，把愉快的心情通过歌声传给胎儿，使胎儿分享这喜悦的心情。

## 如何教胎儿唱歌

虽然胎儿不会张嘴唱歌。但是，只要父母持之以恒地坚持教唱，一定能收到好的效果。

具体做法是：孕妇或丈夫采用练习音符发音。例如："1、2、3、4、5、6、7"；"7、6、5、4、3、2、1"。反复轻声教唱若干遍，每唱完一个音符停顿几秒钟，留出胎儿复唱的时间。在教唱时，可以充分地发挥想象力，就好像子宫中的胎儿神奇地张开

### 小提示

在教胎儿唱音符时，室内应保持安静，尽量避免噪音干扰。每天教唱1～2次，每次3～5分钟。最好定时教，并拟定一个施教计划，由夫妻二人交替进行。

蓓蕾似的小嘴，随着父母虔诚的音律和谐地跟着学唱。夫妻二人还可以选唱一些简单的乐曲。时间一长，音符刺激可以在胎儿的大脑中构成记忆，奠定后天音乐基础。

### 五音不全能给胎儿唱歌吗

有的孕妇认为，自己五音不全，没有音乐细胞，哪能给胎儿唱歌呢。其实，完全没有必要把唱歌这件事看得过于严肃。要知道给胎儿唱歌，并不是登台表演，不需要什么技巧和天赋，要的只是母亲对胎儿的一片深情。只要带着对胎儿深深的母爱去唱，自己的歌声对于胎儿来说，就一定十分悦耳动听。唱的时候可以尽量使声音往上腭部集中，把字咬清楚，宝宝会很喜欢的。

## 第98天 14W（14周）完美准爸爸显身手

### 尽快进入到当爸爸的角色中

面对角色的改变，很多准爸爸还是会有恐慌。有的爸爸觉得宝宝来得太快了，不能很快进入角色。而且对于妊娠期的孕妈妈也是觉得手忙脚乱的，帮不上什么忙。这时，准爸爸要学会关心妻子，给她依靠。要陪孕妈妈参加每一次的孕期检查，平时也要多询问妻子的情况等。相信只要你坚持这么做，一定会很快进入角色中，成为妊娠期孕妈妈的好助手。

### 为妻子做顿贴心的早餐吧

孕期里的妻子需要小心呵护，而贴心的一天，就应该从早餐开始。准爸爸每天应该早起一些，简单地洗漱过后，精心地为妻子准备一份贴心的早餐。适合孕妈妈的早餐不需要那么丰富，但也不能过于单一，尤其要注意营养的均衡搭配。一般情况下，早餐的样式并不是固定不变的，最好根据孕妈妈不同的孕周情况做出适当的调整。既要让孕妈妈吃得合口，又要营养科学搭配，以免孕妈妈营养补充不足而出现各种孕期并发症，甚至影响胎宝宝的正常发育。

### 纠正妻子的不良生活习惯

准爸爸在爱妻怀孕期间，要尽量地纠正妻子平日的一些不良的生活习惯。有些孕妈妈喜欢看电视、上网等，准爸爸此时要注意提醒妻子不接触带有辐射的家用电器或电脑。还要纠正孕妈妈边吃饭边看电视的习惯，这样很容易造成消化液分泌不足，发生呃逆、嗳气、胃部膨闷或胀饱等不适，影响对胎宝宝的营养供应。

## 第99天 14W+1D（14周又1天）

# 当心牙齿闹“别扭”

牙科医生提示，最好能在怀孕前做一次彻底的牙齿检查和治疗，因为孕期不宜做牙齿治疗，即使牙齿出现紧急状况，也只能做暂时性的症状治疗，拔牙或任何侵入性治疗应延至产后再进行。怀孕期间，建议每三个月检查一次牙齿。

### 孕期常见的牙周问题

◆ **妊娠牙龈炎：**这是由于怀孕期间荷尔蒙改变，使牙龈充血肿胀，颜色变红，刷牙容易出血，偶尔有疼痛不适的感觉。

◆ **妊娠牙龈瘤：**这种病症较少见。一般发生在怀孕中期，由于牙龈发炎与血管增生，形成鲜红色肉瘤，大小不一，生长快速，常出现在前排牙齿的牙间乳头区。

◆ **妊娠牙龈瘤：**通常不需治疗，或只针对牙周病进行治疗，如洗牙、口腔卫生指导、牙根整平等，这是为了减少牙菌斑的滞留及刺激。牙龈瘤会在产后随着激素恢复正常而自然消失，若出现妨碍咀嚼、易咬伤或过度出血等，可考虑切除，但孕期做切除手术容易再发。

◆ **其他症状：**也可偶尔见到牙周囊袋加深、牙齿容易动摇等症状。

### 孕妇牙龈肿胀与出血

孕期常见的牙周问题是牙龈发炎，这是由于怀孕时期激素改变，使牙龈充血肿胀，颜色变红，刷牙容易出血，偶尔有疼痛不适的感觉。

这些症状并非每个孕妇都会发生，若会发生的话，通常在怀孕第二个月出现，在第八个月时，会随激素分泌浓度达到高峰而变得较为严重。

## 第100天 14W+2D（14周又2天）

# 赶走孕期多疑症

怀孕的女性多猜疑，多半是孕期压力过大引起的，且多发生在怀孕中期。如今，大部分女性怀孕都是独有一次，没有经验使得精神紧张，当事情不在自己的掌控内时，孕妈妈就会变得多疑和敏感。

### 孕期多疑症有哪些表现

孕期多疑症的表现多种多样，比较普遍的表现如下：

孕妈妈在医生检查的时候，不停地质疑医生，总担心医生隐瞒事实；孕妈妈一旦感觉胎动不对劲，就立即前往医院；每次想到胎宝宝，就会怀疑自己吃了某些致畸的食物，做了某些对宝宝不利的事情等。这种现象对孕妈妈自身和胎宝宝的身心发展是极为不利的，应及时治疗。

### 积极转移注意力

孕妈妈如果发现自己的不良情绪在蔓延和恶化，千万不要担心，而应该安静地想一想快乐的事情，尤其不要让自己有太多的时间沉浸在胡思乱想中，尽可能地让自己忙碌起来，以转移注意力，克服多疑的毛病。

### 相信结果能证实一切

多疑症一般发生在孕中期，这时候正好赶上仔细产检筛查的阶段，如羊水穿刺、B超排畸等。孕妈妈若极度担心，不妨去医院做一次详细的产检检查，拿到的结果实属正常，孕妈妈就要相信一切结果，多疑症自然而然就会消失。

## 第101天 14W+3D（14周又3天） 好的开端，从起名开始

古人说：“赐子千金，不如教子一艺；教子一艺，不如赐子好名。”名字的重要性不必多说，关键是如何取得好名。取名方法网上书里比比皆是，这里只谈关键的两条。

### 取名构思基本原则

取名的关键在于构思，构思成果因人而异，但要有原则。

◆ 合乎姓氏，名字须与姓氏合拍。

◆ 合乎性别，男孩大器、女孩清丽。

◆ 合乎音律，富有音韵美，防止误音，读来顺口，听来响亮。

◆ 合乎意蕴，把本意、寓意搞清楚，这是先入条件。

◆ 合乎美学、德操，讲究文化内涵和素质品位。

◆ 要有创意性、独特性。

◆ 与自己的生肖吻合。

◆ 合乎易理，注重阴阳调理，刚柔相济。

### 取名注意事项

◆ 注意字的谐音 追求字义时忽视了谐音容易出笑话，例子很多，无须列举。

◆ 注意字的音韵声调 名字是让人叫让人听的，有的名字听起来别扭，叫起来气不足，其原因就在于忽略了名字的声韵声调，

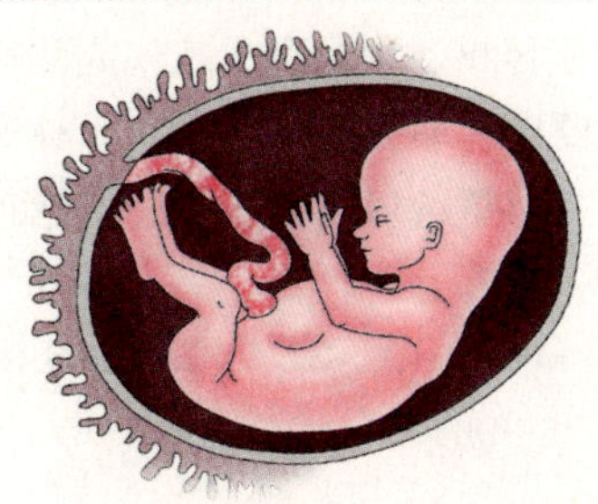

**第15周**

本周宝宝 妈咪，在我薄而透明的皮肤上，可以看到我身上的血管。而且细细的头发、浅浅的眉毛也长出来了。

本周妈妈 真的吗？现在我有时会感觉到腹部和腹股沟疼痛。另外，乳晕颜色变深，乳头增大，在乳房里已经形成了初乳。

如：胡福芬等。

◆ 注意字形搭配美观 名字形态美也是重要的，笔画太多，写起来麻烦，部首结构相同会给人一种单调，缺乏生气，如：刁习司、汪河清等。

◆ 注意字义不妥当 用字在含义上要注意的头绪太多，把握一点：反复感觉和联想可避免出问题。一般来说，用字要避免：空泛、浅露、贬意、吹嘘、粗俗、霸道、消极、丑陋、不吉利、占便宜、不伦不类等。

◆ 不要追求数理吉祥而选字 为迁就"数理"吉祥等而放弃好字，选用偏字、怪字、生字是不值得的。难认、难读、难理解的字，必然造成交流的距离。

第102天

14W+4D（14周又4天）

## "二手香"危害大

随着健康知识的不断普及，"二手烟"的危害已人尽皆知，但还有一种"二手"污染现象却被很多人忽视，那就是"二手香"。

### 什么是"二手香"

"二手香"是指从别处沾染或自身所处环境里有刺激的香味，主要包括香味过浓的化妆品如香水、护肤品，以及空气芳香剂如放置在公共场所及家庭卫生间的空气芳香剂。由于其味道过于浓烈，严重威胁着群众的身体健康，尤其是孕妇和婴幼儿。

### "二手香"的危害有哪些

据了解，目前大多数的香水含有50～150多种化学成分，各国执法部门并不要求厂家向消费者公布香水的化学成分，而是笼统将这些成分称为香精，这就给使用者带来了安全隐患。其实，许多香水中添加的化学香料（或称人工香味）都具有一定的毒性，公共场所及家庭卫生间经常放置的芳香剂则含有大量挥发性芳香烃，对人体也十分有害。最新研究表明，香水或其他芳香剂中富含的沉香醇成分可诱发情绪低沉、沮丧甚至危及生命。

很多人对"二手香"的间接过敏反应和"二手烟"很相似，尤其是在封闭的环境里，味道过于强烈容易使喷洒香水的人和吸入"二手香"的人出现头痛、头晕、打喷嚏、流泪、胸闷等症状。

对孕妇和婴儿来说，"二手香"可能比"二手烟"更令人担忧，由于孕妇体内激素水平变化较大，闻到香水更易过敏，对哺乳期的母亲来说，香水的有害化学成分会通过乳汁损害婴儿健康。由于香水成分会在体内积蓄，女性在怀孕前也不宜使用过浓或者劣质香水。

疾控专家建议，如果出于礼仪需要喷洒香水，一定要选择取得卫生许可证、标识规范的香水，并尽量选择清香淡雅、天然香料配制的香水。

第103天 14W+5D（14周又5天）

## 头痛怎么办

像恶心一样，头痛也是孕妇最常抱怨的现象。怀孕中期快结束时，头痛通常会减弱或消失。你可以试着在不吃药的情况下，用其他的方法来舒缓头痛。

### 慢慢改变体位

任何能改变脑部血流量的动作，都会造成头痛。这种情况，在一大早起床时，或者从晚上舒适的躺椅爬起来的时候最容易发生。所以，为了让胎儿与你的脑袋可以同时取得足够的血流量，请尽量缓慢改变体位。

### 保持血糖的稳定

血糖降低，也会导致头痛的发生，因此，你可以尽量以少量多餐的方式，或是随时给自己补充一些小点心，别让自己有饥饿感。

### 保持空气的流通

避免待在充满烟味的房间里。

在人多的公共密闭场所里，应该尽量让自己接近门，以便能经常出去呼吸新鲜的空气。

冬天有暖气的时候，应该将最接近自己的一扇窗打开一点。

如果在密闭的办公大楼上班，尽量抽空往有窗户的厕所或茶水间跑，以多吸取一些新鲜空气。

### 在家休养

试着放松自己，在家里好好休养一下，也许症状很快就可以解除。下面是几种可以在家自我放松的一些小技巧：

头部按摩：放松平躺在舒服的垫子上，请丈夫在你觉得疼痛的部位以划圈的动作按摩，力量要足够使皮肤在颅骨上移动为宜。

平心静气，闭目养神：只要一觉得头痛，马上选择到安静、光线较暗的房里平躺着休息。

保持鼻窦畅通。

第104天 14W+6D（14周又6天）

## 营养不良危及宝宝

据统计，新生儿及产妇死亡率较高的地区，母子营养不良比较普遍。营养不良的胎儿和新生儿的生命力较差，不能经受外界环境中各种不利因素的冲击。此外，某些先天性畸形也与母子营养缺乏有关。

### 导致新生儿体重下降和早产儿增多

新生儿的体重与母亲的营养状况有密切关系。据对216名孕妇调查。其中营养状况良好者，出生婴儿平均体重为3.8千克；营养状况极差者。出生婴儿平均体重为2.6千克。

### 导致贫血

营养不良会导致孕妇贫血，往往会造成早产，并使新生儿死亡率增高。孕妇贫血会使婴儿肝脏缺少铁储备，婴儿易患贫血。

### 对婴儿智力发育产生影响

人类脑细胞发育最旺盛的时期为妊娠最后3个月至出生后1年内，在此期间，最易受营养不良的影响。孕妇营养不良会使胎儿脑细胞的生长发育延缓，DNA合成过度缓慢，也就影响了脑细胞增殖和髓鞘的形成，所以母体营养状况可能直接影响下一代脑组织成熟过程和智力的发展。

第105天

15W（15周）

## 准爸爸做好“三陪”

妊娠反应的3个月终于过去了，宝宝在妈妈的肚子里一天天长大。看着准妈妈的肚子渐渐隆起，虽然已没有了刚得知要做准爸爸了的那种兴奋？但这时准爸爸可不能松懈，等待你做的事情还有很多。

### 陪妻子产检

尽量抽时间陪妻子去做每一次产检。每一次健康检查都会测量胎儿的发育程度（大小、身长等等），并且大夫会解答你们夫妻对宝宝的任何疑问。 这种检查最激动人心的地方就是你可能有机会听到胎儿的心跳，还有超声波检测时，你可以从屏幕上看到还未出世的宝宝在活动翻身，这恐怕会成为你终生难忘的经历，一定不能错过。

### 陪妻子一起去“听课”

陪妻子一起去“听课”。目前很多医院的产前检查服务中都有这项内容——“孕妇课堂”。孕妇们在课堂里可以学到一些关于怀孕和分娩的必要知识，这种“课堂”都是欢迎丈夫们参加的，所以，你最好能于百忙之中抽点儿时间和爱妻一起去听课，一来学了知识，二来也是体现自己对爱妻“心理支持”的有力行动。

### 陪妻子散步

准爸爸哪怕工作再忙，也要争取每天抽出时间陪妻子散散步。怀孕后妻子会经常觉得腰酸背痛，到了妊娠的中、晚期，妻子的腿或脚还可能肿。每天花几分钟为她擦擦背或者做做足底按摩，这些亲密小举动将会永远保存在准妈妈的甜蜜回忆里。

**告诉准爸爸**

**遵从孕妈妈的生活节奏**

孕妈妈身体状况和身体状态都大不如从前了，精力也有限。准爸爸要根据妻子的生活状态和习惯调整你们的生活节奏，一些平日经常做的事情可能此时就不能做了。要留出充分的时间给孕妈妈放松和休息，不能总是按照自己的意愿行事，要以妻子为中心调整好每天的生活节奏。

第106天

15W+1D（15周又1天）

# 宝宝发育与营养素列表

| 孕周 | 胎宝宝器官系统发育 | 所需营养素和食物来源 |
|---|---|---|
| 5周 | 神经系统和循环系统开始分化 | 脂肪、蛋白质、钙、维生素D：牛奶、鱼、蛋、红绿色蔬菜 |
| 7周 | 面部器官开始发育，手臂和腿萌出嫩芽 | 蛋白质、钙、铁、铜、维生素C：鱼、蛋、红绿色蔬菜、动物肝、内脏 |
| 9周 | 上肢和下肢的末端出现了手和脚 | 镁、钙、磷、铜、维生素A、维生素D：鱼、蛋、红绿色蔬菜、牛奶、乳酪 |
| 12周 | 脑细胞增殖，肌肉中的神经开始分布 | 脂肪、蛋白质、钙、维生素D：牛奶、鱼、蛋、干果 |
| 15周 | 骨骼正在迅速发育，可以做许多动作和表情 | 钙、磷、维生素D、维生素$B_1$和维生素$B_2$、维生素A：胚芽米、麦芽、酵母、牛奶、内脏、蛋黄、胡萝卜、豆类制品 |
| 18周 | 循环系统、泌尿系统开始工作，肺部发育，听力形成 | 蛋白质、钙、铁、维生素A：牛奶、蛋、肉、鱼、豆、黄绿色蔬菜 |
| 20周 | 视网膜形成，对强光有反应。大脑功能分区 | 蛋白质、亚油酸、钙、磷、维生素A：肝、蛋、牛奶、乳酪、鱼、黄绿色蔬菜、干果 |
| 23周 | 视网膜形成，乳牙的牙胚开始发育 | 维生素A、维生素D、钙、磷：动物肝、蛋、牛奶、乳酪、黄绿色蔬菜 |
| 26周 | 听力发展，呼吸系统下在发育 | 蛋白质、钙、维生素D：蛋、牛奶、海产品、豆、鱼、红绿色蔬菜 |
| 28周 | 外生殖器官发育，听觉神经系统发育完全，脑组织快速增殖 | 蛋白质、维生素A、B族维生素：动物肝、蛋、牛奶、乳酪、黄绿色蔬菜、鱼 |
| 32周 | 肺和消化系统发育完成，身长增长趋缓，体重迅速增加 | 蛋白质、脂肪、碳水化合物、B族维生素：蛋、鱼、肉、牛奶、绿叶蔬菜、糙米 |
| 36周 | 各组织器官发育接近成熟，长出一头胎发 | 蛋白质、脂肪、碳水化合物：蛋、肉、鱼、牛奶、马铃薯、玉米 |
| 40周 | 双顶径大于9厘米，足底皮肤纹理清晰 | 铁：动物肝、蛋黄、牛奶、内脏、绿叶蔬菜 |

15W+2D（15周又2天）

# 第107天 带着宝宝去散步

进入孕中期了，孕妈妈终于可以放松些了，这时的孕妈妈就可以带着宝宝经常到外面散散步了。

## 散步对孕妈妈的好处

散步是孕妇最适宜的活动。据报道，散步可以提高神经系统和心、肺的功能，促进新陈代谢。有节律而平静的步行，可使腿肌、腹壁肌、胸廓肌、心肌加强活动。由于血管的容量扩大，肝和脾所储存的血液便进入了血管。动脉血的大量增加和血液循环的加快，对身体细胞的营养，特别是对心肌的营养有良好的作用。同时，在散步中，肺的通气量增加，呼吸变得深沉。鉴于孕妇的生理特点，我们不得不承认，散步是增强孕妇及胎儿健康的有效方法。

## 散步的地点要选择好

有条件的话，最好选择那些花草茂盛，绿树成荫的场所。这些地方空气清新，氧气浓度高，尘土和噪音都比较少。孕妇经过一天的工作，心理上受到紧张的刺激，孕体也感到疲乏不适，置身于这样一个宁静恬淡的环境中散步，无疑是一次极好的身心调节。但应注意避开那些空气污染严重的地方，如闹市区、集市以及交通要道等。这些地方往往空气污浊，烟雾弥漫，病毒、细菌等的污染也都比较严重。在这种地方散步，不仅不能起到应有的作用。反而会给孕妇及胎儿带来不良的影响。

## 散步的时间要适宜

一般情况下，城市里下午16～19点之间空气污染相对严重。可有意识地避开这段时间，并根据孕妇个人的工作、生活情况选择安排好散步的具体时间。

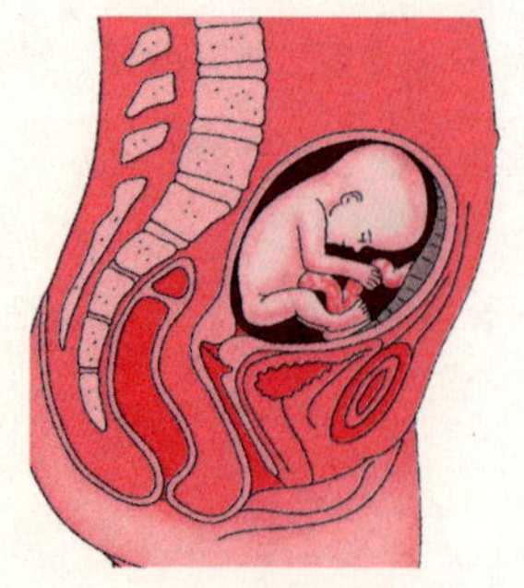

### 第16周

**本周宝宝** 妈咪，我已经有完整的手指甲了，手指头和脚趾头还在继续长大，我现在还会打嗝了呢。

**本周妈妈** 太棒了，我的肚子也明显增大，已经能明显地从外表看出来。为了你的成长我的食欲增加了，体重也开始增加，腹部、臀部和其他部位会堆积脂肪。

第108天

15W+3D（15周又3天）

# 让坚果为聪明宝宝加油

坚果含有胎儿大脑发育所需的第一营养成分脂类(不饱和脂肪酸)，还含有15%～20%的优质蛋白质和十几种重要的氨基酸，这些氨基酸都是构成脑神经细胞的主要成分。所以为了让宝宝更聪明，孕妈妈应多吃坚果。

## 杏仁

杏仁有降气、止咳、平喘、润肠通便的功效。对于预防孕期便秘很有好处。但是中医认为杏仁有小毒，不宜多食。

**推荐食用方法** 如果你不喜欢吃纯杏仁，可以尝试一下带杏仁的巧克力。

## 花生

蛋白质含量高达30%左右，其营养价值可与鸡蛋、牛奶、瘦肉等媲美，而且易被人体吸收。花生皮还有补血的功效。

**推荐的食用方法** 与黄豆一起炖汤，也可以和莲子一起放在粥里或是米饭里。最好不要用油炒。

## 瓜籽

南瓜籽可以防治肾结石病；西瓜籽中医认为性味甘寒，具有利肺、润肠、止血、健胃等功效；葵花籽所含的不饱和脂肪酸能起到降低胆固醇的作用。

**推荐食用方法** 大多是炒熟或煮熟了来吃。不过在煮的过程中可以依据自己的口味加入香料或调味剂，可以有五香的、奶油的、椒盐的等等。

## 核桃

补脑、健脑是核桃的第一大功效，另外其含有的磷脂具有增长细胞活力的作用，能增强机体抵抗力，并可促进造血和伤口愈合。另外，核桃仁还有镇咳平喘的作用。尤其是经历冬季的孕妈妈，可以把核桃作为首选的零食。

**推荐食用方法** 核桃可以生吃，也可以加入适量盐水，煮熟吃，还可以和薏仁、栗子等一起煮粥吃。

## 松籽

含有丰富的维生素A和E，以及人体必需的脂肪酸、油酸、亚油酸和亚麻酸，还含有其他植物所没有的皮诺敛酸。它不但具有益寿养颜、祛病强身之功效。还具有防癌、抗癌之作用。

**推荐食用方法** 生着吃，或者做成美味的松仁玉米。

15W+4D（15周又4天）

# 预防便秘注意事项

妊娠后胎盘分泌的大量孕激素使胃肠道的平滑肌张力减低，活动减弱，因此孕妇常有消化不良，肠胀气和食物运送延缓现象甚至出现便秘。孕期应对便秘，可注意以下几个方面。

## 预防便秘

◆ 早晨起床后，吃些新鲜水果或喝上一大杯食盐水、天然果汁。这些食品会加速大肠的蠕动，不但富含营养，同时可以促进大肠收缩，有助于通便。

◆ 多摄取富含纤维素的食物。纤维素（含谷类）经过肠道时不被消化，起着像海绵样的作用，吸满液体。水分增加有助于粪便更快地移动，让粪便得以较轻松地被排出体外。同时多吃蔬菜，如胡萝卜、小胡瓜、黄瓜、芹菜等，以及其他全谷物，如全麦和杂粮面包、豆类和玉米等。为了从水果和蔬菜中得到最多的纤维，尽量生食或略煮并保留皮。

◆ 适量吃含有脂肪的食品。适量摄食奶油制品，并饮用蜂蜜。

◆ 喝酸牛乳。酸牛乳对于消除便秘也很有效，而且还营养丰富，孕妇每天养成喝酸牛乳的习惯绝对有益无害。

◆ 增加水分的摄取。如果你增加纤维素的摄取，就一定得随之增加水分的摄取，太多的纤维和太少的液体实际上能使粪便变得硬而使便秘的情况更加严重。因此，如果你喜欢喝果汁，就饮用新鲜果汁（如梅子汁、梨汁和橘汁），这样不仅增加水分的摄取量，另一方面也同时增加纤维素的摄取量。不过，要确保你每天再补充6～8大杯水才行，避免饮用含咖啡因的饮料。

◆ 多运动让全身动一动，你的肠道也动一动。经常运动可以让你的生理系统的“运动”更规律，使你的肠道功能不致失衡。

◆ 定时排便。养成每天定时排便的良好习惯，每次排便时间不宜过长。不要在排便时看书，以免注意力分散延长排便时间，致使肛周静脉长时间处于紧张状态，影响血液回流。

## 治疗措施

如果没有把好预防关，而发生便秘，应认真对待。除采继续取上述预防措施外，常用的方法是口服缓泻的药物，如乳果糖、果导片等，该药直接在胃肠道内产生作用而不被吸收，对胎儿无毒副作用。禁止使用其他缓泻剂，以免诱发流产或早产。同时可外用开塞露润通便，或石蜡油30毫升（也可用麻油、花生油代替）或果导片2片，暂时通便。严禁用强烈的泻药，否则肠蠕动剧增，可导致流产、早产。

如果便秘严重，上述方法无效，要及时就医。

第110天

15W+5D（15周又5天）

## 轻松预防贫血

贫血是妊娠妇女的常见症状，须认真对待。

### 妊娠期贫血有两种

一种是生理性贫血，由于怀孕后血容量逐渐增加，而其中血浆的增加幅度超过了血细胞的增加幅度，造成血液稀释而使血红蛋白相对下降。如孕妇血红蛋白不低于100克/升，称为生理性贫血。这种贫血不需治疗，产后即能恢复正常。另一种贫血则属病理性的，较常见的为缺铁性贫血，还有较少见的巨细胞性贫血。

### 孕期发生病理性贫血的原因

铁的摄入量不足：尽管目前人们的生活水平不断提高，但铁的摄入量不足，且母体需要供给自己和胎儿生长的需要，因此，逐渐造成缺铁性贫血。

维生素$B_{12}$、叶酸缺乏：主要是营养不良或吸收障碍所致。这是发生巨细胞性贫血的主要原因，较缺铁性贫血少见。

### 防治妊娠期贫血四项注意

调节饮食，加强营养。每天都应吃瘦肉、鸡蛋或猪肝及新鲜蔬菜。

补充铁剂。孕中期服用硫酸亚铁0.3克，每日1～3次。服铁剂期间，可服维生素C0.1～0.2克，每日3次，不要喝茶和牛奶，以促进铁的吸收。

补充叶酸及维生素$B_{12}$。叶酸缺乏者，可每次口服叶酸10～20毫升，每日3次；维生素$B_{12}$，每日肌注100～200微克。

如重度贫血，特别是血容量不足时，可适当输血，以保证孕妇和胎儿的健康。

第111天

15W+6D（15周又6天）

## 音乐胎教——和宝宝共享音乐浴

音乐和颜色一样，对感觉器官的直接刺激可影响人的心理状态和情绪，并通过旋律，速度及力度的变化影响人的神经系统功能。当孕妈妈心情好时，腹中的宝宝也可以受益无穷。

### 随时与宝宝一起欣赏音乐

孕妇可以戴着耳机听音乐，也可以不戴耳机听，可以休息时听，也可以做家务时或者吃饭时听；还可以一边听一边唱等。总之，孕妇可以根据自己的环境随意安排，要尽可能地多抽出一些时间欣赏胎教音乐。

### 选择一些固定乐曲

选择一些节奏较明显的胎教乐曲，把它一遍又一遍地转录在空白磁带上，使磁带的每面都是同一些曲子。每天都让胎儿听这些曲子，反复播放，以不断地强化胎儿的记忆，胎儿出生后就会对这些曲子有记忆。

这样就为胎儿出生后的音乐天赋提供了良好的信息。如果给新生儿听胎儿时期常听的乐曲，婴儿会表现出极大的兴趣。

### 胎教一定要选择古典音乐吗

如果孕妇原本就很喜欢古典音乐当然很好，但是如果听不惯也没有必要勉强。只要听音乐能让母亲觉得轻松愉快就达到了目的。流行歌曲、爵士乐等都可以。虽也有人认为节奏感太强的音乐会惊扰胎儿，比较安静的曲子更合适，但是其实只要是母亲乐于欣赏的，避免过于激烈，声音过高，任何音乐都可以。

### 跟随音乐的节拍舞动

一般来说，在身心放松时听音乐，效果是最好的。孕妇可以在调整自己的吸气和呼气后，随着节拍左右移动身体，调整重心；双臂举过头顶，依照顺时针或逆时针方向画圆，反复数次后，将一只手臂平举，与肩同高，然后将腰部移动到重心轴上，再向左右移动手臂；双臂也可以在身体的前方画圆。

## 第112天 16W（16周） 语言胎教——和胎宝宝说说话

孕妇或家人有目的地对子宫中的胎儿讲话，可以给胎儿的大脑新皮质输入最初的语言印记，为后天的学习打下基础。在对话过程中，胎儿能够感受到来自父母爱的呼唤。这对促进胎儿的身心发育是十分有益的。

### 和宝宝说话选择正确时间

对话可从孕3~4个月时开始，每天定时刺激胎儿，每次1分钟足够了。随着胎儿的发育，每天还可适当增加对话次数，对话内容不限，关键是把美好的感觉反复传授给胎儿。

一般来说，讲话可以选在早上或胎动多时，因为这时候胎儿精力比较旺盛，也不会影响到他的睡眠，时间不宜长。要知道胎儿绝大部分时间是需要睡眠的，过多讲话会让本来有益的胎教变成无益的噪声。

### 和宝宝说话注意方法

由于胎儿还没有关于这世界的认识，不知道谈话的内容，只知道声音的波长频率。而且，他并不是完全用耳朵听，而是用他的大脑来感觉，接受着母体的感情。所以在与胎儿对话时，孕妈妈要使自己的精神和全身肌肉放松，精力集中，呼吸顺畅，排除杂念，心中只想着腹中的宝宝，把胎儿当成一个站在你面前的活生生的孩子，娓娓道来，这样才能收到预期的效果。

### 准爸爸应怎样与宝宝讲话

丈夫与妻子腹中胎儿的谈话，不一定拘于某种形式，内容随意，诸如问候胎儿、安慰或批评胎儿等都可以。在与胎儿搭话时要善于揣测妻子的心理活动，仔细琢磨一下爱人需要听什么话，要通过妻子良好的心理感受而产生积极的胎教效应。

# 第 5 个月
# 与宝宝快乐互动

第113天

16W+1D（16 周又 1 天）

## 本月专家指导

你的腹部已经显现出来了，而你的身心都进入稳定期。工作休息时可以做些轻微的运动，如活动脚踝，伸屈四肢等。除了保证充足的营养，应坚持有规律的数胎动，时间最好固定在每晚8～9点。

如果平时饮食荤素搭配合理，营养一般不会有什么问题。但是如果担心发胖或胎儿过大而限制饮食，则有可能造成营养不足，严重的甚至患贫血或影响胎儿的生长发育。

这个月，孕妈咪的腹部更加隆起，进一步增加孕妈咪行动的困难，所以出行时要特别小心。同时，监测胎动是这个月一项非常重要的工作。

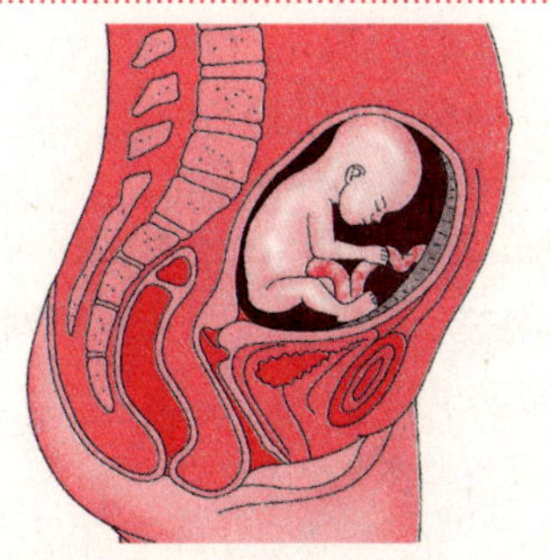

### 第17周

**本周宝宝** 妈咪，我的肺已经开始正常工作了，我能自行吸入和呼出羊水了。

**本周妈妈** 是吗！妈妈确实能明显地感到你的活动。妈妈乳房还在膨胀，下腹更突出了，因子宫的挤压，胃内有积食感，有时还会口干舌燥，甚至出现耳鸣。

第114天

16W+2D（16周又2天）

# 本月孕程——胎宝宝开始动了

怀孕5个月时，胎儿发育迅速。全身长出细毛（毳毛），头发、眉毛等已齐备，脑袋大小像个鸡蛋。虽然依然头重脚轻，但匀称了许多。

## 宝宝发育

**胎宝宝的体长：**20～25厘米。

**胎宝宝的体重：**约300克。

**胳膊、腿的活动活跃起来：**手指可以单独地动作，会吸吮手指，动起来仿佛在跳舞似的。慢慢地会用脚踢子宫壁，向准妈妈传达“我很健康”的信息。

喜欢听爸爸妈妈的声音，内耳区负责传递声音的“蜗牛壳”也完成了，可以感觉声音了。

**明显的胎动：**从这个月起母体可以明显感到胎儿的活动，胎动正常，表示胎盘功能良好，输送给胎儿的氧气充足，胎儿在子宫内生长发育良好，很愉快地活动着。

## 妈妈变化

**乳房的变化：**妊娠中期乳房继续增大。同时，乳头着色加深和体积增大，易勃起；乳晕着色等。在妊娠20周左右可出现分泌的初乳。

**子宫体积迅速增大：**孕妇的腹部已经相当突出，宫高14～18厘米，子宫底已在耻骨联合与肚脐之间。增大的子宫势必要将心脏往上边压挤，有时感到饭后胃里的东西不易消化，有心慌、气短或便秘等感觉和现象。

**感觉胎动：**第5个孕月末开始，当孕妈妈精神集中的时候，尤其是夜晚躺在床上时，会感到下腹部像有一只小虫子似的一下一下地蠕动，就如同手放在鱼篮外但仍能感到里面鱼在跳动一样，这是胎儿正在子宫羊水中蠕动、挺身体、频繁活动手和脚而碰撞子宫壁，从而引起胎动。

第115天

16W+3D（16周又3天）

# 本月营养关注

## 孕5月饮食原则

怀孕第5个月，胎宝宝的大脑、骨骼、牙齿、五官和四肢都将进入快速发育的时期，为了满足胎宝宝生长发育的需求，孕妈妈的体内基础代谢会逐渐增加，对各类营养的需求都会持续增加。孕妈妈孕5月的饮食原则如下：

- 较高的热量、蛋白质；
- 适当增加脂肪、碳水化合物的摄入量；
- 增加肉类、鱼虾类、蛋类及豆制品食物的供给；
- 多吃蔬菜和水果。

## 孕5月营养要素

◆ **蛋白质：**孕妈妈每天蛋白质摄入量应达到80~90克，以保证子宫、乳房进一步发育，同时维持胎儿大脑的正常发育。

◆ **热量：**孕5月比未怀孕时需增加热量10%~15%，即每天增加200~300千卡热量。为满足热能需要，应注意调剂主食的品种花样，如大米、高粱米、小米、红薯等。

◆ **脂肪：**胎儿大脑形成需要足量的脂肪，孕妈妈应多吃些富有脂质的食物，如鱼头、核桃、芝麻、栗子、黄花菜、香菇、紫菜、牡蛎、虾、鸭、鹌鹑等。鱼肉含有两种不饱和脂肪酸，即22碳六烯酸（DHA）和20碳五稀酸（EPA），这两种不饱和脂肪酸对胎儿大脑发育非常有好处。在鱼油中的含量要高于鱼肉，鱼油又相对集中在鱼头，所以孕妈妈可以适量多吃鱼头。

◆ **维生素：**维生素A有促进生长的作用，孕5月需要维生素A比平时多20%~60%，每天摄入量为800~1200微克。准妈妈要多摄入维生素A、维生素C、维生素D和B族维生素。准妈妈可以多吃蔬菜、水果，来补充维生素。

◆ **矿物质：**孕中期为保证钙等矿物质的摄入量，每天应饮用500毫升以上的牛奶或奶制品。不能耐受牛奶者，可改用酸奶。为了补钙，还必须经常吃些虾皮。孕妈妈要多吃蔬菜、水果，来补充无机盐及矿物质。

第116天

16W+4D（16周又4天）

# 挑选健康的餐具

由于餐具直接接触口腔，因此对健康至关重要，一旦稍不留神用错餐具，不仅会危害自身的健康，还会给胎宝宝的健康和生命造成威胁。因此，孕妈妈有必要好好挑选一番家用餐具。

## 一次性餐具易致病

一次性餐具含有大量的有害物质，盛食物的时候，一遇到高温会很容易溶解，长期使用，很可能会导致肠胃、肝脏、胆等脏腑发生病变，甚至致癌。

## 陶瓷餐具需精挑

陶瓷餐具从品种上分，通常可以分为釉上彩、釉中彩、釉下彩、色釉瓷及一些未加彩的白瓷等。在这些品种中，唯有釉上彩陶瓷所用颜料含铅、镉过多，且铅、镉含量在烧制过程中很容易受到温度和通风条件的影响，稍有不慎就会引起其溶出量超标。孕妈妈如果长期使用釉上彩的陶瓷餐具，铅含量过高很可能会造成孕妈妈中毒，而镉含量过高会对孕妈妈的肾造成极大损害，甚至会积蓄在骨骼中，导致人体免疫力下降、关节变形等。

## 不锈钢餐具慎选用

一般情况下，正规的不锈钢餐具上都会标出铬含量和镍含量，且分别为前、后显示。如果其含量显示为“13~0”、“18~0”、“18~8”等，即为符合国家规定的产品，否则即为假冒伪劣产品，孕妈妈选购时要格外小心。

## 彩色餐具易致毒

彩色餐具多用喷颜料或涂漆，而以彩釉为主要原料的颜料和油漆都含有大量的铅和铬，很可能被食物分解，引起中毒。

因为胎宝宝和母体相连，有毒物质很可能会进入胎宝宝体内，极大地影响胎宝宝的智力发育。因此，孕妈妈一定不要被色彩鲜艳的餐具所迷惑。

16W+5D（16周又5天）

# 孕中期不宜营养过剩

怀孕后，为了胎儿的健康成长，孕妇特别注重营养的补充。但补充营养不可盲目进食。孕妇要合理饮食，即不能营养不足，又不要营养过剩，要做到营养适度，荤素搭配，注意活动，防止由于营养过剩造成高血压和巨大儿。

## 增加营养有方法

◆ 不要过多地增加主食，而应增加副食品的种类和数量，尤其要注意摄入足够的蛋白质类营养物质。

◆ 饮食要多样化，避免挑食、偏食，做到营养均衡全面。

◆ 饮食要做到因人而异，根据孕妇的具体情况，并注意因地、因时、因条件地安排膳食，使饮食尽可能地符合不同孕妇的营养需求，避免盲从。

◆ 常吃精米、精面的孕妇应多补充B族维生素。

◆ 夏季可多吃新鲜蔬菜，秋季可多吃新鲜水果。身材高大、劳动量和活动量大的孕妇应多补充一些营养物质。

◆ 不喜欢吃肉、蛋、乳制品的孕妇易缺乏优质蛋白质，可适当多吃豆类和豆制品，也可补充优质蛋白质。

## 孕妈妈不一定就要吃两个人的饭

有专家研究认为，不应当因为妊娠而改变生活方式，每天不应进食过多热量，同时还应在医生的指导下消耗足够的热量。妊娠期间唯一特别需要的是每天增加300卡的热量供应（相当于三杯去脂牛奶所含的热量）。要坚持每天进餐三次，不要大吃大喝，应多吃富含叶酸、维生素C和维生素A的水果和蔬菜，少吃油炸食品和经食品工业加工处理过的食品。同时，要保证适宜的脂肪供给。

## 孕妈妈营养过剩，宝宝会变成“巨大儿”

有的孕妇胃口特别好，不但吃得多，营养也相当丰富，并且很少活动，她们以为这样才有利于胎儿生长发育和分娩。其实这种吃法很容易使孕妇发胖，也会使胎儿过大，容易造成分娩困难。

如果孕妇每日各种食物吃得过多，特别是摄入糖类和脂肪过多，出现营养过剩，会导致孕妇血压偏高和导致胎儿长成“巨大儿”。如果孕妇过胖，还容易造成哺乳困难，不能及时给孩子喂奶，乳腺管堵塞，引起急性乳腺炎。

# 第118天 16W+6D（16周又6天）

# 避免孕期的危险姿势

随着腹部一天天变大，孕妈妈时常会感到身体疲惫，行动也越来越不灵活。为了避免孕期的一些危险姿势，我们来学一下正确姿势吧！

◆ **坐** 孕妈妈在坐椅子时身体先稍前倾，然后移动臀部至椅背，坐在椅中，后背笔直靠椅背，臀部和膝关节面成直角，大腿成水平状，这样不易发生腰背疼痛。孕妈妈所坐椅子高矮要适中，过高或过矮都会增加孕妈妈的身体负担，高度以40厘米为宜。千万不要猛然入座，防止意外摔倒或者使子宫震动。

◆ **站** 孕妈妈应避免长时间站立，站立时应使两腿平行，两脚稍微分开，略小于肩宽，双脚平直，重心不要向内或向外拔地而立，而要使身体的重心落在两脚之间。这样站立，重心落在两脚之中，不易疲劳。

如果有特殊的情况，需要站立时间较长，则要将两脚一前一后站立，并每隔几分钟变换前后位置，使重心落在伸出的前腿上，可以减轻疲劳。

尽量避免弯腰过度，可以请别人帮忙拾捡遗落的东西。

站立时，如果需要弯腰拾东西要先弯腰屈腿蹲下，并且蹲稳了再拾，然后伸直双膝站起。注意不要压迫肚子。不可采取不弯膝盖，只是斜着上身去拾东西的姿势，这样很容易摔倒。

◆ **行** 孕妈妈行走时，切忌快速急行。走路最好保持背直，抬头、紧收臀部，使全身平衡，稳步行走，不用脚尖走路。如果需要可以利用身边扶手或栏杆辅助行走，以免摔倒。

上下楼梯时不要哈着身体或腆着肚子。特别是到了怀孕晚期，日渐增大的肚子很可能会遮住视线，下楼梯时不容易看清，千万不要踩空，切记踩稳当了再迈步。

◆ **卧** 孕妇睡觉时不要取仰卧位，要侧卧，特别是以左侧卧为最佳。因为左侧卧可以改善子宫内血液循环，增强胎儿的娩出能力并预防血压上升。

## 告诉准爸爸

### 理解孕妈妈的“性”担忧

孕期的妻子因为性欲下降，或是害怕性生活对胎宝宝产生不利影响，因此，可能会拒绝你的性要求。即使有时偶尔行房，也会觉得很紧张、很压抑，有时，甚至会为此发生摩擦、口角。同时，妊娠12周以前，胚胎和胎盘正处在形成时期，胚胎着床尚不稳定，如果有性活动的刺激，容易发生子宫收缩，从而导致流产；或者在性生活中易将阴道内的细菌带进子宫而发生感染，造成妊娠中晚期发生早产及胎膜早剥的隐患。

准爸爸应该了解女性妊娠期的生理特点，理解孕妈妈的担扰心情，多爱护妻子，处理好孕期的性生活矛盾。

第119天

17W（17周）

## 孕妈妈戴首饰是个隐患

爱美之心人皆有之，许多女性喜欢佩戴金银首饰等装饰品，想让自己更加有风采，但是爱美的孕妈妈佩戴首饰对自己和宝宝会不会产生影响呢？

经过专业医生的解读，我们了解到在孕期孕妈妈最好不要佩戴任何首饰，如戒指、镯子、耳环等，因为孕妈妈在怀孕的时候，皮肤会变得松弛，血液循环也会出现变化，有时候甚至会出现浮肿。这样一来，原本合适的戒指或者手镯就会变得紧箍了。如果孕妈妈不及时摘掉的话，很可能就摘不下来。长此以往，不仅使血液循环更加不通畅，还会导致局部皮肤损伤、骨头坏死等严重后果。

另外，孕期的一些检查和输液需要在身体的某些部位上施行，而这些首饰往往会阻碍操作，从而造成不必要的麻烦。尤其是在分娩的时候，容易误伤到宝宝。

因此，孕妈妈不要为了单纯的美观好看去佩戴首饰，而是应该为了自身和宝宝的健康着想。在孕期尽量不佩戴任何首饰，做个自然美丽的孕妈妈。

第120天

17W+1D（17周又1天）

## 孕期的眼部问题

怀孕期间激素变化会导致黏液层分泌减少，使得泪液膜的均匀分布受到破坏，进而影响油脂层的分泌。因此，孕妈妈在此时容易出现眼部问题，应该从内到外，全方位地对眼睛进行护理。

### 眼角膜水肿

这是由于孕妈妈体内黄体素分泌量增加及电解质不平衡引起的。正常人眼角膜含有70%的水分，孕妈妈眼角膜及水晶体内水分却增加了，就形成了眼角膜轻度水肿，其眼角膜的厚度平均可增加约3%，且越到怀孕后期越明显。由于角膜水肿，敏感度将有所降低，常影响角膜反射及其保护眼球的功能。此现象一般在产后6~8周即可恢复正常。

### 屈光不正

这是由于孕妈妈眼角膜的弧度在妊娠期间会变得较陡造成的，其结果可导致远视及睫状肌调节能力减弱，看近物模糊。原本近视的孕妈妈，此时眼睛的近视度会增加。这种异常现象也多在产后5～6周恢复正常。

### 不宜再戴隐形眼镜

孕妇角膜含水量比常人高，角膜透气性差，此时如果戴隐形眼镜，容易因缺氧导致角膜水肿而危害眼睛。同时，孕妇角膜曲度也会随着怀孕周期及个人体质的不同而改变，使近视的度数增加或减少。如果勉强戴原先的隐形眼镜，容易因为不适而造成眼球新生血管明显增长，甚至导致角膜上皮剥落。此时更易滋生细菌，造成角膜发炎、溃疡，甚至失明。

## 食物养眼法

维生素A可以说是护眼的绝佳好手，对于眼睛机能的维护、疾病的预防具有重要作用。孕妈妈可以多吃些富含维生素A的食物，如胡萝卜、西红柿等蔬果。芝麻、大豆、鲜奶、小麦胚芽等富含B族维生素的食物，孕妈妈也可以多吃一些。

第121天

17W+2D（17周又2天）

# 胎动有什么规律

一般说来，胎动会发生在怀孕的第五个月，也就是第18周与第20周之间。有些孕妇会早在第18周之前，便已感受到宝宝的动作。当宝宝开始踢你时，只有你才会感受到他的存在。这是只属于你最甜美的秘密。

## 数胎动掌握宝宝安全

胎动反映了胎儿在子宫内的安危状态。如果胎动出现异常，则很可能是出现胎儿宫内缺氧。专家做了一个比喻，宝宝的胎动相当于我们的跑步，在每次胎动的过程中，胎心都会加速，会比平时快10～15次。胎动减少直至消失后24小时内，胎心就会消失。因此，依靠妈妈的自我监控，每天掌握胎动变化的情况，可以随时了解宝宝在子宫内是否安然无恙，以便及早发现问题。

## 胎动规律是一成不变的吗

妊娠32周时，胎动最频繁，每天胎动次数最多的时候能达到上千次。随着怀孕月份的增加，因为胎儿慢慢长大，子宫内可以供他活动的空间会越来越少，因此他的胎动也就会减少一些，没有以前那样频繁。而且，每个胎儿都有自己的“生物钟”，昼夜之间胎动次数也不尽相同，一般早晨活动最少，中午以后逐渐增加。晚6点至10点胎动活跃。

胎宝宝胎动正常次数：30～40次/12小时，不应低于15次/12小时。

胎宝宝胎心音正常次数：每分钟120～160次。

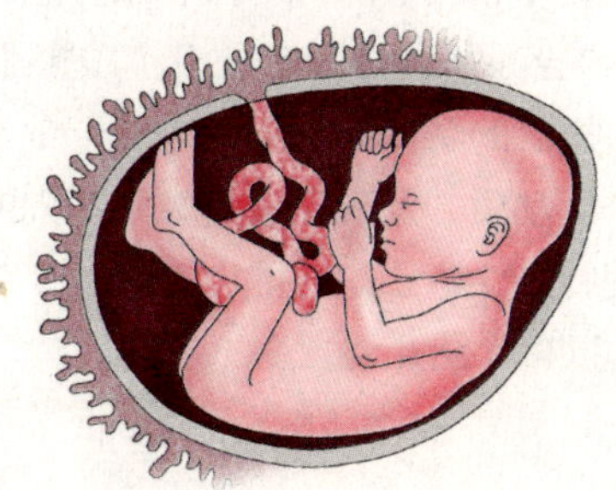

### 第18周

**本周宝宝** 妈咪，我的五官越来越清晰了。此时我的骨骼还是类似橡胶的软骨，以后会变得越来越硬。另外，我良好的触觉和味觉也开始发展出来了。

**本周妈妈** 宝宝你太棒了，我的精力也逐渐恢复，性欲逐渐增强。同时，随着你一天天长大，压迫到我直肠，现在我常会受到痔疮的困扰。

### 宝宝胎动模式

◆ **全身性运动**：整个躯干的运动，例如翻身。这种运动力量比较强，而且每一下动作持续的时间比较长，一般为3～30秒。

◆ **肢体运动**：伸伸胳膊、扭一下身子等等，每一下动作持续时间一般为1～15秒。

◆ **下肢运动**：也就是我们常常感觉到的宝宝的踢腿运动。这种动作很快，力量比较弱，每一下胎动持续时间一般在1秒以内。

◆ **胸壁运动**：比较短而弱，一般母亲不大容易感觉得到。

第122天

17W+3D（17周又3天）

## 胎动监护——宝宝情况全知道

尽管目前的科技很发达，有许多精密的仪器都可预测宝宝的健康发育情况，但对于每个孕妈妈来说，天天跑医院也不大现实，所以自测宝宝的胎动次数，既简单又必要。胎动监护一般从24周开始。

### 测试胎动的方法

◆ 计算达到某个胎动次数所需要的时间，以10次为标准。测试开始：孕妈妈早上起床后就开始测量胎动，达到10次后，就不再算了。你可以照常地上班、做家务。有些准妈妈1小时就有可能达到10次；也有可能到晚上才有10次。如果你到了晚上都没有10次胎动的话，建议你马上去医院检查。

◆ 记录每天的胎动次数。可以用画表格的方法进行记录。每天早上8点开始记录，每感觉到一次胎动，就在表格里做个记号，累计10次后，就不再做记录。如果到晚上8点，胎动次数都没有达到10次的话，建议你尽快去医院检查。

◆ 计算固定时间内的胎动次数。孕妈妈每天测试3小时的胎动，早上、中午、晚上各进行一次。将所测得的胎动总数乘以4，作为每天12小时的胎动记录。如果每小时少于3次，则要把测量时间延长至6或12小时。

### 胎动异常的信号有哪些

胎动具有一定的规律性，孕妈妈渐渐能熟悉这种胎动的规律，如果胎动出现异常，则代表胎儿有健康问题，常见的胎动异常包括：

◆ **胎盘功能不佳**：造成胎盘供给胎儿的氧气不足，胎动会减缓。

◆ **脐带绕颈**：由于胎儿可以在羊水中自由地活动，所以会发生脐带缠绕住颈部的情况，虽然脐带绕颈很常见，但如果缠绕得太紧就会造成胎宝宝缺氧，胎动减少，甚至死亡。

◆ **胎盘剥离**：胎盘剥离通常会造成母体的剧烈腹痛、大量阴道出血和胎儿心跳减速，通常较容易发生在有高血压病史或腹部曾遭外力撞击的孕妈妈身上。因此，孕妈妈在剧烈的运动后，发现胎动有突然消失的情形，就要特别注意了，可能会有危险，应尽快就医，以确保胎儿的安全。

◆ **孕妈妈发烧：**轻微的发烧，胎儿因为有羊水的中介和缓冲，并不会受到太大的影响，但如果孕妈妈的体温持续超过38℃，孕妈妈身体周边血流量增加，而子宫和胎盘的血流量减少，宝宝也会变得少动。

第123天

17W+4D（17周又4天）

## 脑发育关键期要加强营养

孕妇的最初3个月胚胎剧烈演变，各种器官分化形成。脑的形成在孕后2～5个月，这是胎儿脑细胞生长的第一个高峰期。此时则是加强营养的关键时期。

### 均衡营养，避免营养不良

尤其是节制肉类脂肪，造成营养不足失调。她们不知脂肪对大脑发育生长比蛋白质还重要。因此，孕妇平时应吃些鱼、动物脑、内脏、乳、蛋及豆类制品，以满足磷脂、糖脂及胆固醇的需要。

### 补充足够的维生素

孕妇应多食富含维生素、矿物质的蔬菜瓜果杂粮。维生素B与智力发育相关，缺乏可导致脑功能发育迟缓，影响胎儿脑发育过程中脱氧核糖核酸（DNA）的合成。为了孩子的聪明健康，孕妇饮食应多放入一些及服用一些维生素B、维生素C制剂等。

### 摄入益智健脑食品

大脑50％～60％是脂肪，而且绝大部分是不饱和脂肪。不饱和脂肪主要来源于植物类食物。富含植物脂肪的食物有：小米、玉米、荞麦面、芝麻、花生仁、核桃仁、甘薯、土豆、各种瓜子、大豆及其制品等。其中核桃所含脂肪的主要成分是亚油酸甘油酯，这种油脂正是胎儿大脑和视觉功能发育所必需的营养成分，其中的微量元素锌和锰是脑垂体的重要成分。亚麻酸的正常摄入应在怀孕前3个月开始，如果孕妇没有足够的供给，胎儿就无法形成健康的大脑，而且神经系统一旦形成，就再也无法修补，将导致孩子成人以后注意力缺陷、多动性障碍、冲动、焦虑、易发脾气、睡眠不好、记忆力差等症和精神失调的概率是常人的6倍。

### 告诉准爸爸

#### 给妻子一个拥抱

妻子的情绪变坏，是因为体内的生理变化，如血糖、血压、激素、水和电解液等发生的变化而造成的，知道了这点，准爸爸应该就可以更加理解妻子了。在妻子无理取闹的时候，给她一个拥抱，让她暂时安静下来，等她平静了，再好好沟通，消除误会。不过还需要在此提醒的是：如果你发现妻子过度哭泣或异常安静、孤僻而冷漠时，她可能正经受着抑郁的折磨，这时，应及时向医生咨询，帮她改变这种不良症状。

第124天

17W+5D（17周又5天）

## 白带增多巧应对

随着妊娠过程的不断进展，孕妈妈体内的雌激素会逐渐增多，促进子宫体和子宫内膜腺体的分泌。妊娠后期白带会越来越多，这些都是正常现象。但是如果护理得不恰当，就有可能引起外阴炎和阴道感染，对胎儿出生不利。为了解除孕期白带增多的烦恼，可采取下列措施。

### 做好清洁工作

为了避免感染或引发炎症，孕妈妈平时要做好清洁工作，每天可以用温水清洗外阴，使之保持清洁。

### 防止感染

为了防止交叉感染，清洗外阴时必须使用专用浴巾、浴盆，最好采用淋浴的方式清洗外阴，以防加重感染。孕期要勤更换内裤，清洗后晾晒在日光下消毒，不要放在阴暗潮湿角落。

◆ 清洗内衣内裤时，不要与其他人的衣物混洗。

◆ 内裤选用纯棉、透气的款式。

◆ 每次排便后，都要由前向后擦拭，防止肛门处的细菌带入到阴道，引起感染。

### 及时就医

正常的白带是无异味、无色透明且呈蛋清样的，如果孕妈妈发现自己的白带增多且颜色、性状发生了变化，要尽快去看医生。

第125天

17W+6D（17周又6天）

## 长途旅行应加倍注意

孕妈妈在身体状况许可的情况下，适当的外出旅行，改变一下单调的生活，非常有利于自己和胎儿的身心健康。为了减缓孕妈妈旅途疲劳，减轻身体的压力，下面介绍孕妈妈出行注意事项，供孕妈妈参考。

### 出门在外，要加倍呵护自己

孕期的身体比以往任何时候都需要格外的体贴和呵护。在旅途中你更应当加倍细致地照顾自己。利用一切可以利用的时间休息来保存并产生能量。一天的疲劳过后，在酒店里泡一个澡，或做个足部的按摩，都可以帮助你迅速恢复体力，并有助于睡眠。

### 带上可口的食物

饥饿感往往会伴随怀孕全程。外出旅行，由于舟车劳顿，孕妇更容易饥饿。因此应准备些小零食以备不时之需。可以准备些能慢慢咀嚼的食物，如果仁、葡萄干、甘草柠檬，甚至酸乳酪等。闲时吃，可增加食欲，减少恶心的感觉。

### 不要憋尿

怀孕的时候由于子宫不断增大而压迫膀胱，孕妇会出现尿频的情况。孕妇必须在旅行中充分利用休息停顿的时间来方便一下，长时间的憋尿对身体和胎儿都会有不良的影响。如果休息停留时间过长，并且卫生设施允许的情况下，你可以洗一个热水澡，以促进血液循环，迅速恢复体力。

### 保护双脚

长途跋涉会造成孕妇脚踝小腿等处酸胀乏力，严重的会出现水肿等症状。如果开车旅行，请每90分钟停一次车，站到地上轻轻的伸展小腿和双臂以缓解疲劳。如果您是乘飞机，假设身边的位子是空的，可以在征求服务员同意的情况下，将腿平放在座位上，并用手按摩脚踝和小腿肌肉以缓解肢体疲劳促进血液循环。一双舒适随脚的鞋也是您在外出时必不可少的。

### 注意卫生，防止疾病的发生

我们知道外出会大大增加孕妇感染病毒和细菌的机会，因此要随时注意个人卫生和饮食卫生，保证以避免不必要的麻烦。通常路途中容易患呼吸系统，消化系统及泌尿系统等疾病。一旦感觉身体不适，应立即到最近的医院就诊。

## 第126天 18W（18周）孕期饮料推荐

怀孕后，孕妈妈不能再饮用任何含有酒精和咖啡因的饮料了，但孕妈妈也不必为此太介意，因为还有很多更健康、更美味的饮料可供孕妈妈选择和享用。

### 香蕉奶昔

用一根香蕉和半杯牛奶，一起放入搅拌机里粉碎搅拌，就成了一杯香蕉奶昔。香蕉奶昔不仅美味，还含有准妈妈需要的大量钙质及蛋白质。

### 新鲜的果汁

任选一种水果，如苹果、梨、西瓜、橙子等，用榨汁机为自己榨一杯新鲜果汁。还可以根据个人口味不同，将不同种类的果汁混合在一起，配制成又解渴又健康的饮料。

### 牛奶或酸奶

准妈妈坚持每天喝牛奶或酸奶，可以在孕期更好地摄取钙质和蛋白质。

### 矿泉水

矿泉水是准妈妈的好选择，清冽干净、清凉解渴。谁说一杯水当饮料难显节日气氛？准妈妈完全可以选择一个好看的水杯来配合气氛。将为人母的你，喝着纯净的矿泉水，更感受到自己不一样的骄傲“亲爱的宝贝，妈妈和你一起喝最天然的饮料！”

第127天

18W+1D（18周又1天）

# 准爸爸感触胎儿很重要

## 学会听胎心音

未来的爸爸应学会听胎心音，最简便的方法是用耳朵直接贴在孕妇腹壁上听。在妊娠24周之前，胎心音多在脐与耻骨联合之间。24周之后，胎心随胎位而不同，可在孕妇脐的左下方或右下方。听胎心音不是一下就能掌握的，要学会分辨胎心音与肠鸣音、母体主动脉音和母体心音。区别是胎心音是规律的，肠鸣音是不规律的；胎心跳动快，母体的心率慢。

## 和孕妈妈一起数胎动

数胎动对防止胎宝宝出现意外情况很有益。如果这项工作由准爸爸来进行，这会让孕妈妈对此感到很欣慰，有助于产生幸福感，有益于妊娠、胎教。

具体的数法是：妻子仰卧或左侧卧位。准爸爸两手掌放在妻子的腹壁上，可感觉到胎宝宝有伸手、蹬腿等活动，即胎动。每天早晨、中午、晚上各测一次，每次连续计数1小时，再将3次计数之和乘以4便可推算12小时的胎动次数。数胎动时，要做好记录，并坚持每天进行，以便在孕妈妈去做妊娠检查时，能提供参考数据，判断胎宝宝的状况，监护胎宝宝的安危，发现异常时，及时得到合理治疗。

## 爸爸的抚摸很重要

胎儿与父母之间是相互依恋的。抚摸是父亲与宝宝沟通非常好的方式：既可以刺激宝宝的触觉，又能促进宝宝感觉器官及大脑的发育。抚摸宝宝还会给一家三口带来无穷的乐趣。在抚摸宝宝的同时，夫妻可以一边谈心，一边和宝宝轻轻说话，让宝宝感觉一种温馨的家庭氛围。

### 告诉准爸爸

**分享妻子的感受**

准妈妈需要有人当她的听众，分享她的快乐与忧虑，而准爸爸正是最佳人选，如此可拉近夫妻双方甚至与孩子的距离，培养出彼此互相信赖的关系与亲密的感情。

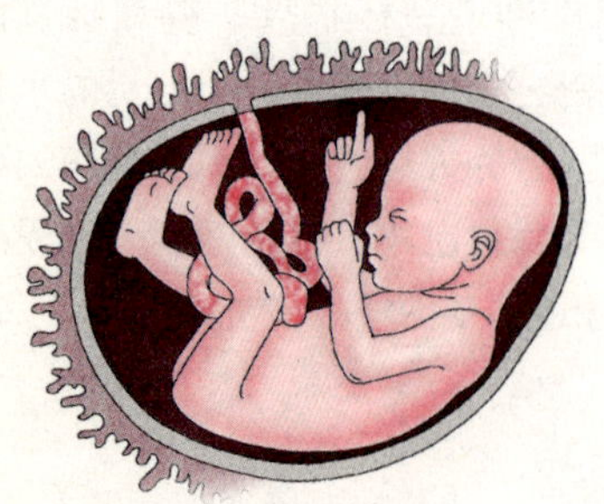

### 第19周

**本周宝宝** 妈咪，通过超音波检查，你们会看见我正在踢腿、屈体、伸腰、吸吮自己拇指的可爱模样。

**本周妈妈** 宝宝你太可爱了！由于雌激素的大量分泌，妈妈脸上出现了黄褐斑和黑斑。乳头的颜色还在继续加深，并伴有刺痛感，皮肤表面的静脉也非常明显，阴道里还在继续流出白色的分泌物。

## 第128天 18W+2D（18周又2天）适当摄入“脑黄金”

所谓的“脑黄金”，是不饱和脂肪酸二十二碳六烯酸的时髦用语，它的英文缩写是DHA。DHA是促进大脑发育、成长的重要物质之一。孕妈妈应适当摄入。

人的大脑有140多亿个神经元，而DHA大量存在于人脑细胞中，是人脑细胞的主要组成成分，是构成脑磷脂，脑细胞膜的基础，对脑细胞的分裂、增殖、神经传导、突触的生长和发育起着极为重要的作用，是人类大脑形成和智商开发的必需物质。它对视觉、大脑活动、脂肪代谢、胎儿生长、及免疫功能和避免老年性痴呆都有极大影响，缺乏时可引发一系列症状，包括生长发育迟缓、皮肤异常鳞屑、不育、智力障碍等。

妇女怀孕6～9个月，是胎儿大脑发育最需要DHA的时刻，孕妇要想培育一个聪明的宝宝，就需要能够保证摄入足够的DHA供给胎儿大脑正常的生长发育，因为在胎儿出生前，大脑分化已经完成70%～80%，而在出生早期，可通过哺喂富含DHA的母乳使大脑分化完成其余20%～30%。但是，人工喂养不吃母乳的婴儿、早产儿，容易造成DHA的缺乏。往往显得不如DHA摄入充足的婴幼儿富有活力。

从理论上讲我们从食物中就能满足身体对DHA的需要。但是由于人们饮食习惯以及食物在加工、烹饪过程中营养素大部分都有损失，因此对于条件允许的人，应推荐食用富含DHA的营养补充剂，或使用富含DHA的食品添加剂。

## 第129天 18W+3D（18周又3天）孕妈妈做好体重管理

有些家屬以爲孕婦營養越豐富，吃得越多，將來生出的孩子身體就越好，這是錯誤的。其實這會導致妊娠肥胖，而妊娠肥胖有時是很危險的。孕婦不懂得控制飲食，特别是妊娠中后期，由于食量猛增以致體重迅速增加，這是十分危險的。事實表明，危險性最大的是妊娠24周后那些體重突然猛增的孕婦。

### 体重增长过快不可忽视

体重增加过快，势必会加重心血管系统的负担，流产、妊高征等并发症的发生率随之增高，难产、死胎的发生率也会增高。据调查，孕20～30周体重增加7.5～9.1千克的孕妇胎儿死亡率可增加1倍，体重增加9.1千克以上者胎儿死亡率增加3倍。

孕妇足月分娩前，以体重增加9～11千克较为安全。足月胎儿平均重3.5千克，胎盘重0.5千克，其余均为母体的增重（总血量增加1.3千克，组织液增加1.3千克，后者含0.9千克羊水），乳房充盈0.4千克，孕妇还要增加4千克脂肪作为热能贮存，以供分娩和哺乳所需。

## 孕期正常增生范围

孕早期正常体重增加应为0.5千克，中间4个月增加体重5.5千克，最后两三个月约为5千克。因此，孕妇应常称体重，控制饮食，多吃蔬菜、水果等热能低的食品，代替一部分主食，力争不要使每周体重增加量超过0.4千克。

## 准妈妈要这样控制体重

◆ 注意身体锻炼

适当锻炼身体，可以减少孕妇体重，而不会影响胎儿的生长。

◆ 晚饭适当少吃

人们吃了晚饭活动少，热量容易在体内堆积，会使人发胖。适当少吃晚饭，并不影响对胎儿的营养供给。

◆ 适当减少主食，增加蔬菜和水果的进食

因为果蔬中热量少，含有多种维生素。果蔬中的纤维素还能缓解或消除便秘现象。这对于减少体内吸收热量很有利。那种怀孕后猛吃好东西的做法是不可取的。因为主食热量大，容易使人发胖。

# 第130天 18W+4D（18周又4天） 值得尝试的小体操

孕期孕妈妈除了可以做一些常规的运动外，还可以尝试一些小体操。孕期做体操对孕妈妈来说，是很有益处的。

## 脚部运动

深坐在椅子上，腿和地面呈垂直状态，两脚并拢，脚掌平放在地面上，脚尖用力向上翘。待呼吸1次后，再恢复原状。把一条腿放在另一条腿上，上侧脚尖，慢慢地上下活动，约2分钟后两腿位置互换，同样的要领进行练习2分钟。

每日数次，每次4分钟左右。此运动可以使足尖和踝部关节柔软，改善血液循环，使足部肌肉结实，减少脚背浮肿。

## 盘腿坐运动

盘腿坐好，精神集中，把背部挺直，收下颚，两手轻轻放在膝盖上（双手交叉按膝盖也可以），每呼吸1次，手就按压1次，反复进行。按压时要甩手腕按膝盖，一点一点用力，尽量让膝盖一点点接近地面。

运动时间可选在早晨起床前、白天休息时或者晚上睡觉前，每次各做5分钟左右。这项运动的功效是松弛腰部关节，伸展

### 告诉准爸爸

#### 给妻子做一次手足护理

妻子怀孕后多久没有作手足护理了？给妻子安排一次吧，准爸爸最好自己动手。

准备的东西很简单，一盆温度适当的热水、柔软的毛巾、温和的洗液、指甲抛光剂、指甲钳，这些就全齐了。

帮她剪指甲以前或许没有过，但这种方法最能够给她提供安全感并令她感动和幸福，所以即使多几次也不为过啊。

骨盆的肌肉，有利于分娩时胎儿通过产道，顺利生产。

## 扭转骨盆运动

双肩要紧靠在床上。仰卧，屈膝，双膝并拢，带动大小腿向左右摆动。接着，左脚伸直，右膝屈起，右脚平放在床上。右腿的膝盖慢慢地向左侧倾倒。待膝盖从左侧恢复原位后，再向右侧倾倒，以后左右腿可交叉进行。最好在早晨、中午，晚上各做5～10次。此运动具有加强骨盆关节和腰部肌肉的强韧柔软作用。

## 振动骨盆运动

仰卧床上，后背紧靠床面上，屈双膝，脚掌和手掌平放在床上。腹部呈弓形向上突起，默数10下左右，再恢复原来体位。此运动可使骨盆和腰部关节放松，使产道出口肌肉柔软。

# 第131天 18W+5D（18周又5天）凹陷乳头的纠正

有些孕妇的乳头可能会出现凹陷的现象，为了保证产后能给宝宝正常哺乳，应在孕期提前做好乳头纠正的工作。

## 乳头矫正法

乳头过短，甚至凹陷，或乳头有裂纹的孕妇，应及早采用乳头矫正法，矫正可从妊娠17周开始，方法如下:

◆ 揪出乳头，停留片刻，每日进行数次。如乳头揪出有困难时，可压乳晕周围，揪出后可按乳头保护法进行摩擦。

◆ 先把自己的手洗净，乳头两侧各放一个手指，先是上下，然后左右，轻轻地往相反方向牵拉乳晕皮肤及其下面的组织，重复进行，每日2次，每次5分钟。哺乳时可用中指食指按压乳晕部，以便使乳头凸起，给婴儿吸吮母乳创造良好的条件。

◆ 用上述方法不能矫正时，可使用乳头吸引器将乳头吸出。无吸引器时可用一副注射针筒连接一段小皮管，皮管接在眼药水瓶的小口上，大口对准乳头，针筒抽气后负压可将乳头吸出，维持一定时间，每天做2次。或用半个光滑的核桃壳扣压在乳头周围，以挤出乳头。

使用以上方法揪吸乳头时可能会引起宫缩，对子宫敏感、宫缩频繁的孕妇，或有反复流产、早产史的孕妇要特别注意。

## 乳头矫正法的作用

使乳腺管通畅。为使乳腺管开通，乳汁流畅，从妊娠32周起要挤出初乳（即在正式泌乳前，乳房分泌的少量清稀的乳汁），提前这样做了就能预防郁乳、乳头裂伤，乳汁分泌不足等问题发生。但须注意是否有子宫收缩出现，必要时要中止或暂缓进行。

第132天

18W+6D（18周又6天）

## 应对皮肤瘙痒的妙招

孕期激素分泌过多，会使得你的皮肤出现各种各样的病症，其中皮肤瘙痒最为常见。皮肤瘙痒的程度，因孕程和季节会有所不同。为了更好护理肌肤，孕妈妈最好提前做好预防工作！

### 穿着合适的衣物

孕妈妈最好穿着比较宽松的衣物，尤其在领口、袖口、脚跟附近以及裤腿口处，一定要避免裹得太紧。

孕妈妈最好选择天然材质、吸湿性和透气性能好的衣物。

### 保持皮肤清洁

避免出汗，出汗后立即擦干，切忌吹风扇、空调等。

给身体清洁时，孕妈妈最好不要用太热的水洗澡，以免烫伤皮肤或使皮肤更加干燥。

皮肤瘙痒发作时，孕妈妈不要用指甲用力抓挠，以免损伤皮肤，造成皮肤感染；皮肤一旦感染，最好不要用水冲洗，以免发生炎症。

### 保持皮肤湿润

一年四季注意皮肤的保湿，可以选用一些保湿效果明显、适宜孕妈妈使用的护肤品。

避免使用使皮肤干燥的化学物质，如消毒药水和肥皂等，取而代之的可以用一些具有保湿效果的沐浴露或香皂等。

第133天

19W（19周）

## 准爸爸是最好的“按摩师”

进入孕中期，孕妈妈可能特别容易感到疲劳，让准爸爸来给你做做按摩吧！可以通过按压的动作，促进血液循环，减少不适感觉，纾缓压力，增强抵抗力。由准爸爸来按摩，可以让你直接感受丈夫的关怀，更是甜上心头。

### 头 部

◆ **效果：**缓解头痛，松弛神经。

◆ **手法：**用双手轻轻按摩头部和脑后，3～5次；用手掌轻按太阳穴，3～5次。

### 胸 部

◆ **效果：**促进乳腺分泌，预防产后乳疮（孕晚期要停止，避免刺激乳房早产）。

◆ **手法：**从腋下以乳晕为中心聚拢胸部；反复6次以上。

### 手 部

◆ **效果**：促进血液循环，保持指甲的健康。

◆ **手法**：在一只手掌中倒上一点滋润油，两只手掌对着擦热，以使油均匀化开。然后手指交叉进行摩擦，以便油充分渗入到手指的皮肤里。一只手的手指支撑住另一只手的手掌，用拇指转圈按摩手掌中心，然后渐次按摩整个到手掌。

### 腿 部

◆ **效果**：促进血液循环，消除浮肿，预防痉挛。

◆ **手法**：把双手放在大腿的外侧，从臀部向脚踝处进行按摩；将手掌紧贴在小腿上，从跟腱起沿着小腿后侧按摩，直到膝盖以上10厘米处，反复多次。

### 按摩禁忌

◆ 切忌空腹、饭后或心情郁闷时按摩。怀孕期间的前3个月及产前1个半月，按摩时力度不宜太强。

◆ 身体某些部位，如乳房、腹部、背部、小腿后肌及足踝等，都不要大力按摩，若有妊娠并发症或其他疾病，例如皮肤病、心脏病、哮喘及高血压等，都不宜按摩。

**小提示**

按摩应根据需要进行，身体各部位皆可，时间15分钟左右，褥子、垫子软硬不拘，感觉舒服便可。按摩时不一定使用润肤油，若丈夫双手粗糙，宜涂些润肤油，避免按摩时弄痛孕妈妈的肌肤。按摩时力度要稳定，不要时重时轻。

## 第134天 19W+1D（19周又1天）了解日常行为禁忌

孕妈妈的日常行动要遵循一定的准则，不能贸然行事。因此也要了解一些日常的禁忌，提醒自己不可犯错，以免造成不可弥补的后果。

◆ 不能过度疲劳　孕妈妈在怀孕期间注意不要疲劳，行动要舒缓，要避免不协调的动作，避免冲撞、颠簸等行为。

◆ 避免过度伸上肢　过度伸上肢去够高处的东西，造成腹部用力，很容易引发流产，特别是曾在怀孕早期发生过流产者。

◆ 避免剧烈运动　快跑、跳绳、举重物、跳劲舞或驾驶摩托车等，都是孕期的大禁忌。特别是在孕早期，要避免使腹部受到剧烈的震动。

◆ 避免长时间一种体位　要避免长时间站、立、坐或走长路，一般是坐、立、行几种体位交换进行，若长时间站立很容易引起下肢静脉曲张和外阴静脉曲张，或者造成盆腔淤血，身体疲劳，从而引发流产。如果有时间的话，尽可能休息一会儿。使用蹲式马桶时间过久或者下蹲做家务时间过长，易引发或加重下肢水肿，还易在起身时摔倒。

◆ 上楼梯不能急　孕妈妈上楼梯时不能着急，尽量扶住扶手慢慢走，也可以由准爸爸扶住自己走。

◆ 坐椅子不能过久　坐在椅子上的时候，应该使后背紧靠在椅子背上。如果坐的时间久了，应该起来活动一下，有助于血液循环和防止痔疮的产生。而且最好是每隔一小时就应该起来活动一下。

◆ 乘坐公共汽车避免拥挤　孕妈妈乘坐公共汽车时，最好能找个座位，避免因刹车等原因使自己摔倒。也不要挤人满为患的公共汽车，避免腹部受到挤压，长时间坐火车或者飞机时，应每隔一个小时就起来走动走动。

19W+2D（19周又2天）

## 营养丰富又不发胖的吃法

饮食并非少吃就能减肥，进食的技巧、食物的烹调、食物的选择等，皆是控制体重的关键。

### 改变进食行为

◆ 改变进餐顺序：先喝水→再喝汤→再吃青菜→最后吃饭和肉类。

◆ 养成三正餐一定要吃的习惯。

◆ 生菜、水果沙拉应刮掉沙拉酱后再吃，或要求不加沙拉酱。

◆ 只吃瘦肉。

◆ 不吃油炸食品。

◆ 浓汤类只吃固体，但不喝汤水。

◆ 带汤汁的菜肴，将汤汁稍加沥干后再吃。

◆ 以水果取代餐后甜点。

◆ 用开水或不加糖的饮料及果汁，取代含糖饮料及果汁。

◆ 吃完东西立刻刷牙，刷过牙就不再进食。

◆ 睡前3个小时不进食(白水除外)。

### 改变烹调方式

◆ 尽量用水煮、蒸、炖、凉拌、红烧、烤、烫、烩、卤的烹调方式。

◆ 以上烹调方式尽量不要再加油，可加酱油。

◆ 烹调时少加糖。

◆ 烹调时少用勾芡。

◆ 烹调时少加酒。

◆ 煮饭、买菜前，先算好吃饭人数及分量，避免吃下过多剩菜。

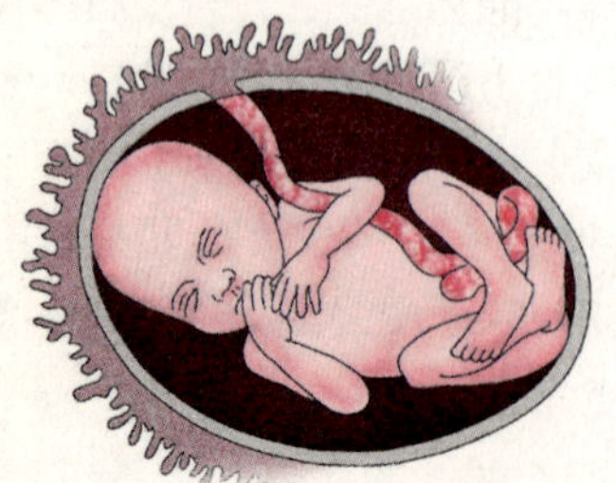

### 第20周

本周宝宝　妈咪，我已经学会吞咽羊水了，肾脏制造尿液的功能也发育良好，我的头发正在迅速生长。

本周妈妈　宝宝你知道吗，由于你越来越大妈咪的子宫也日渐增大，将腹部向外挤，致使肚子向外鼓胀，腰部曲线完全消失。

◆ 青菜可多吃，但最好以烫的为主，或将汤汁滴干以减少油脂的摄取（或用清汤、开水洗）。

◆ 吃饭勿淋肉燥、肉汤。

◆ 少用糖醋、醋熘、油炸、油煎的烹调方式。

第136天

19W+3D（19周又3天）

## 怎样选购合适的托腹带

孕妇托腹带的主要作用，是帮助怀孕的妇女托起腹部，并对背部起到支撑作用，减轻日渐膨隆的腹部给孕妇造成的负担。

### 使用托腹带可减轻身体负担

一般情况下孕妈妈不需要用托腹带，只有在以下特殊情况下，孕妈妈可以使用托腹带：

◆ 连接骨盆的各条韧带发生松弛性疼痛的孕妈妈。

◆ 胎位为臀位，经医生做外倒转术转为头位后，为防止其又回到原来的臀位，可以用托腹带来限制。

◆ 多胞胎，胎宝宝过大，站立时腹壁下垂比较剧烈的孕妈妈。

◆ 有过生育史，腹壁非常松弛，成为悬垂腹的孕妈妈。

### 怎样选购合适的托腹带

◆ 选择伸缩性强的托腹带，这样才可以从下腹部托起增大的腹部，从而阻止子宫下垂，保护胎位并能减轻腰部的压力。

◆ 应选用可随腹部的增大而增大，方便拆下及穿戴，透气性强不会闷热的托腹带。

注意，为了不影响胎宝宝发育，托腹带不可包得过紧，晚上睡觉时孕妈妈应解开托腹带。

第137天

19W+4D（19周又4天）

## 孕妈妈也可练瑜伽

孕期瑜伽，是近年来新兴的孕期保健运动，对于孕妈妈平安健康度孕期极有帮助。除了医生要求必须静养者和孕早期有轻微出血的孕妈妈之外，都可以根据自身的能力，来决定自己练习时间的长短和强度大小。以适度、舒服、无疲劳感为基本体感原则，做到循序渐进，量力而行，不要强求。

### 练习前需征得医生的许可

孕妈妈不管以前是否练习过瑜伽，都必须在咨询产科医生，并得到许可之后，才能开始练习瑜伽。注意，孕妈妈必须在有教授孕妇练习方面经验丰富的合格瑜伽教练的指导下进行瑜伽练习。

如果孕妈妈孕前就一直坚持练习瑜伽，孕早期就可以进行较简单的瑜伽练习；如果孕妈妈此前从未练习过瑜伽，不常作锻炼或曾经流过产，要慎重考虑，尽量在征得医生的同意下再进行瑜伽锻炼。

## 孕妈妈练习瑜伽的好处

◆ 孕妈妈合理地练习瑜伽可以增强体力和肌肉张力，增强身体的平衡感，提高整个肌肉组织的柔韧度和灵活度。

◆ 孕妈妈合理地练习瑜伽可以加速血液循环，还能够很好地控制呼吸。

◆ 孕妈妈合理地练习瑜伽还可以起到按摩内部器官的作用，有益于改善睡眠，让人健康舒适。

◆ 练习瑜伽可以帮助孕妈妈进行自我调控，使身心合二为一，养成积极健康的生活态度。

## 简易好学的冥想式

**动作** 双脚交叉盘坐，脊柱挺直收腹，双手手掌向下放在双膝上，肩、肘放松，微微自然闭眼，排除大脑中杂念，调整正常的呼吸。

根据自己的身体情况，决定运动时间长短，以舒适为基本原则，逐渐感到身体和意念完全放松和宁静下来。

练习时间，可以坚持在整个孕期中。

放松身心的冥想式打坐，有助于髋关节的伸展，增强柔韧性，对于以后分娩有益。

**小提示**

经常受到抚摸的胎儿，对外界环境的反应也比较机敏，出生后翻身、抓握、爬行、坐立、行走等大运动发育都能明显提前。经常受到父母爱抚的孩子长大后遇事更冷静沉着、反应更机敏。

# 第138天 19W+5D（19周又5天）测测子宫底高度

孕期子宫的增大有一定的规律性，从宫高的增长情况可以推断妊娠月份和胎儿发育情况，后期还可以通过测量宫高和腹围估计胎儿的体重。

## 在家自测宫底高

测量前，孕妈妈应该排空膀胱，然后平躺在床上，保持全身放松。然后将测量尺的末端放置于耻骨联合的上缘顶端，测量尺平置在腹部上，到达宫底顶端，读取两者之间的距离。

宫底高度可以每周测量一次。若连续2～3周宫底高度无变化，或宫高明显低于怀孕月份，应及时到医院查找原因。如果过多高于怀孕月份，也应到医院检查，以排除羊水过多等，还可了解是否有多胎妊娠。由于家庭监护往往需丈夫配合完成，所以，丈夫的配合不仅可保障母儿健康，还可促进对胎儿的感情。

## 孕期10个月子宫大小和宫底的大致变化

| 月份 | 子宫大小与宫底变化 |
| --- | --- |
| 孕1月末 | 子宫比孕前略增大一些，像个鸭蛋 |
| 孕2月末 | 子宫增大至拳头般大小 |
| 孕3月末 | 子宫底约在耻骨联合上缘2～3横指 |
| 孕4月末 | 子宫底达脐和耻骨联合上缘之间 |
| 孕5月末 | 子宫底在脐下2横指 |
| 孕6月末 | 子宫底与肚脐持平 |
| 孕7月末 | 子宫底在脐上3横指 |
| 孕8月末 | 子宫底在脐和剑突之间 |
| 孕9月末 | 子宫底在本月达到最高点，在剑突下2横指 |
| 孕10月末 | 本月胎头下降入骨盆，宫底下降回复到孕8月末的水平 |

第139天

19W+6D（19周又6天）

# 美育胎教——让宝宝也感受到美

美育胎教法是指通过孕妈妈对美的感受而将美的意识传递给胎儿的胎教方法。孕妈妈可以通过看、听、体会，享受着世界上各种各样的美，然后通过自己的感受，将美经神经传导、输送给胎儿。

## 音乐美育

音乐美育是指对胎儿进行音乐美的培养，以此来达到胎教的目的，它主要通过孕妇的心理和生理两种途径来实现。从心理方面讲，音乐能使孕妇心情愉悦，产生联想，从而使情绪达到最佳状态。同时，安静舒缓的音乐也可以给胎儿创造一个悠闲的环境，使躁动不安的胎儿安静下来，让他意识到世界是多么和谐美好。

从生理方面讲，悦耳的音乐能激起母亲植物神经系统的活动，植物神经系统控制着内分泌腺，使其分泌出许多激素，这些激素经过血液循环进入胎盘，使胎盘的血液成分发生良性变化。有利于胎儿健康的化学成分增多，从而激发胎儿大脑及各系统的功能活动。

## 自然美育

大自然是美的最高境界，孕妇多到大自然中去欣赏美丽的景色，吸收新鲜空气，可以促进胎儿大脑细胞和神经的发育。

### 感受美育

孕妇如果有优雅的气质、饱满的情绪和文明的举止，就能感受到来自于自身的一种美。这种感受确立了孕妇的审美观，也能将这种审美观传递给胎儿，使胎儿在母体内也得到美的熏陶。因此，专家经常告诫妇女在怀孕期间，不仅要保持精神焕发，穿着整洁，举止得体，还要适当丰富自己的精神生活，如，多听音乐、看书等。

第140天

20W（20周）

## 抚摸胎教——与宝宝亲密接触

抚摸胎教，是准父母与胎宝宝之间最早的触觉交流，通过抚摸孕妈妈的腹部，使腹中的宝宝感觉到父母的存在并作出反应。可以锻炼胎宝宝皮肤的触觉，并通过触觉神经感受体外的刺激，从而促进宝宝大脑细胞的发育，加快胎儿的智力发育。能激发起胎宝宝活动的积极性，促进运动神经的发育。

### 抚摸胎教的最佳时机

胎儿对触觉刺激具有较为灵敏的反应，在妊娠6个月时，孕妇可在腹部明显地摸到胎儿的头、背及四肢，这时正是进行抚摸胎教的好时机。帮助胎儿运动的时间应该固定，一般选在晚上8点左右较为适宜，每次运动5～8分钟即可，对培养一个健康活泼的宝宝是大有好处的。

### 抚摸胎教具体做法

孕妇排空小便，仰卧在床上，平静均匀地呼吸，眼睛凝视着上前方，全身肌肉彻底放松。孕妇可用双手从不同方向抚摸胎儿，左右手轻轻变替、轻轻按压，用双手手心紧贴在腹壁上，轻轻地旋转，可以向左，也可以向右，这时胎儿会做出相应的反应，如伸胳膊、蹬腿等。这种抚摸运动坚持做一段时间，胎儿就会习惯了，形成条件反射，只要妈妈把手放在腹壁上，胎儿就会进行胎内运动，此时再伴随着轻柔的音乐，则效果就更理想了。

### 抚摸伴随着语言交流

父母在为胎儿做抚摸胎教时，别忘了还要轻轻地、充满爱意地和胎儿说话，让胎儿更强烈地感受到父母的爱意。

在进行抚摸胎教时，抚摸及按压时动作一定要轻柔，以免用力过度发生意外。有的孕妇在怀孕中、后期经常有一阵阵的腹壁变硬，可能是不规则的子宫收缩，此时不能进行抚摸胎教，以免引起早产。孕妇如果有不良分娩史，如流产、早产、产前出血等，则不宜使用抚摸胎教。

# 第 6 个月 “孕”味十足

## 第141天

20W+1D（20 周又 1 天）

### 本月专家指导

孕6月以后睡眠是很重要的，你的睡眠可以促进胎儿的生长。每天睡眠不少于8小时，中午休息1～2小时，最合理的睡眠姿势是左侧卧位。这段时期孕妈妈容易便秘，可多吃蔬菜、水果。

随着胎儿的增大，所需的营养也需要增加。前一段时间出现的妊娠反应，导致孕妈妈食欲不振，体内营养摄入不足，本月该好好的大补一下啦！

本月的营养重点是补铁，如果孕妈妈自觉不需要补铁，那么要保证多吃含铁食物。为保证铁的吸收，吃饭后，喝茶前，至少要留出30分钟的间隔。

孕6月了，孕妈妈开始觉得笨拙起来，身体重心前移，可能还发现原来凹进去的肚脐开始变得向外突出了。所以，孕妈妈走路时要特别小心。

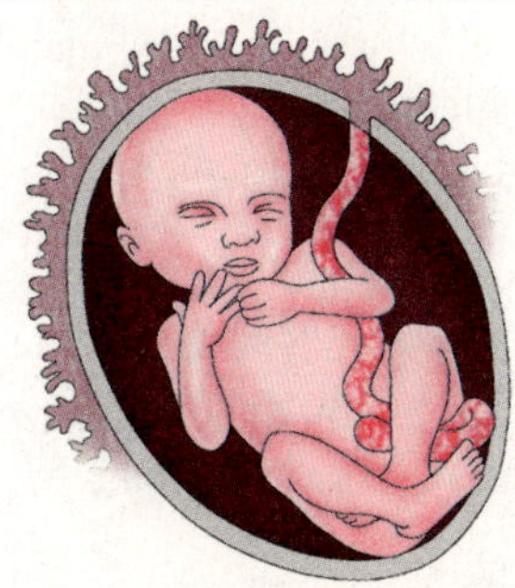

**第21周**

**本周宝宝** 妈咪，我的眼睑和眉毛已长出来了，且我的听觉也越来越成熟。现在的我出现快速眼动的现象，我具备做梦的能力了。

**本周妈妈** 太好了！由于妈妈增大的子宫压迫到盆腔静脉，使下肢静脉血液回流不畅，我的双腿开始水肿。我还会出现饱胀、便秘。

## 第142天 20W+2D（20周又2天）

## 本月孕程——宝宝长匀称了

妊娠6个月时，宝宝的身体看上去已有匀称感了，但皮下脂肪还很少，故还较瘦弱。由于皮下脂肪的缘故，皮肤呈黄色，从这时起，在皮肤的表面开始附着胎脂。

### 宝宝发育

**胎宝宝的体长：**34厘米左右。

**胎宝宝的体重：**660克左右。

**五官发展：**胎儿的耳、眼、鼻和皮肤等感觉器官在妊娠早期就已形成，功能的建立则是在妊娠中后期。妊娠中期，胎儿对声音十分敏感，如对母亲血管搏动、心脏节律和肠蠕动及外界的各种响动都可作出反应。

**具备味觉：**胎儿鼻里的嗅毛可以感觉味道，并且辨别味道的好坏。

**出现呃逆现象：**胎儿在母腹中不停地吞咽羊水，由于不熟练刺激膈膜痉挛，引起呃逆。

### 妈妈变化

**乳房的变化：**乳房的周围有时会出现一些褐色的小斑点，形成第二乳晕。现在稍稍用力，便能从乳头里挤出一种黄色的稀薄液体。

**子宫的高度：**子宫又长大了许多，宫底已长到了脐部上1横指，用尺测量耻骨联合上子宫长度为24（22.0～25.1）厘米。

**经腹壁触到子宫内的胎体：**妊娠周数越大，胎体触得越清楚。于孕24周以后，触诊时可区分为胎头、胎背、胎臀及胎儿肢体。胎头圆而硬；胎背宽而平坦；胎臀略不规则；胎儿肢体小且有不规则的活动。

**经腹壁可以听到胎儿的心音：**胎儿心音在脐下正中或稍左右听到；于24周以后胎儿心音多在胎背所在侧听得最清楚。

## 第143天 20W+3D（20周又3天）

## 本月营养关注

### 孕6月饮食原则

孕6月，胎儿生长发育明显加快，骨骼开始骨化，脑细胞增加到160亿个左右就不再增加，而大脑的重量继续增加。孕妈妈孕6月的饮食原则如下：

◆ 准妈妈应开始进行蛋白质、脂肪、钙、铁等营养素的储备；

◆ 为避免加重浮肿现象，盐分应有所节制；

◆ 孕6月，准妈妈容易便秘，应该多吃富含纤维素的蔬菜、水果。牛奶有利于排便，应多饮用。

## 孕6月营养要素

◆ **蛋白质：**世界卫生组织建议，准妈妈在孕中期，每日应增加优质蛋白质9克，相当于牛奶300毫升或两个鸡蛋或50克瘦肉。在准妈妈的膳食安排中，动物性蛋白质应占全部蛋白质的一半，另一半为植物性蛋白质。

◆ **热量：**一般来说，孕6月准妈妈热量的需要量比孕早期增加200千卡。考虑到多数孕中期女性工作减轻，家务劳动和其他活动也有所减少，所以热量的增加应因人而异，根据体重的增长情况进行调整。准妈妈体重的增加一般应控制在每周0.3～0.5千克。建议准妈妈用红薯、南瓜、芋头等代替部分米、面，可以在提供能量的同时，供给更多的微量元素和维生素，南瓜还有预防妊娠糖尿病的作用。

◆ **维生素：**准妈妈孕6月每日食用的植物油以25克左右为宜，总脂肪量为50～60克。准妈妈此时对B族维生素的需要量增加，而且B族维生素无法在体内存储，必须有充足的供给才能满足机体的需要。准妈妈要多吃富含维生素的食品，如瘦肉、肝脏、鱼类、乳类、蛋类及绿叶蔬菜、新鲜水果等。

◆ **矿物质：**此时还应强调钙和铁的摄入量，另外碘、镁、锌、铜等对准妈妈和宝宝的健康也是不可缺少的。因此，准妈妈要多吃蔬菜、蛋类、动物肝脏、乳类、豆类、海产品等。

◆ **水：**每天准妈妈至少喝6杯开水。有浮肿的准妈妈晚上少喝水，白天要喝够量。多喝水也是保证排尿畅通、预防尿路感染的有效方法。

### 小提示

孕妈妈既想让胎宝宝享受阳光，又担心太阳会导致皮肤黑色素增多，应该怎么做呢？

◆选择合适的隔离霜

◆补充维生素C

◆出行时带上太阳伞

20W+4D（20周又4天）

## 孕妈妈进食勿狼吞虎咽

孕妈妈进食是为了充分吸收营养，保证自身和胎儿的营养需要。如果孕妈妈在进食时狼吞虎咽，则会使食物不经过充分咀嚼而进入胃肠道，这样就不利于营养的吸收。

### 不能使食物与消化液充分接触

如果食物未经充分咀嚼就进入胃肠道，食物与消化液接触的面积会大大缩小，这样就会影响食物与消化液的混合，有相当一部分食物中的营养成分不能被人体吸收，这就降低了食物的营养价值。此外，有时食物咀嚼不够，还会加大胃的消化负担或损伤消化道黏膜，易患肠胃病。

### 使消化液分泌较少

人体将食物的大分子结构变成小分子结构，有利于消化吸收。这种变化过程是靠消化液中的各种消化酶来完成的。人在进食时，慢慢咀嚼食物，可通过神经反射引起唾液和胃液的分泌，使消化液增多，这无疑对人体摄取食物营养是有利的。咀嚼食物引起的胃液分泌比食物直接刺激胃肠而分泌的胃液数量更大，含酶量高，持续时间长。可见，咀嚼食物对消化液的分泌起着重要作用。

所以，我们提倡细嚼慢咽，增加食物的咀嚼次数，有利于人体对营养的吸收。对一般人来说是如此，对需要更多营养成分的孕妇更为必要。

第145天

20W+5D（20周又5天）

## 科学进补让营养加倍

妊娠中期正是孕妈妈进补的好时机，但要注意的是，进补的时候，要科学合理，以避免负面效果，这是孕妈妈应该了解的。

### 科学进补总原则

总的来说，孕期进补应注意缺什么补什么。首先应了解孕期对各种营养素的需求，主要是热能、蛋白质、脂肪、微量元素和维生素的增加量。现在市面上的很多补品并不具有这种功效，所以不要轻信补品，而应清楚其营养成分，是补血、补钙、补铁还是补充维生素，再根据孕妈妈自己身体的情况有针对性地补充。

### 怎么选择营养补充剂

营养补充剂分为复合剂和单剂两类，它们分别适合于不同的孕妈妈服用，如果孕期膳食不平衡导致多种营养素缺乏，就应选用复合剂；如果只是个别营养素不足，则应选用单剂。比如，有的孕妈妈不喜欢吃奶制品，易造成钙的摄入不足，此时可服用补充钙的单剂。

### 补充营养素要适度

营养素的摄入并不是多多益善，而应把握一定的尺度。另外，各种营养素之间都存在协同或抵抗作用。拿维生素D来说，虽然可促进钙的吸收，但摄入过量会引起中毒；又如：钙和磷摄入的比值最好是1∶2，任何一种过量，都会影响另一种的吸收。

#### 告诉准爸爸

**为孕妈妈做贴心早餐**

孕期里的妻子需要小心呵护，而贴心的一天，就应该从早餐开始。准爸爸每天应该早起一些，简单地洗漱过后，精心地为妻子准备一份贴心的早餐。适合孕妈妈的早餐不需要那么丰富，但也不能过于单一，尤其要注意营养的均衡搭配。既要让孕妈妈吃得合口，又要营养科学搭配。

## 第146天

20W+6D（20周又6天）

# 药补不如食补

很多孕妈妈总是觉得要给胎儿更多的营养，胎儿才会长得更健康，所以在进行食补的同时还要药补。其实孕妈妈不必有过多的担忧，只要做到营养充足，宝宝就会健康成长的，药补不如食补健康、安全。

### 药补过头危害多

许多孕妈妈都是对补品来者不拒，尤其是诸多营养素制剂，唯恐不够，过量服食，结果却对自己和胎宝宝造成了不利影响。如高蛋白饮食可能给肠胃增负，影响其他营养物质的摄入，导致饮食营养失去平衡。

如果盲目摄入高钙饮食，过量饮用牛奶，过量加服钙片，对胎宝宝有害无益。因为孕妇补钙过量，胎宝宝可能会得高血钙症，患儿腭骨会变宽、突出，有损美观。而维生素A摄取过量，可能会导致婴儿唇腭裂、先天性心脏病等缺陷。

### 食补自然健康

专家认为，从食物中吸收营养是最好的。因为孕妇所需的营养在食物中已很充足，比如：每天喝两杯500毫升的牛奶，就能提供孕妇所需的钙。

只有孕妈妈无法从日常饮食中获取足够的营养素时，才需要补充一些营养素制剂。如孕前开始就需要补充的叶酸，这种维生素虽然食物中含有，但容易流失，所以需要采用营养素制剂的方式来补充。

## 第147天

21W（21周）

# 预防黄褐斑可以这样吃

研究表明，黄褐斑的形成与孕期饮食有着密切关系，如果孕妈妈的饮食中缺少一种名为谷胱甘肽的物质，皮肤内的酪氨酸酶活性就会增加，出现黄褐斑的可能性也会增加。然而做好黄褐斑的预防工作，得先从饮食着手。

### 猕猴桃

猕猴桃中的维生素C能有效抑制皮肤内多巴醌的氧化作用，使皮肤中深色氧化型色素转化为还原型浅色素，干扰黑色素的形成，预防色素沉淀，保持皮肤白皙。

### 新鲜蔬菜

新鲜蔬菜含有丰富的维生素C，具有消褪色素作用，如西红柿、土豆、卷心菜、花菜等；瓜菜中的冬瓜、丝瓜也具有非同一般的美白功效。

### 西红柿

西红柿具有保养皮肤、消除雀斑的功效。丰富的西红柿红素、维生素C是抑制黑色素形成的最好武器。实验证明，常吃西红柿可有效减少黑色素的形成。

每天用1杯西红柿汁加微量鱼肝油饮用，能使孕妈妈面色红润。也可用西红柿汁敷面，15～20分钟后再用清水洗净，对治疗黄褐斑有很好的疗效。

### 柠檬

柠檬是抗斑美容水果。柠檬中所含的枸橼酸能有效防止皮肤色素沉着。使用柠檬制成的沐浴露洗澡能使皮肤滋润光滑。

### 牛奶

牛奶有改善皮肤细胞活性、延缓皮肤衰老、增强皮肤张力、刺激皮肤新陈代谢、保持皮肤润泽细嫩的作用。

## 第148天 21W+1D（21周又1天）这些蔬菜水果要少吃

都说怀孕了要多吃蔬菜和水果添加营养，特别是进入怀孕后期，为了预防便秘，更要多吃蔬菜水果。但来者不拒可不行，下面提到的蔬菜水果可要小心了。另外，对于没吃过的水果要谨慎食用。

### 久存的土豆

说起土豆，好像没人不喜欢。但土豆中含有生物碱，存得越久的土豆生物碱含量越高。吃得过多可能影响胎宝宝的正常发育，导致畸形，喜欢吃土豆的孕妈妈还是吃些新鲜的吧。

### 菠菜

人们一直认为菠菜含有丰富的铁质，具有补血功能，所以被当作孕期预防贫血的佳蔬。其实，菠菜中含铁不多，而是含有大量草酸。草酸可影响锌、钙的吸收，孕妇过多食用菠菜，会使体内钙、锌的含量减少，影响胎儿的生长发育。

### 山楂

山楂酸酸甜甜，还有消食的好处，孕妈妈对它情有独钟。但山楂对子宫有兴奋作用，会造成宫缩，可能还会导致流产，为以防万一，还是少吃为妙。

### 桂圆

桂圆性温热，阴虚、内热体质及热性病患者不宜多食，尤其是阴血偏虚的孕妇更不宜食用桂圆。多食可引起孕妇口干胎热，大便干燥，肝经郁热，还可出现漏红、腹痛等流产先兆症状。

第149天

21W+2D（21周又2天）

# 15种健康零食DIY

怀孕后期，宝宝不断长大，压迫孕妈妈的消化系统，孕妈妈常常吃了几口饭，就觉得肚子饱了，但实际上营养却不够。吃点既解馋又营养的健康零食是个不错的办法。爱吃就吃，可不要贪多哦。

◆焖杏仁

将甜杏仁放在平底锅里稍微焖一下，香脆且富含维生素A、蛋白质，能为宝宝带来健康的肌肤、眼睛和骨骼。

◆香脆果粒酸奶+麦片

富含丰富的钙质、蛋白质以及纤维素。

◆麦片做的麻花卷

甜甜的味道，以零食的吃法来增加纤维素、糖类，还可补充热量。

◆全麦面包卷香蕉

钾加蛋白质，超级简单的营养零食。

◆全熟的白煮蛋配面包片

随时可以取得的蛋白质。

◆猕猴桃做成的果味饮品

完美的维生素C来源。

◆蔬菜面包片

在获得美味的同时包含了各种蔬菜。

◆新鲜的樱桃配酸奶

含有丰富的维生素C。

◆蓝莓或蓝莓干

美味的维生素C，让你倍感惊喜。

◆葡萄及番茄沙拉

含丰富维生素C的爽口小菜。

◆芒果果酱

丰富的维生素A，有助于胎儿的细胞成长。

◆青色甜豌豆煮熟冷却后撒盐食用

含蛋白质、维生素A、铁及钙。

◆芹菜茎蘸进酸奶中

去除了芹菜原来的味道，改用一种可口的方法品尝这种富含营养的绿色纤维。

◆低脂肪南瓜糕点

可口的食物含有维生素及矿物质。

◆粗粮制成的可口蛋卷

加上一条条黑色的糖浆就成为可以补充铁的小甜点。

现在的零食太多了，根本说不过来，自己上正规的网店或者超市逛去吧。

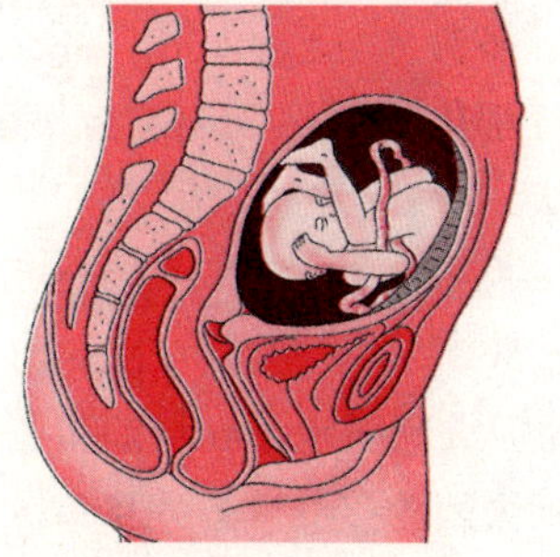

## 第22周

**本周宝宝** 妈咪，我的牙胚开始发育了。视网膜已形成，我有微弱的视觉反应了。

**本周妈妈** 现在妈妈的呼吸变得相对困难了些。由于妊娠激素的分泌，我手指、脚趾和其他关节部位变得松弛了。

第150天

21W+3D（21周又3天）

## 水、空气、阳光同等重要

为了宝宝的健康成长，人们往往对蛋白质、脂肪、维生素等基本营养物质比较重视。实际上，水、新鲜空气和阳光对宝宝的健康成长同样极其重要。

### 水

水是占人体重量60%的各种液体的主要成分。饮水不足，不仅口干难受，而且不能很好地运送营养物质和电解质，调节体内各组织的功能、保持机体的稳定性等也都离不开水。在怀孕期间常饮水，有助于新陈代谢和体温调节。为保证孕期母体和胎儿的正常代谢需求，每天最好养成定时喝水的习惯，不要等到有了口渴的感觉再喝，因为，有口渴感时，机体已经轻度缺水了。

### 空气

清新空气在农村或城市郊区比较容易得到，但在城市则不然。飞驰于街头的汽车排出大量有害废气，带起各种浮尘；工厂排出含有各种有害物质的气体等，都影响着大气的洁净。有意识地到绿地、绿化带、有植物带的水边去散散步，摄取新鲜空气，有利于促进机体新陈代谢，对宝宝的健康成长也必不可少。

### 阳光

阳光对孕妈妈更不是可有可无。曾经有一种比较严重的孕期并发症——骨质软化病，患病的女性贫血消瘦，动作缓慢，体力疲惫，常会使胎儿由于营养缺乏，患上先天性佝偻病，还会引起难产，连累胎儿受损或死亡。现代由于医疗保障和各种预防措施，这种病已大为减少。实际上，这种病是孕妈妈体内缺乏钙、磷及代谢发生障碍的后果。

多晒一晒太阳，让太阳里的紫外线穿透皮肤表面作用于皮下的胆固醇，发生一系列变化后，成为具有抵抗佝偻病和帮助钙质吸收的维生素D，能减少发病。

第151天

21W+4D（21周又4天）

## 孕妈妈不宜“日光浴”

“日光浴”是尽可能地裸露体表皮肤，使之直接接受阳光的照射，而且照射的时间也较长。和晒太阳在阳光照射的范围和照射的时间上相差很多。所以孕妈妈要经常的晒晒太阳，但不宜进行“日光浴”。

### 日光浴=高能量电磁辐射

日光中的紫外线是一种具有较高能量的电磁辐射，有显著的生物学作用。晒太阳能促使皮肤在日光紫外线的照射下制造维生素D，进而促进钙质吸收和骨骼生长。但是，日光浴则会因为接受紫外线量过大而引起皮肤的损伤，严重的还可能发生皮肤癌。

此外，进行日光浴还会加剧乳晕、外阴、脐周、脐下正中线黑色素沉着。

### 出门注意防护

日光浴可使孕妇脸上的色素斑点加深或增多，出现妊娠蝴蝶斑或使之加重，还可能发生日光性皮炎，尤其是初夏季节，人们的皮肤尚无足量黑色素起保护作用时更易发生。

此外，由于日光有使血管扩张的作用，还会加重孕妇的静脉曲张。因此孕妇不但不宜日光浴，而且在烈日下外出活动时，还要注意防护，如戴草帽、太阳镜和用伞具遮挡紫外线。

## 第152天 21W+5D（21周又5天）孕中期运动益处大

孕中期孕妇应多参加适量的运动，选择最佳的运动项目。不过如果是患有高血压、心脏病、糖尿病和肾炎的孕妈妈，则应在征得医生同意的前提下进行运动。

### 水中运动益处多

水中运动，包括游泳、水中健身操等，对孕妈妈来说有极大的益处。在水中进行有氧运动的时候，水的浮力可以帮助孕妈妈支撑比怀孕前多出的10～13千克体重，水的阻力还可以减少逐渐松弛的关节的损伤机会，减轻孕妈妈的身体负担。此外，水的传导能力比空气良好，这样，孕妈妈就不必担心在水中运动而导致体温过度升高的问题了，高温、出汗可是孕妈妈的运动大忌。所以，充满乐趣的水中运动，是孕妈妈孕期的不错选择。

### 能增强孕妈妈心脏功能

妇女在怀孕后，产生一系列生理变化，增加了心脏负担。若是孕妇心脏功能较强，则可保证供给胎儿充足氧气，有利于胎儿发育，对孕妇还可减缓出现腰痛、脚痛、下肢浮肿、心跳气短、呼吸困难等症状。

### 能够增强肌肉力量

孕妇进行体育运动时，能使全身肌肉的血液循环得到改善，肌肉组织的营养增加，使肌肉储备较大的力量。增强腹肌，能防止因腹壁松弛造成的胎位不正和难产。有力量的腹肌、腰背肌和骨盆肌还有利于自然分娩。

### 增加抵抗力

骨骼坚硬可防止孕妇出现牙齿松动和骨质软化等症状。能够增加抵抗力，减少疾病的发生。

#### 告诉准爸爸

**准爸爸该做的那些事**

可以陪孕妈妈买孕妈妈装，如果孕妈妈脚水肿、变大，要换一双合脚的鞋。

继续有计划地给胎宝宝做循序渐进的胎教。让胎宝宝听柔和的音乐，跟胎宝宝说话，提醒孕妈妈养成良好的生活习惯及饮食习惯。

可以陪孕妈妈做一次轻松、安全的旅游。

陪孕妈妈参加产前妈妈教室，多了解孕期及生产知识。

给宝宝起名字。

当孕妈妈出现乳房肿胀和妊娠纹时，帮她按摩乳房，帮她擦乳液。

第153天

21W+6D（21周又6天）

## 适合孕中期的几种运动

孕中期，宝宝的发育趋于平稳，此时孕妈妈可以带宝宝一起做做运动了！下面推荐几种最适合的运动方式给你。

### 散步

天气适宜时，在亲友陪同下到空气清新的公园中、郊外田间小道上或树林里散步，每周3～5次。散步的时间多少和距离长短，应以不觉劳累为宜。

### 游泳

游泳是比较适合孕妇的运动之一。它安全、舒适，活动量适中，能锻炼腹部、腰部和腿部力量，增加肺活量，提高身体的协调性。同陆上运动相比，游泳具有减轻腰部压力的优点。但要注意游泳池水的卫生。

### 做广播操

每日可在散步之后或工作之余做几节。怀孕头3个月内，不要做跳跃运动，而且每节操可少做几个节拍，动作幅度应小一些，节奏慢一些。怀孕4个月之后，可做全套，但弯腰和跳跃要少做甚至不做。到了怀孕后期，要减少弯腰的跳跃，但可以增加脚腕、手腕、脖子等活动。

### 每天坚持做孕妇体操

做操之前排尽大小便能减轻腰腿疼痛，松弛腰部和骨盆的肌肉。做操时动作要轻，要柔和，运动量以不感到疲劳为宜。

### 瑜伽和普拉提

现在已经有专门为准妈妈设计的“孕妇瑜伽”和“孕妇普拉提”，对她们的健康、产后体型恢复都很有帮助。孕妇体重增加可能引起足弓塌陷，通过普拉提锻炼脚部就能加以避免。通过瑜伽锻炼盆腔和韧带，还可使分娩过程更顺利。

第154天

22W（22周）

## 孕妈妈应对社交问题

同怀孕前相比，孕妈妈在生理和心理上都会有很大的变化，而这些变化会给孕妈妈的生活带来诸多不便。孕妈妈难免要进行一些社交和应酬。那么，孕妈妈该如何应对呢？

### 切勿过度在意形象

孕妈妈虽然身材臃肿、面色大不如从前，但是在公共场合、社交场合，还是需要注意自己的得体装扮，切不可随意繁冗，但也不可浓妆艳抹。

◆ 不要涂抹口红和粉底，以免色素沉淀，造成各种皮肤问题；另外，大部分口红都带有有害物质，喝水或进食的时候容易进入体内，给胎宝宝造成一定的伤害。

◆ 妊娠期不文眼线、眉毛，最好连眉毛也不要拔。若非得修眉，应改用修眉刀。

◆ 染发、烫发要绝对禁止，也不要做一些涉及激光、辐射或手术类的美容。

### 交际应酬应适度

有些工作需要较多的应酬，如公关、某些行业的业务员，孕妈妈不仅经常接触到烟、酒类的刺激品，体力也容易透支。所以，孕妈妈应该这样做：

◆ 一开始就明确告诉别人你是孕妈妈，不能接触烟、酒、茶、咖啡等刺激物。

◆ 环境嘈杂、人群拥挤的聚会尽量不要参加。

◆ 交际应酬不要熬得太晚，应寻找适当时机抽身离去，以保证个人体力和精力。

## 第155天 22W+1D（22周又1天）让孕期生活丰富多彩

孕妈妈的诸多兴趣，如音乐、画画、刺绣或烹饪等，可以丰富自己的孕期生活，也能改善身心健康，更是有利于胎宝宝健康发育的科学胎教。

### 扩展社交圈

孕妈妈怀孕后要多与人交流，可与同期怀孕的孕妈妈们分享感受；也可向已经生过孩子的“前辈们”请教，获取经验；或参加一些专门为孕妈妈举办的活动，以排解孕妈妈产前忧郁症状。孕妈妈为了多了解一些分娩育儿的知识，也可以专门报名去听专业老师讲授孕产育儿知识，如“妈妈教室”等。

### 活跃于网络中

孕妈妈可以在有名的母婴网站或论坛里发帖子交流经验；在淘宝网上挑选母婴用品，将自己的旧东西拿到网上去交换或变卖；还可以写博客，记录自己与宝宝的成长日记，及时地将自己的喜怒哀乐传达给亲朋好友，以缓解压力，增添生活情趣。但每天的上网时间不应超过两个小时。

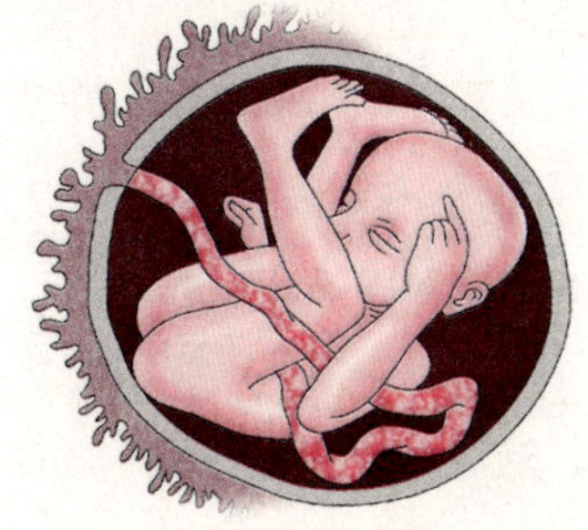

#### 第23周

**本周宝宝** 妈咪，你知道吗？我体重的增加主要在于肌肉、骨骼和内脏组织。我肺中的血管已经形成，我正在快速地建立呼吸系统。

**本周妈妈** 妈妈腹部、腿部、胸部、背部都变得瘙痒难耐，还会出现水疱和湿疹。腹部的隆起，也影响了我的消化系统，有时我会出现消化不良和胃灼热。

### 用音乐舒缓紧张情绪

音乐是一种有节奏的空气压力波，对人类的心理活动与生理活动有着极大的影响。音乐的节奏作用于孕妇，也能影响胎儿的生理节奏，使胎儿从音乐当中受到教育。而且，音乐可影响孕妇的生理与心理，起到有益于身心健康的作用。

## 第156天 22W+2D（22周又2天） 眩晕不可忽视

有的孕妈妈站立时间较长或突然起立时，就会感到眩晕、眼冒金星、天旋地转，甚至发生昏厥。眩晕与昏厥是女性在怀孕的时候常见的症状之一。眩晕是一种运动性幻觉，孕妈妈会感到自己或周围的景物发生旋转。昏厥为急性发作、短暂的意识丧失，会突然全身无力，因不能随意识活动而跌倒在地。

### 眩晕的原因

在女性怀孕的时候，由于体内激素发生变化、植物神经功能改变，使血管神经调节功能变得不稳定，再加上怀孕期间的女性由于血容量的增加，血液红细胞被稀释而导致的生理性贫血，在体位发生改变或长时间站立时，会出现心脏血液输出量减少、血压降低，导致脑缺血。

而发生眩晕和昏厥的孕妈妈，多数是因为站立较长时间，血液大部分淤积在骨盆和下肢，导致回流心脏的血液减少，影响脑部的血液供应引起的。

### 如何预防眩晕

为了避免孕妈妈眩晕，发生跌倒等意外事故，孕妈妈要尽量避免长时间站立，或突然变换姿势。在条件允许时，将双腿抬起，放在桌椅或其他可以促进血液回流的地方。另外，如果孕妈妈经常眩晕、昏厥，就要在家人的陪同下去医院接受检查了。

## 第157天 22W+3D（22周又3天） 孕期腿脚问题全攻略

脚是人体的第二心脏，足部的保养对于孕妈妈们来说是非常重要的。孕期会出现许多足部问题，给孕妈妈的身心会带来诸多不利的影响，所以学会如何处理腿脚问题也很重要。

### 膝关节痛

◆ **原因：**腹部膨隆和双膝间距加大是孕妈妈孕6月的主要体型特征，膝关节面的受力很不均匀，这成为孕期膝关节疼痛的重要原因之一。

◆ **对策：** 可以稍微加高鞋跟的外侧，改善下肢的受力面，使膝关节结构尽可能地恢复正常。

### 腿脚疲劳

◆ **原因：** 由于激素分泌严重失衡，孕妈妈的骨骼和韧带长时间出现“松驰化”，导致足部出现“相对性结构变形”，特别容易造成腿脚疲劳。

◆ **对策：** 可采用特殊形状的鞋垫，维持足弓的三维立体结构，能在一定程度上减轻腿脚疲劳症状。

### 足跟痛

◆ **原因：** 与孕妈妈体重增加、足跟骨压力上升、足底筋膜张力过高以及下肢血液循环不良等有关。

◆ **对策：** 可使用具有缓冲效果的鞋垫，减轻对足跟的冲击，对于足跟、膝和腰都有保护作用。

第158天 22W+4D（22周又4天）

## 孕期胀气不要怕

孕妈妈作为特殊人群，出现胀气更是常见症状。这是因为妊娠期的孕妈妈激素分泌加快和逐渐增大的子宫，使得肠道蠕动减慢，导致胃酸反流，从而引发肠胃不适而产生胀气现象。

### 改变不良习惯

◆ 孕妈妈最好不要边喝水或饮料，边吃饭，而应该在两餐间喝水。

◆ 孕妈妈不要站着吃饭或小零食，喝水也应尽量避免站着喝。

◆ 戒掉嚼口香糖的习惯，尤其是一些含有山梨醇这种甜味添加剂的口香糖。

### 饮食疗法

◆ 胀气发生前后，孕妈妈最好少喝或不喝碳酸饮料和含有气体的矿泉水。

◆ 避免吃容易产生气体的食物，如豆类、土豆、红薯等。

◆ 某些乳糖承受力较弱的孕妈妈应该尽量避免牛奶、酸奶等奶制品的摄取。

### 运动疗法

◆ 孕妈妈可以每天抽一点时间进行短途散步，以帮助加快肠胃蠕动，激活肠胃的正常消化功能。

◆ 孕妈妈也可以进行专门的瑜伽训练，学会放松身心，并利用正确的腹式呼吸法调节体内微循环。

第159天

22W+5D（22周又5天）

## 怎样才算合格的准爸爸

妻子怀孕到现在，准爸爸多多少少应该有些真实的感觉了。现在，孕期已经过去了一半儿，检视一下你自己的行为，是否还有做得不足的地方，尽量在剩下的时间里做一个合格的准爸爸。

### 问自己四个问题

◆ 你尝试过去看孕产类的书籍，并了解怀孕期的各种情况吗？

◆ 你和妻子一起学习过妊娠知识吗？

◆ 只要有时间，你每一次都会陪妻子去做产前检查吗？

◆ 当妻子莫名其妙发脾气的时候，你有没有仔细询问过她生气的原因？

如果以上每个问题，你都能给出肯定的答案，那么基本上你可以算是一个合格的准爸爸了。

### 准爸爸爱妻守则

随着怀孕月龄的增加，孕妈妈的腹部迅速增大，会感到很容易疲劳，有的孕妈妈还会出现脚肿、腿肿、静脉曲张等状况，很不舒服，准爸爸应该更加地体贴妻子。

◆ 陪同妻子参加产前培训课程，了解有关分娩的正确知识。

◆ 与妻子商量决定分娩的医院。

◆ 多与妻子谈心，交流彼此的感受，帮妻子克服心理上的恐慌和无助。

◆ 帮妻子按摩，揉揉后背肩，按摩腿和脚以减轻她的不适。

第160天

22W+6D（22周又6天）

## 妊娠期高血压疾病的症状

妊娠期高血压疾病简称妊高征，是妊娠期妇女所特有而又常见的疾病，发生在妊娠20周以后至产后2周。以高血压、水肿、蛋白尿、抽搐、昏迷、心肾功能衰竭等症状，本病严重威胁母婴健康。

### 妊娠期高血压疾病的病因

◆ 年轻初孕妇及高龄初产妇；

◆ 家族中有高血压或肾炎、糖尿病病史者；

◆ 多胎妊娠、羊水过多、葡萄胎患者；

◆ 营养不良，重度贫血者；

◆ 寒冷季节、气压升高时，发病增多。

### 妊娠期高血压疾病的症状

妊娠期高血压疾病按病情的严重程度可以分为轻度子痫前期、重度子痫前期、子痫三个阶段。

**1.轻度子痫前期**

主要表现为血压轻度升高，但不超过21.3/14.7KPa（160/110mmHg），可能伴有轻度水肿和少量蛋白尿。此阶段可能会持续数日至数周，可逐渐发展或迅速恶化。

**高血压** 测血压如有升高，需休息30分钟到1小时后再测。WHO专家认为血压升高需持续4h以上才能诊断，但在紧急分娩或低压>110mmHg时，虽休息不足4h也可诊断。测量血压为140/90mmHg，则可诊断为妊娠期高血压。

**水肿** 水肿有时是妊娠期高血压疾病最早出现的症状。开始时仅表现为体重增加（隐性水肿），以后逐渐发展为临床可见的水肿。水肿多从踝部开始，逐渐向上发展，按其程度可以分为四级，用“+”表示。其表现为：（+）小腿以下凹陷性水肿，经休息后不消退。（++）水肿延及至大腿。（+++）水肿延及至外阴或腹部。（++++）全身水肿，甚至有胸腹水。

**蛋白尿** 应留清洁的中段尿检查，如果24h尿蛋白≥0.3g，则为异常。

**2.重度子痫前期**

血压超过21.3/14.7KPa（160/110mmHg），尿蛋白增加，水肿程度不等，出现头痛、眼花等自觉症状，严重者会出现抽搐、昏迷。包括先兆子痫及子痫。

**3.子痫**

在上述各严重症状的基础上，抽搐发作，或伴有昏迷。少数患者病情进展迅速，子痫前期症状并不显著，而骤然发生抽搐，发生时间多在孕晚期及临产前，少数在产时，更少的还可能在产后24小时内发生。

## 第161天 23W（23周） 防治妊娠期高血压疾病

了解了妊娠期高血压疾病的病症后，对于孕妈妈来说最重要的就是要知道如何防预和应对妊娠期高血压疾病，那么有如下建意以供孕妈妈参考。

### 如何预防妊娠期高血压疾病

◆ **实行产前检查，做好孕期保健工作。**妊娠早期应测量1次血压，作为孕期的基础血压，以后定期检查，尤其是在妊娠36周以后，应每周观察血压及体重的变化、有无蛋白尿及头晕等自觉症状。

◆ **加强孕期营养及休息。**加强妊娠中、晚期营养，尤其是蛋白质、多种维生素、叶酸、铁剂的补充，对预防妊娠期高血压疾病有一定的作用。因为母体营养缺乏、低蛋白血症或严重贫血者，其妊娠期高血压疾病发生率增高。孕妈妈在加强营养的同时，更应注意好好休息。

◆ **重视诱发因素，治疗原发病。**仔细想一想家族史，孕妇的外祖母、母亲或姊妹间是否曾经患过妊娠期高血压疾病，如果有这种情况，就要考虑遗传因素了。孕妇如果孕前患过原发性高血压，慢性肾炎及糖尿病等均易发生妊娠期高血压疾病。如果是在寒冷的冬天怀孕，则更需加强产前检查，并及早处理。

### 如何治疗妊娠期高血压疾病

及早发现很重要。孕期做好保健，按时产前检查，经常测量血压，这是早期发现妊娠期高血压疾病最简单有效的方法。

冬天更容易发病。因为冬天气候寒冷，全身血管遇冷后收缩，会导致血压升高。所以冬季是妊高征的高发季节，准妈妈要特别注意保暖。

睡姿能稳定血压。左侧卧的睡姿可以帮助孕妈妈稳定血压。这是因为这个姿势不会对心脏造成压力。

### 妊娠高血压疾病的饮食攻略

充分摄取优质蛋白质，适宜吃鱼、瘦肉、牛奶、鸡蛋、豆类，不宜多吃动物性脂肪，多吃新鲜蔬菜和水果，以及虾皮、骨头、乳类、蛋黄、黄豆、海带等含钙量丰富的食物。减少盐的摄入，忌用辛辣调料。

## 第162天 23W+1D（23周又1天）孕中期性生活注意事项

孕中期，胎盘已完全形成，功能良好，胎儿各器官已发育成形，妊娠进入稳定期，所以流产的危险性也比孕早期小了。随着早孕反应的消失，孕妇的心情也更为舒畅，阴道分泌物逐渐增多，性欲也会有所提高。因此，在这一时期可以进行适度的性生活。

### 孕中期性生活不宜激烈

孕中期，孕妇腹部已明显凸出，采用男上女下式的传统性交体位会有所不便，可选用面对背式的侧卧位，避免压迫孕妇凸起的腹部，避免对胎儿引起不良影响。除面对背式的侧卧位以外，还可采用前侧位、前坐位、上坐位和后背位。需要注意的是，阴茎不宜插入过深，动作也不宜过分激烈。

### 孕中期性生活应避免流产

由于孕中期性高潮易引起孕妇子宫收缩，有诱发流产的可能，所以孕妇在性生活时应注意自我调节。另外不宜过分刺激乳房，以免引起宫缩。性交前，丈夫应清洗阴部，去除包皮垢，以免引起孕妇阴道炎症，更要避免引起宫内感染，造成终生遗憾。

### 注意性交姿势

由于胎儿日渐成长，要特别保护孕妇腹部，采取侧位或后位性交是妊娠中、晚期的最佳性交体位，不易造成对胎儿的直接影响。

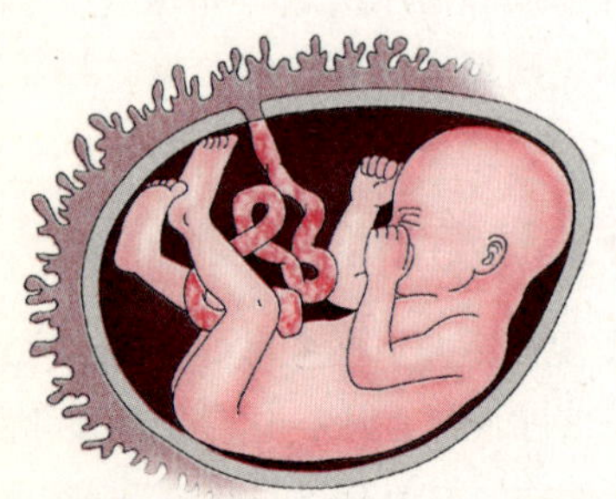

### 第24周

**本周宝宝** 妈咪，我的生长稍微减缓了，但是我心脏却更加强而有力了，腿部也长到了一定的比例。

**本周妈妈** 由于激素的分泌，妈妈出现了牙龈肿胀，刷牙时还容易出血，有时还出现鼻塞或流鼻涕等现象。妈妈双腿的肌肉更加疲劳了，隆起的腹部还会压迫到大腿的静脉，使身体越来越沉重。

第163天

23W+2D（23周又2天）

## 孕期发热不是小事

孕期发热的孕妈妈普遍关注的问题是胎宝宝的健康是否会受到影响。若只是短暂的低热，并不足以对母体或胎儿构成威胁。但是长时间的高热则可能危害胎儿的发育。因此，孕妈妈应做好防范措施。

### 发热的界定

正常情况下，普通人的口腔温度应为36.5℃～37.2℃。而孕妈妈在孕早期的基础体温会保持在较高水平，比孕前增加0.3℃～0.5℃，但升高后的体温仍在正常范围内。如果孕妈妈体温超过37.5℃，并伴有身体不适，最好立即去医院确诊。如果超过38℃，即为发热症状，应及时去医院治疗。

### 发热的原因

◆ 感染是引起发热最常见的病因，如病毒、细菌、支原体立克次体、真菌、寄生虫等病原体感染都会引起发热。

◆ 急性胃肠道感染也是孕期常见的发热病因之一，通常在出现恶心、呕吐、腹泻的同时，会伴有发热症状。

### 发热的防治

◆ 低热状态，无需用药，可多喝开水、多休息治愈。

◆ 远离患感冒的人群，少去人多拥挤的公共场所。

◆ 注意饮食卫生、个人生理卫生。

◆ 若孕妈妈的体温升高但未超过38.5℃，无明显的不适症状，可以考虑以物理方法退热，如用温毛巾反复擦身，在腋窝、额部和腹股沟放置冰袋等。

◆ 但若体温高于38.5℃，而且合并有其他不适时，则可以考虑使用药物辅助，会有更好的退热效果。在使用药物时，应在医生的指导下方可进行服用。

第164天

23W+3D（23周又3天）

## 开车族孕妈妈注意事项

如今，私人汽车的使用率越来越高，特别是大都市中的女性，常常以车代步。虽然妊娠期的孕妈妈不适合开车，但很多孕妈妈还是会选择自驾车出行。当孕妈妈们乐此不疲地开着车的时候，却不知方便的同时也埋下了安全的隐患。因此，孕期开车应注意以下事项。

### 行车安全第一

注意放慢车速，还应该尽量避免开车上高速公路；至于车程，最好控制在1小时以内，否则孕妈妈容易因精神不济而无法专注驾驶，进而影响行车安全。

### 驾驶期间要休息

长时间保持一种坐姿容易疲劳，下肢静脉回流不畅，有可能造成腿脚浮肿。开车时最多每隔90分钟就要停下来做一次短暂休息。可将车停在安全区，下车在四周走走，伸展四肢活动活动。

### 新手孕妈妈别上路

孕妈妈如果是新手最好不要上路，因为新手开车上路，心情难免紧张；加上对车辆操作和路况的不熟悉，更是无法放松心情。这样紧绷的情绪对孕妈妈来说是极为不利的，对腹中的胎儿也会有所影响。

### 孕妈妈也不适合开新车

由于新车大多使用全新的皮革和塑胶，在使用的头3个月内，往往会有刺鼻的“新车气味”，而孕妈妈一般对气味比较敏感，可能会觉得不太舒服。因此，新车买回家后应该先打开车门、车窗。放掉一部分化学气味，并在车里放些竹炭、菠萝或羊毛垫等用以吸收异味。

**告诉准爸爸**

**给妻子拍孕期照**

准爸爸可以给孕妇拍一些照片，给将来留下美好的记忆。给她凸起的圆形腹部拍一些漂亮照片，选取一大早或接近傍晚时的柔和光线，千万别用闪光灯。使用黑白胶卷，能更好地表现肉体和曲线，不会显得太刻意。

## 第165天 23W+4D（23周又4天） 孕妈妈如何远离静脉曲张

妊娠期静脉曲张是可以减轻和预防的。除妊娠造成的原因外，主要是孕妇在妊娠期休息不好，特别是那些久坐、久站和负重的孕妇，出现下肢静脉曲张者较多。针对此情况，孕妇应注意以下事宜。

### 加强休息

每天夜里保证8个小时的睡眠，中午最好休息1个小时。

### 选择正确的坐姿

孕妇坐椅子的正确姿势应该是：要深深地正正地坐在椅子上，后背笔直地靠着椅背。两腿股关节和膝关节要呈直角，大腿呈水平状态。坐在椅子边缘上容易滑倒，如果椅子放不稳还有跌倒的危险。坐椅子一定要先检查椅子稳不稳，然后把屁股放在椅面上，再一点一点向后移动，靠上椅背。孕妇最好坐有椅背的椅子，不要坐无背的方凳，方凳无依靠，危险性大，容易摔倒。坐椅子时间长时，要在脚下放一木台阶，有利于休息。

### 选择正确的走姿

抬头，伸直脖子，挺直后背，绷紧臀部，使身体重心稍向前移，并能使较大的腹部抬起来，保持全身平衡地向前行走，眼睛既能远眺前方又能平视脚前，这样一步一步踩实了再往前走，既可防止摔跤，又能轻松不累。

### 减少负重

一些体力活可交由丈夫和家里人干，在单位里不宜从事体力活，可要求调换工作岗位等。

## 第166天 23W+5D（23周又5天） 光照胎教——给宝宝光的刺激

### 光照胎教从什么时间开始好

尽管胎儿在妊娠25周前和32周后，总是把小眼睛紧紧地闭着，不愿睁开眼睛。其实，胎儿的视觉在怀孕前13周就已经形成了，虽然胎儿不愿去看东西，但对光却很敏感。一般来说，胎儿在妊娠8个月时才尝试睁开眼睛，这时他能看到的是母体内一片红色的光芒，橘黄的阴影下母亲体液在运动。光照胎教最好从怀孕24周开始实施，早期可适度刺激。

### 怎样进行光照胎教

孕6个月以后，孕妇每天可定时在胎儿觉醒时用手电筒(弱光)作为光源，照在自己腹部胎头的方向，每次5分钟左右。为了让胎儿适应光的变化，结束前可连续关闭、开启手电筒数次，以利胎儿的视觉健康发育。

在用光照射时，切忌用强光，也不宜照射的时间过长。

胎教实施中，孕妇应注意把自身的感受详细地记录下来，如胎动的变化是增加还是减少，是大动还是小动，是肢体动还是躯体动。通过一段时间的训练和记录，孕妇可以总结一下胎儿对刺激是否建立起特定的反应或规律。不要在胎儿睡眠时施行胎教，这样会影响胎儿正常的生理周期，必须在有胎动的时候进行胎教。光照时可以配合对话，综合的良性刺激可能对胎儿更有益。

### 光照胎教对胎儿的好处

研究表明：光照胎教不仅可以促使胎儿对光线的灵敏反应及视觉功能的健康发育，而且有益于出生后动作行为的发育成长。

在胎儿期适时地给予光刺激，还能促进胎儿视网膜光感受细胞的功能尽早完善。

#### 小提示

胎儿出生不到10分钟就能发挥视觉的作用，不但能看见母亲的脸，而且还具有认识模型和判断图形的作用。新生儿的视力只能看见30～40厘米以内的东西。这恰好与他在子宫内位置的长度相等，说明新生儿还保留着宫内的生活习惯。

第167天

23W+6D（23周又6天）

## 运动胎教——和胎宝宝做游戏

近年来随着医学科学的发展和超声波的应用，发现胎儿在母体内有很强的感知能力。父母对胎儿做游戏胎教训练，不但增进了胎儿活动的积极性，而且有利于胎儿智力的发育。

### 推胎儿“在宫内散步”

游戏胎教一般在做完抚摩后进行，可用双手轻轻推动胎儿在宫内“散步”，即每晚可让准妈妈平卧床上，放松腹部，使胎儿在“子宫内散步”、做“宫内体操”。这样反复锻炼，可以使胎儿建立起有效的条件反射，并增强肢体肌肉的力量。经过锻炼的胎儿出生后肢体的肌肉强健，抬头、翻身、坐、爬、行走等动作都比较早。

训练时，手法要轻柔，要循序渐进，不可急于求成，每次也不能超过5分钟。一旦胎儿出现踢蹬不安时，便应立即停止刺激，并轻轻抚摩之，以免发生意外。在进行动作胎教过程中，思想一定要集中，心里应有幸福喜悦的感受。

有的准妈妈在怀孕中、后期经常有一阵阵的腹壁变硬，可能是不规则的子宫收缩，此时不能进行抚摩胎教，以免导致早产。

### 准爸爸参与到游戏中来

准爸爸可以用手轻抚妻子的腹部同宝宝细语，并告诉宝宝这是父亲在抚摩，并同妻子交换感受，这样能使父亲更早地与腹中的小宝宝建立联系，加深全家人的感情。

如果能够和着轻快的乐曲同胎儿交谈，与胎儿“玩耍”，效果会更好，可以帮助胎儿发育得更好。需要注意的是，给胎儿做体操应该定时，比较理想的时间是在胎动频繁时，但时间不可太晚，以免胎儿兴奋起来，手舞足蹈，使母亲久久不能入睡。每次的时间也不可过长，以5~10分钟为宜。

第168天

24W（24周）

## 语言胎教——教胎儿腹中学习

胎儿在腹中是可以学习的，听起来好像不可思议，实践证明，胎儿也有学习的能力，如何教胎儿学习呢，有以下几种方法，以供参考。

### 利有彩色卡片学习语言和文字

彩色卡片就是用彩笔在白纸上写上语言、文字、数字。如果父母想从小发掘胎儿的语言天赋，首先应从汉语拼音a，o，e，i，u开始教起，每天教4~5个。

怎么教呢？如教a这个汉语拼音时，一边反复地发好这个音，一边用手指写它的笔画。这时最重要的是能通过视觉将“a”的形状和颜色深深地印在脑海里。

## 使用彩色卡片学习数字

通过深刻的视觉印象将卡片上描绘的数字、图形的形状和颜色，以及你的声音一起传递给胎儿。使胎教成功的诀窍是不要以平面的形象而要以立体形象传递。例如光是“1”这个数字，就可联想起许多的事物。如“竖起的铅笔”、“一根电线杆”等，让“1”这个数字具体又形象。

## 学做算术

做算术也是一样，例如教1加1等于2的时候，可以说“这里有1个苹果，又拿来了1个苹果，现在一共有2个苹果了。”将具体的、有立体感的形象，也就是将三维要素导入胎教中去。

## 教图形

教图形时，先用彩笔在卡片上描绘出圆形、方形、三角形，将其视觉化后传递给胎儿，并找出身边的实物来进行讲解。

## 生活常识和自然知识的学习

让胎儿预先掌握生活中的智慧和一般常识，以便出生后对日常生活的事物更加感兴趣。如做菜时，可以讲述有关炊具和烹调的方法，通过视觉将菜的颜色“告诉”给胎儿，通过嗅觉将菜的气味转达给胎儿。

### 小提示

胎教的时间和方式正好和胎宝宝的发育程度吻合，可以有效地促进宝宝的智力发展。

为了宝宝的未来，孕妈妈要在宝宝的不同发育阶段选择合适的胎教方式，千万不要心急。

# 第7个月

# 孕期不适从容应对

## 第169天

24W+1D（24周又1天）

## 本月专家指导

孕妈妈动作日益笨拙，身体稍失去平衡就会感到腰酸背痛或腿痛，痔疮、便秘接踵而至。胎儿开始能感受到母体外音乐的节奏和旋律，定期定时音乐刺激促进胎儿感觉神经和大脑皮层中枢发展。

孕妇腹部出现的阵发性跳动，不同于胎动，实际上就是胎儿在呃逆。胎儿打嗝每天1～5次不等是正常现象。宝宝在吞咽羊水，也是他在“练习”呼吸动作，不必担心。

有些孕妈妈这时会感到眼睛不适，怕光、发干、发涩，这是比较典型的孕期反应，可以使用一些消除眼部疲劳，保持眼睛湿润的保健眼药水，以缓解不适。

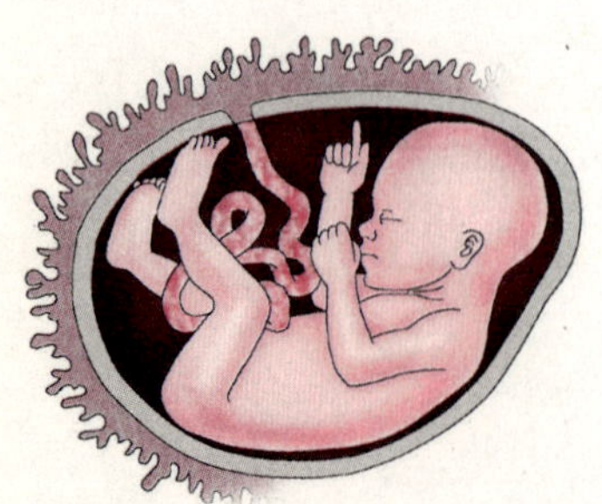

### 第25周

**本周宝宝** 妈咪，我身体的比例已较为匀称了，手指能与手掌握紧，脚趾与脚底也可以弯曲了，现在我舌头上的味蕾也正在形成。

**本周妈妈** 宝宝，妈妈的子宫压迫到下腔静脉的回流，我出现静脉曲张，便秘、痔疮、腰酸、背痛、手脚酸痛等症状日趋严重了。

第170天

24W+2D（24周又2天）

## 本月孕程——开始长头发了

胎儿脸部轮廓已能分清了，头发已长出5毫米左右，全身被毳毛覆盖着。眼睑的分界清楚地出现，眼睛能睁开了。外生殖器也逐渐清晰，男孩子的睾丸还没有降下来，但女孩子的小阴唇、阴核已清楚地突起。

### 宝宝发育

**胎宝宝的体长：** 约40厘米。

**胎宝宝的体重：** 约1000克。

**肺部继续发育：** 肺泡开始发育，能吸进氧气，呼出二氧化碳。但肺脏等呼吸器官尚未发育完全。已经具有感觉味道的能力。

**原始的感情开始萌芽：** 胎儿大脑皱褶变多，不愉快的时候会吸吮指头。

**有了节奏感：** 大脑中负责听声音的侧头叶逐渐发达，能感觉到声音的节奏。不仅能分辨外来的声音，还能表现好恶。

### 妈妈变化

**腹部更加膨大：** 准妈妈的身体更加臃肿，乳房、腹股沟开始出现妊娠纹。

**子宫的变化：** 随着胎儿的迅速增长，子宫的变化也比较突出，此时宫底高度已在脐上3横指，尺测耻骨联合上的子宫长度达26厘米(22.4～29.0厘米）。

**消化系统功能旺盛：** 饭量往往会增加许多，但因受增大的子宫挤压，使胃肠蠕动减弱，胃酸分泌减少，经常出现饱胀感、“烧心”和便秘。

**泌尿系统的变化：** 由于妊娠血容量增加，孕妇及胎儿的代谢产物增加，肾负担加重。肾血流量和肾小球滤过率均增加，可出现生理性糖尿。膀胱因受压易出现尿频，也容易发生尿道感染。由于受激素的作用，使孕妇体内出现明显的水钠潴留。

第171天

24W+3D（24周又3天）

## 本月营养关注

### 孕7月饮食原则

七月的胎儿生长速度依然较快，准妈妈要多为腹中的宝宝补充营养。在保证营养供应的前提下，坚持低盐、低糖、低脂饮食，以免出现妊娠糖尿病、妊娠高血压、下肢水肿等现象。孕妈妈孕7月的饮食原则如下：

◆ 减少饮水，减少盐的摄入量，每大盐的摄入量应控制在10克以下；

◆ 选富含B族维生素、维生素C、维生素E的食物，增强食欲，促进消化，有利尿和改善代谢的作用；

◆ 多吃水果，少吃或不吃不易消化的、油炸的、易胀气的食物（如白薯、土豆等），忌吸烟、饮酒。

## 孕7月营养要素

◆ **蛋白质**：孕7月准妈妈对蛋白质的需要量和六月一样，每天75～95克。

◆ **脂肪**：平均每天主食（谷类）400～450克，植物油25克左右，总脂肪量60克左右。

◆ **维生素和矿物质**：准妈妈注意维生素、钙、铁、钠、镁、锌、硒等营养素的摄入，进食足量的蔬菜水果，少吃或不吃难消化或易胀气的食物，如油炸的糯米糕、白薯、洋葱、土豆等，以免引起腹胀，使血液回流不畅，加重水肿。多吃冬瓜、萝卜等可以利尿、消水肿的蔬菜。

# 第172天 24W+4D（24周又4天）安然入睡的食疗法

妊娠期的孕妈妈一般必须保证每天至少有8小时的睡眠时间，失眠一旦出现在孕妈妈身上，不仅会耽误胎宝宝的正常生长发育，还会影响孕妈妈的身体健康，更会影响分娩过程的顺利进行。孕妈妈赶紧行动起来，用简单的食疗法解除失眠的烦恼吧！

## 忌

◆ **禁忌烟酒**：吸烟喝酒对腹中胎宝宝的成长发育有很大害处，且容易造成妊娠期失眠或睡眠轻等问题。

◆ **减少咖啡因的摄入**：咖啡因对活跃脑细胞有一定的作用，会抑制想要睡觉的感觉，因此孕妈妈在容易失眠的孕期最好减少对咖啡因的摄入。孕妈妈应该禁止喝红茶、咖啡、碳酸饮料等，也要少吃巧克力。

◆ **不吃刺激性食物**：刺激性食物，如辛辣食物或酸性食物，都会引起胸口的疼痛和消化不良，这就要求孕妈妈尽量避免吃刺激性食物，以更好地促进睡眠、改善睡眠。

◆ **傍晚和夜间不要多喝饮品**：为了杜绝夜间尿急、尿频，孕妈妈应白天多喝水或饮料，傍晚或夜间则少喝或不喝。

## 宜

◆ **睡前喝一杯热牛奶**：牛奶富含色氨酸，能够补充大脑所需的化学物质，起到诱发睡意的效果。另外，相比凉牛奶，热牛奶的热量更能够促进全身放松，帮助入睡。

◆ **睡前吃些蛋白质丰富的零食**：失眠的同时伴有多梦、头痛、盗汗症状的孕妈妈，可以在睡前多吃些富含蛋白质的零食，如鸡蛋，可以给大脑提供血糖，以达到促进

### 告诉准爸爸

**帮孕妈妈提高睡眠质量**

如果妻子辗转难眠，你却独自入睡，她会很伤心的。孕育宝宝就应做到“有难同当”，你可以陪她聊聊天，或者为她做一些按摩：用双手食指推揉其前额30次左右或用拇指推擦太阳穴。另外，还可以让她与其他准妈妈和有经验的妈妈多交流，学习一些经验，这样可以让她更自信，摆脱烦恼，从而保证睡眠，促进健康。

睡眠的作用。

◆ **没有食欲时最好吃些饼干：**夜间难以入睡，在某些孕妈妈身上多为饥饿难忍或妊娠呕吐造成的。若孕妈妈在呕吐厉害而没有食欲的时候，吃一些薄而脆的饼干，对止吐和充饥有很明显的效果，从而能够保证睡眠。

◆ **吃些面包或其他面食：**面包和某些面食中含有一定量的碳水化合物，可以有效地克服失眠症状。但是患有腿脚抽搐、胸闷胸痛、消化不良等症状的孕妈妈应忌食。

第173天

24W+5D（24周又5天）

## 孕妈妈要摄入足够的热量

如果孕妇妊娠期热能供应不足，就会动用母体内贮存的糖原和脂肪，人就会消瘦、精神不振、骨骼肌退化、脉搏缓慢、体温降低、抵抗力减弱等。准妈妈热量摄入过少，还可使胎儿出生体重过低。

### 孕期热能需要更多

孕妇在妊娠期间能量消耗要高于未妊娠时期。因此，孕妇对热能的需要会随着妊娠的延续而增加。所以，保证孕期热能供应极为重要。

### 重视碳水化合物类食品的摄入

妇女怀孕后代谢增加，各器官功能增强，为了加速血液循环，心肌收缩力增加，碳水化合物可作为心肌收缩时的应急能源。脑组织和红细胞也要靠碳水化合物分解产生的葡萄糖供应能量。因此，碳水化合物所供能量对维持妊娠期心脏和神经系统的正常功能、增强耐力及节省蛋白质消耗有非常重要的意义。因此，孕妇必须重视碳水化合物类食品的摄入。

准妈妈所需要的热能来自产热营养素，即蛋白质、脂肪和碳水化合物，如各种粮谷食品等。

第174天

24W+6D（24周又6天）

## 看看粗粮有多重要

孕妈妈的日常饮食，对于宝宝发育十分重要，那么这是不是意味着孕妈妈只能吃精制的细粮，而对于粗粮置之不理呢？这种观点是错误的。因为有些营养素更多是包含在粗粮里，此外粗粮还有意想不到的食疗作用，比如玉米、红薯、糙米，就是粮食中的上等佳品。

### 玉米

粗粮中的黄玉米含有丰富的不饱和脂肪酸、淀粉、粗蛋白、胡萝卜素、矿物质、镁等多种营养成分，它的每个部位都富含人体所需的营养成分。

比如玉米子，其中的黄玉米子，富含镁，能够舒张血管，加强肠壁蠕动，促进身体新陈代谢，加速体内废物排泄，它还富含谷氨酸，能促进脑细胞的新陈代谢，排除脑组织中的氨。

而红玉米子，则富含维生素$B_2$，如果经常食用，可以预防并且治疗舌炎、口腔溃疡等因缺乏核黄素而引发的病症。

### 红薯

红薯富含淀粉、钙铁等矿物质，而且其所含的氨基酸、维生素A、B族维生素、维生素C都要远远高于那些精制细粮。红薯还含有一种类似于雌性激素的物质。孕妈妈经常食用，能令皮肤白皙、娇嫩。

### 糙米

每100克糙米胚芽就含有3克蛋白质、1.2克脂肪、50毫克维生素A、1.8克维生素E以及含锌铁各20毫克、镁、磷各15毫克，这些营养素都是孕妈妈每天都要摄取的。

孕妈妈们一定要注意饮食的合理搭配，全面摄取营养，这样，你的宝宝才会长得更聪明、更漂亮，也更可爱。

第175天

25W（25周）

## 教你做孕中期夫妻运动操

妊娠7个多月，孕妈妈的身体越来越笨重了，运动变得越来越少，这对孕妈妈来说绝不是好事，适量的运动，对自身和胎宝宝都是非常重要的，尤其对分娩更有利。因此，准爸爸不妨陪着孕妈妈出去锻炼锻炼吧！

### 前后推手运动

**【操作步骤】**

1.准爸爸和孕妈妈面对面端坐，双方均右腿伸直、左腿弯曲，面对面而坐，双手掌心相对。

2.准爸爸用左手轻轻地将孕妈妈的右手向后推，一直推至孕妈妈胸前。

3.孕妈妈用右手轻轻地将准爸爸的左手推回至准爸爸的胸前，同时，准爸爸用右手轻轻推动孕妈妈的左手。如此反复操作即可。

**【操作要领】**推手掌的过程中要始终保持脊柱的挺拔，力度要稍轻，以免孕妈妈重心不稳摔倒。

**【操作频率】**每天进行1～2次此项运动，每次来回推掌半小时左右为宜。

**【操作功效】**推掌动作可以加速手掌的血液循环，使得手掌变得温热，从而起到按摩手掌穴位的功效，以达到调节内脏功能、刺激腺体、促进孕妈妈内分泌平衡的目的。

### 能量交流运动

**【操作步骤】**

1.准爸爸和孕妈妈面对面端坐，准爸爸将双腿伸直，并略微分开，孕妈妈将双腿放在准爸爸的双腿上，两手掌心相对。双方面带微笑凝视着对方的双眼，感受着两人能量正通过手掌和双眼进行传递和融合。

2.端坐一会儿后，孕妈妈可以躺在准爸爸怀里，好好地放松放松。

【操作要领】这种运动方式若能再配合上胎教，练习效果会更好。

【操作频率】可以在任何时候做，但要保证孕妈妈身体不会出现疲劳等不适。

【操作功效】通过这个练习，可以增进夫妻感情，更能够通过丈夫和妻子的热量交换，起到促进血液循环，改善机体功能，促进孕妈妈身心放松。

第176天

25W+1D（25周又1天）

## 手指操轻松消除脸部浮肿

爱美之心人皆有之，孕妈妈在妊娠第7个月，脸部会慢慢出现肿胀现象，心情难免会失落和难过，甚至连照镜子都不愿意。之所以出现这种问题多半是由于脸部血液循环受阻、新陈代谢失衡所致，孕妈妈们不用过于忧虑，教你几个简单的手指按摩操，即可帮你轻松解决苦恼。

### 双手大拇指按摩操

【操作步骤】孕妈妈用双手大拇指的指根部轻轻按住同侧的太阳穴，以局部酸痛为宜，持续5秒钟即可。

【操作要领】按压时，孕妈妈可以先向太阳穴的斜上方按压，然后朝外侧慢慢推移。

【操作功效】可以有效地消除双眸浮肿，并还孕妈妈一对迷人的大眼睛。

### 双拳敲打按摩操

【操作步骤】孕妈妈将两只手紧握成拳，轻轻放置在太阳穴处，然后从太阳穴一直敲打到脸颊，可反复来回敲打数次，注意敲打时力度适度。

【操作要领】双拳来回敲打时，孕妈妈一定要注意掌握好敲打的力度，不可太过用力，尤其是太阳穴，以免产生不适。

【操作功效】可以调整、美化孕妈妈的脸部线条，让其脸部线条更纤细、完美。

### 三指指尖按摩操

【操作步骤】孕妈妈用食指、无名指、中指的指尖，轻轻按摩整个脸部，重点按摩从嘴角到太阳穴的各个部位。

【操作要领】按摩时，可以采用轻轻揉按式，也可以采用划圈式，力度以自我感觉舒服为宜。

【操作功效】能够有效地改善浮肿的面部，舒缓肌肤，并放松心情。

25W+2D（25周又2天）

# 孕期尿频的对策

孕妈妈尿频现象具有普遍性，尤其在妊娠7个月以后，尿频症状会更严重和明显。这多半是因为孕妈妈在妊娠期，子宫变得越来越大，以致膀胱被子宫不断地压迫。为缓解尿频现象孕妈妈可做到以下几点。

## 避免食用有利尿作用的食物

有利尿作用的食物会增加排尿次数。孕妈妈想要缓解尿频症状，应尽量避免食用有利尿作用的食物，如咖啡、红茶、含酒精类食物。另外，含有矿物质的矿泉水也具有利尿作用，不适宜尿频的孕妈妈饮用。

## 晚餐后控制水分的摄入

摄入过量的水分，并不是孕妈妈尿频现象出现的原因，但是孕妈妈如果晚上因为喝水多而多次醒来上厕所，则会极大地影响睡眠质量、缩短睡眠时间，因此孕妈妈最好在晚餐过后，控制过多水分的摄入。这样多少能够减轻一点症状。

## 不要憋尿

很多时候，孕妈妈因为怕麻烦而过度忍耐尿意，这是错误的做法。忍耐尿意，很容易使细菌在膀胱中滋生，并破坏尿道自身清洁功能，进而引发炎症，损害身体健康。所以孕妈妈在日常生活中最好不要憋尿!

## 保持外阴清洁

由于白带增多而易引起外阴部不洁，细菌有可能感染膀胱和尿道，使孕妈妈患上膀胱炎或尿道炎，加重尿频。每次排便后，一定要注意由前向后擦拭。

第178天

25W+3D（25周又3天）

# 妊娠期糖尿病的防治

妊娠期糖尿病是指妊娠期发生或发现的糖尿病，其发生率为1% 5%。妊娠期复杂的代谢改变使糖尿病的控制更复杂化，患者的分娩期并发症和胎婴儿并发症的发生率也明显增高。

## 妊娠期糖尿病的预防

多数妊娠期糖尿病妇女，尽管血糖已经升高，但常无不适症状，因此多查血糖至关重要。应密切监测三餐后的血糖水平，必要时还要查一下睡前血糖的情况，一般每天至少查一次血糖，就诊时将记录结果带给医生。

## 妊娠期糖尿病的应对方法

◆ **饮食疗法：**饮食管理对糖尿病的控制至关重要。在控制总热量的原则下，营养要全面均衡，规律进餐，少量多餐，保证母婴需要，体重适当增长。总热量按每公斤理想体重每日38千卡计算。碳水化合物以粮食及豆类为主，应注意粗细粮搭配。水果不宜餐后立即食用，应于餐后3小时左右食用。每日食用量以200～400克为宜，并计算到总热量中。水果中的草莓、猕猴桃等可首选，香蕉、荔枝、龙眼和葡萄等含热量较高，故不宜多吃。食糖、蜂蜜、巧克力、甜点等双糖、单糖食物应避免。蛋白质、脂肪、矿物质、维生素等也应适量摄入。

◆ **运动疗法：**运动疗法不仅有益于母子健康，而且可控制糖尿病。因此，除去有糖尿病急性并发症、先兆流产、习惯性流产而需保胎者及有妊高征者，孕妇应到室外参加适当运动。运动宜在饭后1小时左右，持续时间不宜过长，一般20～30分钟较合适。运动项目应选择较舒缓不剧烈的，如散步、缓慢的游泳等。

◆ **胰岛素疗法：**如果经过饮食管理与运动疗法仍不能控制血糖时，应进行胰岛素治疗，既可有效控制血糖，又不通过胎盘，对母子来说都是安全的。在应用胰岛素时应注意，最好用人胰岛素，须知道所用胰岛素的类型、剂量和注射时间，并注意注射部位的轮换。掌握避免低血糖的方法和一旦发生如何处理的方法。继续控制饮食、适当运动，更加密切监测血糖并详细记录。

为了避免孕期糖尿病，产后42天产妇应复查75克葡萄糖耐量试验，每2～3年复查葡萄糖耐量试验。

**告诉准爸爸**

### 帮孕妈妈洗脚、剪脚指甲

孕妈妈的肚子大到看不见自己的脚，这就会使一些需要弯腰去做的事变得很难，比如洗脚和剪脚指甲。每天准备好热水，帮妻子舒舒服服泡个脚，再帮她擦干，定期修剪脚指甲，既解决了妻子的难题，又能让妻子倍感欣慰。

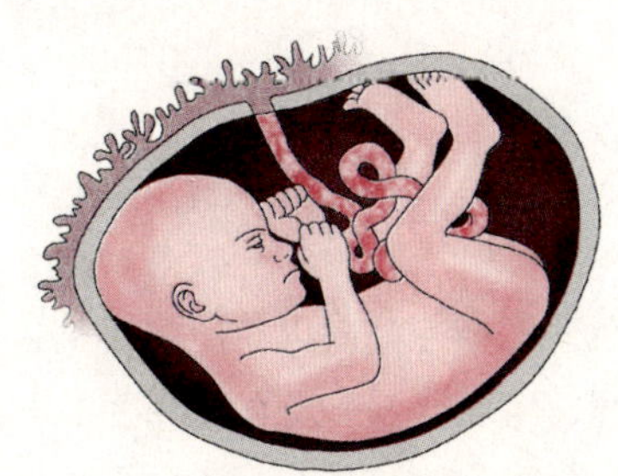

### 第26周

**本周宝宝** 妈咪，我出现呼吸动作的频率越来越明显了，现在我的大脑对触摸皮肤也有了反应，开始产生明显的听觉和视觉的脑波反应了。

**本周妈妈** 宝宝，由于增大的子宫的挤压，妈妈的肋骨从下往上弯曲，会产生疼痛感。子宫还会压迫胃，影响胃的消化功能。

第179天

25W+4D（25周又4天）

## 孕中期孕妈妈美丽计划

如果此时你发现雀斑、面疮等各种皮肤问题多了起来，也不必太着急，一般在产后会自行恢复，但精心保养也很重要，因为孕期照样需要光彩照人。

### 头发护理

应尽量简单地护理，使用温和型的洗发水，用按摩的形式洗头。不要用指甲抓头皮。只需用手指用力揉捏或轻拍整个头皮。

### 面部清洁

早晚使用性质柔和的洁面奶洗脸，避免接触刺激性强的香皂或各种药用化妆品。

### 美白保湿

皮肤干燥时，应该保证充足的睡眠，以增强肌肤活力。注意肌肤的补水，自己动手做面膜。

### 蜂蜜牛奶面膜

蜂蜜含有丰富的维生素，具有保湿效果和皮肤再生功能，可让干燥的皮肤变的湿润而富有弹性。

**做法** 将蜂蜜、面粉各1小勺、牛奶2小勺混合在一起调匀，涂抹在脸部，大约10分钟后用温水洗净。

### 猕猴桃面膜

猕猴桃中含有丰富的糖分、矿物质、维生素C，具有很好的美白和保湿效果。

**做法** 将猕猴桃的果皮剥掉，把果肉捣烂，加入海藻粉或褐藻酸，调稠。将其涂抹在面部，大约10分钟后用清水洗净。

### 苹果面膜

苹果含有丰富的糖分、蛋白质、矿物质、维生素C等多种营养成分，有助于血液循环，它没有任何副作用，可以放心使用。经常坚持使用，可以使黯淡的皮肤变得透明和富有光泽。

**做法** 将苹果磨碎后掺入面粉调匀，涂抹在脸部，20分钟后用温水洗净。

第180天

25W+5D（25周又5天）

## 孕妈妈流鼻血不要怕

孕妈妈流鼻血是较常见的一种现象，在怀孕的早期、中期、晚期都可能会出现，尤其是在怀孕的中晚期会更严重，所以不必太着急。

### 是何原因导致流鼻血

女性怀孕以后体内会分泌出大量的孕激素使得血管扩张充血，同时，血容量比非孕期增高，而人的鼻腔黏膜血管比较丰富，血管壁比较薄，所以容易破裂引起出血。尤其是当经过一个晚上的睡眠，起床后，体位发生变化或擤鼻涕时，就更容易引起流鼻血。

此外，鼻息肉、血液病、凝血功能障碍、急性呼吸道感染等疾病，也会导致流鼻血的现象经常发生。

## 如何预防

注意调整饮食结构，少吃辛辣的食物，多吃含有维生素C、维生素E的食品，比如：绿叶类蔬菜、黄瓜、西红柿、苦瓜等，苹果、芒果、桃子等水果，以及豆类、蛋类、乳制品等食物，以巩固血管壁，增强血管的弹性，防止破裂出血的情况发生。

少做比如擤鼻涕、挖鼻孔等动作，避免因损伤鼻黏膜血管而出血。

每天用手轻轻地按摩鼻部和脸部的皮肤1～2次，促进局部的血液循环与营养的供应，尤其是在冬天。

## 流鼻血的处理

随身携带一些纸巾备用。若有发生流鼻血，请不要紧张，可走到阴凉处坐下或躺下，抬头，用手指部捏住鼻子，然后将蘸冷水的药棉或纸巾塞入鼻孔内。

如果不能在短时间内止住流血，则可以在额头上敷上冷毛巾，并用手轻轻地拍额头，从而减缓血流的速度。

# 第181天 25W+6D（25周又6天）手脚冰凉有“暖招”

怀孕后，孕妈妈的血流量会增加，体温也会升高，但仍有部分孕妈妈可能会出现手脚冰凉的现象。如果置之不理，可能会影响到胎儿的发育，造成胎儿器官成熟度不足。为了从根本上调理手脚冰凉的现象，有如下“暖招”可供参考。

## 补充铁质以增加造血量

供血量不足是造成手脚冰冷的重要原因，而铁质有助于造血，特别对孕妈妈来说，适量补充铁质也就更为重要。

铁主要存在于畜禽的肝脏、瘦肉和海鲜类食物中，所以增加动物性食品的摄入量，既可增加血色素铁的供给，而且铁不受植物性食物中植酸和草酸的影响。

## 促进血液循环

随着胎儿渐渐地成长，子宫开始压迫到骨盆腔的静脉，容易造成血液回流受阻，导致血液积存在下肢，间接影响四肢末梢神经的血液循环，从而引发手脚冰凉。因此，孕妈妈晚上睡觉或休息时应在腿部放个小枕头，将腿部垫高；也可适时按摩或热敷下肢。这些做法都有助于让血液循环畅通，防止手脚冰凉。

## 从平时的保养做起

由于女性每个月都会流失经血，多多少少会有贫血的现象，因此，女性应该在孕前就做好保养，这才是根本的养生保健之道。孕妈妈在妊娠前的日常生活中应注意营养均衡搭配，多参加户外运动，做好保暖工作，即可促进血液循环，达到缓解手脚冰冷的效果。

第182天

26W（26周）

## 不要再打麻将了

玩麻将，本是一种娱乐，但不少人打麻将通宵达旦，废寝忘食。如此玩法，无疑有损健康。若玩者是孕妇，那危害就更大了。它不仅危害到孕妈妈的身体健康，还会影响胎儿的生长发育。

### 麻将上致病微生物多

一副麻将，你打出去，我抓进来，经年累月，上面沾染着多种致病微生物。一旦孕妇由此患上传染性疾病，则可能殃及胎儿。如果是妊娠前3个月患病期间用药，胎儿患先天性疾病的可能性会大大增加。

### 情绪状态直接影响宝宝

优生学家十分强调孕妇保持心情舒畅、精神安定的重要作用。早在一千多年以前，古人就有孕妇“欲令子贤良盛德”则应“清虚端心，听美言，见好事”的说法。而打麻将时，孕妇往往处于大喜大悲、患得患失、惊恐无常的不良心境中，加之语言粗暴、争论激烈，自主神经高度紧张，母体内的激素分泌异常。这些恶劣刺激对胎儿大脑发育造成的损害，会远远超过对母体本身的损害。

### 卫生条件对宝宝不利

打麻将的场面，多是烟雾弥漫、酒气扑鼻。即使孕妇本人不吸烟，被动的吸入量也足以造成对母体和胎儿的严重危害，而且干燥的烟雾刺激呼吸道，会增加孕妇患呼吸道疾病及孕期合并症的危险。胎儿也会因供养不足而发育不良。

### 长时间地固定于一种姿势

打麻将时，长时间处于坐位，胃肠蠕动减弱，胃酸反流增加，会刺激黏膜，引起便秘、厌食、呕吐、咽喉与上腹部烧灼感。同时腹部的压迫会使盆腔静脉血液回流受阻，肛门周围静脉丛充血，引发痔疮、下肢静脉曲张和下肢严重水肿，甚至小腿抽筋。由于孕妇的血液处于高凝状态，久坐有引起下肢血栓形成的危险。

第183天

26W+1D（26周又1天）

## 吹响“抗痘”的号角

妊娠后的孕妈妈，因为胎盘和卵巢中的雌性激素和黄体酮的大量分泌，导致脸部出油量增加，痘痘就会长出来。这是妊娠期特有的反应，随着妊娠结束痘痘也会自然消失。孕妈妈无需过于担心和失落，其实，如果孕妈妈想要消除痘痘，最好的方法就是从日常生活的细微处做起。

### 深层洁面，慎用化妆品

早晚洗脸要仔细，最好先用清洁霜涂抹一遍脸部，待用化妆棉擦净后，再用弱酸性洗面奶深层洗脸，一般要反复地搓洗，直到产生大量泡沫为宜。

另外，洗脸时应该冷热水先后交替使用，以帮助毛孔收缩，促进排毒。使用化妆品时，还要避免使用一些酒精含量偏高的刺激性化妆品，应该选用孕妇专用的祛痘产品，以免痘痘迅速生长。

### 保证睡眠，放松心情

心情和睡眠在一定程度上是相互联系的，充足的睡眠会使心情变好，轻松的心情也会提高睡眠质量。孕妈妈如果在妊娠期睡不好，很容易增加生活压力，从而使得痘痘疯狂地生长。因此，孕妈妈一天至少要保持8个小时的睡眠时间，同时及时调节心情，这不仅有利于告别问题皮肤，还有助于促进胎宝宝的发育和成长。

### 适量摄取糖和脂肪

孕妈妈在妊娠期摄取糖分和脂肪不宜过多，不是为了减肥或保持身材，而是为了抑制痘痘的生长。如果孕妈妈的痘痘长得比较多，就应该格外注意糖分和脂肪的摄取量，可以多吃新鲜的绿色蔬菜和水果。

第184天

26W+2D（26周又2天）

## 孕妈妈慎用抗生素

妊娠期难免会生病，这样就得用药，服用抗生素虽然会对胎儿不利，但也不能完全拒绝，因为生病也不能硬扛，而有些抗生素药也是可以服用的。

### 别盲目拒绝

如果孕妈妈得了某种感染性疾病，却拒绝服用抗生素，这样的话，胎宝宝受到的伤害远比药物带来的不良反应要严重得多。早产儿中约有一半是因母亲感染引起的。孕妇泌尿系统细菌性感染就可能引起早产。因此，不能怕药物副作用拒绝服药。

### 安全的抗生素

◆ 青霉素类（如青霉素、氨苄西林、阿莫西林、氧哌嗪青霉素、美洛西林等）及头孢菌素类（如头孢氨苄、头孢唑啉、头孢拉定等）抗生素对胎宝宝是安全的。这两类药物都能抑制细菌细胞壁合成而起到杀菌作用，可安全用于妊娠各期感染患者。

◆ 大环内酯类（如红霉素、白霉素、林可霉素、严迪、罗红霉素等）毒性小，也可用于孕妈妈。

### 告诉准爸爸

#### 细心主动地伸出援手

有些孕妇装，特别是有些孕妇裙在背后有个拉链，很不方便。而且孕妈妈行动越来越笨拙，想要自己拉好拉链可不是件容易的事，就跟系鞋带一样，具有很大的难度。每逢这种时候，准爸爸要细心留意，主动上前帮妻子的忙，这样，她一定会心情大悦。

记住：关键是主动，千万别总是等着老婆大人叫才想到该去做。

### 对母婴有害的抗生素

◆ 氨基苷类抗生素（如庆大霉素、卡那霉素、丁胺卡那霉素、妥布霉素等）对胎宝宝听力及肾脏有损害。

◆ 四环素类抗生素（如四环素、土霉素、强力霉素、甲烯土霉素等）孕早期可致胎宝宝畸形，四肢发育不良及小肢畸形，孕中期可致牙蕾发育不良，从而使乳牙呈棕黄色及牙釉质发育不良，恒牙发育也受影响，易造成龋齿，孕后期可引起肝、肾损害。

◆ 喹诺酮类（如吡哌酸、氟哌酸、氟啶酸、氟哌酸等）在动物实验中可引起幼崽儿关节发育受损，应用时须谨慎。

◆ 磺胺类（磺胺甲基异恶唑等）导致新生儿黄疸。

◆ 甲硝唑类动物实验有致畸作用，尤其是妊娠1～3个月禁用。

## 第185天 26W+3D（26周又3天）换个枕头，留住健康

### 好枕头的三个基本要素

◆ **支撑颈部的基本造型：**凹槽设计，中间比周围要低，除可以适度的支撑头部外，还可以温和的支撑颈部。

◆ **合适的高度：**枕头高度合适更利于颈部的血液循环，为大脑提供足够的氧气，睡醒后大脑更清醒，精神更饱满。

◆ **良好的填充材料：**填充材质决定着枕头的软硬度和功效。目前倾向选择天然材质比较流行，木棉、香蒲绒、荞麦壳、棉、花朵等，也可以添加好的天然理疗材料来增加枕头的功效，如蚕砂、决明子、中国香、薰衣草、黄荆子、罗布麻、女贞子、银杏叶等等。

### 这样的枕头要换掉

◆ 早上起床，发现枕头深深地凹陷，久久都不能恢复原状，或者需要拍打几下才能恢

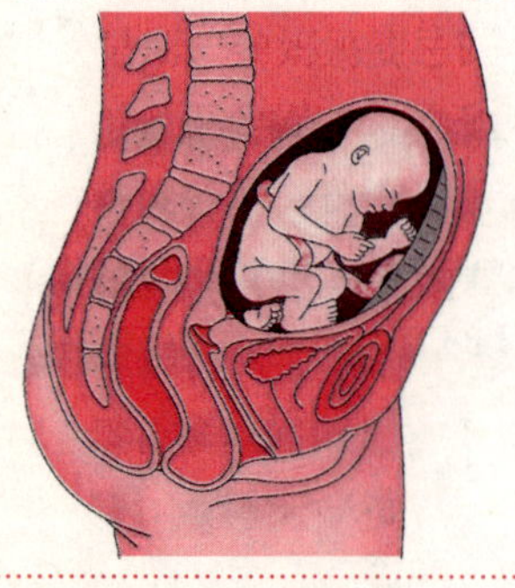

**第27周**

**本周宝宝** 妈咪，我的大脑此时正在快速地发育，我的眼皮可以打开了，视网膜也在形成中。如果我是女孩，已经可以看到突起的小阴唇了。

**本周妈妈** 要是男孩呢？已经可以看到小东西了吧。知道吗，妈妈腹部隆起更明显了，现在我能听到你强烈的心跳了。最近妈妈还担心血压会略有上升。

复弹性，这便是提示孕妈妈该更换枕头了。

◆ 如果不是其他病症引起的颈部酸麻胀痛，则很可能就是枕头的缘故，孕妈妈应及时更换一个新的枕头。

◆ 枕头明显地散发出一阵阵受潮的异味，且确认是枕芯散发出来的，就要及时更换枕头了。

### 枕头的使用寿命

很多人觉得买一个质量好的枕头可以使用十几年，甚至一辈子，这其实是错误的想法。无论枕头的质量有多好，一个枕头的寿命不会超过3年，因此枕头应该及时地更换，而不要等到细菌滋生已引起某些病症的时候才开始后悔。

## 第186天 26W+4D（26周又4天）抵御头晕眼花的妙招

怀孕后，头晕、眼花是孕妈妈常见的症状之一。轻微的症状可能会出现眩晕眼花、步履不稳，严重的会出现突然站立或行走时出现眼前发黑、视物不清，甚至晕厥。

### 头晕的原因多种多样

◆ 没有食欲，进食少，使血糖偏低，从而导致头晕。

◆ 孕妈妈仰躺时，增大的子宫会压迫下腔静脉，导致心脑供血减少而引起头晕。

◆ 孕妈妈长久站立，导致血液大部分淤积在骨盆和下肢，导致回流心脏的血液减少，影响脑部的血液供应，由此发生头晕。

◆ 有时头晕是由于血容量增加血液红细胞被稀释而导致的生理性贫血所引起的。

### 居家自助缓解法

◆ 孕妈妈应尽量避免长时间站立或猛然变换姿势。

◆ 头晕时，应尽快找个地方坐下，头部垂放在两膝盖之间，让血液能回流至头部。

◆ 平时坐着或者躺着时，应注意抬高双腿，可放在桌上或其他较高的位置上，以促进血液回流。

◆ 怀孕易导致低血糖现象，因而孕妈妈最好随身携带些糖果或巧克力，以随时补充。

◆ 如果是贫血所致的眩晕，孕妈妈平时应摄入含铁丰富的食物，如动物血液、猪肝瘦肉，芦笋等。

#### 小提示

此时的孕妈妈可适度地进行体育活动或锻炼，游泳、散步、跳慢舞等，都是可行的运动项目。做运动一定要根据自己的情况来进行，并且运动前一定要先做热身活动。

不要做爬山、登高、蹦跳之类的危险或激烈的运动，以免发生意外。

187

26W+5D（26周又5天）

# 皮肤瘙痒不可轻视

皮肤瘙痒很常见，很多孕妈妈以为皮肤瘙痒不是什么大问题，其实不然，有些瘙痒会给母儿造成很大伤害。一旦出现皮肤瘙痒，务必及时就医，做出诊断，切不可强忍着，否则会引起严重后果。

大体上分为两大类，一类是对胎儿危害较小，主要是由皮肤干燥、长妊娠纹、妊娠痒疹引起的；另一类对胎儿危害较大，主要是由妊娠期肝内胆汁淤积症引起的。

## 对胎儿危害较小的皮肤瘙痒

1.常见原因

因皮肤干燥而出现瘙痒；因妊娠纹而感觉皮肤瘙痒；因妊娠痒疹感到皮肤瘙痒。所谓妊娠痒疹，是妊娠后由于激素、生理变化以及过敏等原因，在腹部、四肢及躯干出现的凸起于表皮的小红丘疹或斑丘疹。

2.治疗方法

外用药物：瘙痒严重的可用一些外用止痒液，常用的有甘油洗剂、炉甘石洗剂等。

口服药物：孕晚期还可用抗组胺类药物，扑尔敏、苯海拉明等口服药对胎儿也是安全的。也可口服或静脉注射葡萄糖酸钙。

3.生活注意事项

精神上，避免焦躁不安，好心情利于疾病的恢复。饮食上，孕妈妈要少吃辛辣刺激食物，若对鱼虾类过敏，要避免食用。穿着方面，尽量穿宽松的衣服，棉质吸汗材质的最好，还要勤换内衣、内裤。沐浴时，不要因为皮肤瘙痒而过勤地洗澡，洗澡时的水温也不能太热。若是肌肤比较干燥，建议以温和的弱酸性洁肤品沐浴。沐浴后涂抹滋润的护肤品或橄榄油，但不要用力搔抓，以免损伤皮肤，造成皮肤感染。

## 对胎儿危害大的皮肤瘙痒

孕期皮肤瘙痒的原因中最严重是妊娠期肝内胆汁淤积症(ICP)，这是一种严重的妊娠并发症，以皮肤瘙痒和胆汁酸增高为特征，主要危及胎儿安全，发病率为0.8%~12%。目前病因不明，可能与雌激素、遗传及环境等因素有关。

1.妊娠期肝内胆汁淤积症的高危因素

孕妇年龄超过35岁；有慢性肝胆疾病；家族中有妊娠期肝内胆汁淤积症者；前次妊娠有妊娠期肝内胆汁淤积症史；多胎妊娠。

2.妊娠期肝内胆汁淤积症的危害

危害极大，可导致早产、胎儿宫内窘迫、胎儿生长受限，严重的出现不能预测的胎儿突然死亡；新生儿可能发生颅内出血及新生儿神经系统后遗症等；同时可导致孕妇凝血功能异常，增加产后出血的概率，孕妇也可能发生糖、脂代谢的异常，故应十分重视，及时诊治。

3.治疗

药物治疗：可用消胆胺等，降低血清中胆汁酸的浓度，减轻胆汁酸的淤积，改善肝功能并促进胎儿肺发育成熟，减轻症状。

观察胎动：治疗中密切监测各项化验指标及胎儿情况，孕妈妈要自己认真观察胎动，每天早、中、晚各数一小时胎动，警惕胎儿宫内缺氧。

加强监测：加强胎心监测及B超检查，关注胎儿宫内缺氧、羊水过少等异常。

第188天

26W+6D（26周又6天）

## 如何应对痔疮带来的痛苦

痔疮确是影响健康的一种常见病，特别是妊娠期的妇女，痔疮患者更为多见。孕妇如果患了痔疮，要及时治疗，切莫拖延造成更大的痛苦及严重的后果。治疗痔疮的简便有效的方法是采取食疗法。

### 多吃些高纤维的食物

各种根茎类蔬菜、水果和糙米饭等。这些食物中的纤维素能作为粪便扩充剂，在大肠内吸收水分而膨胀，增加了大便的重量和体积，且能软化大便，刺激肠壁蠕动，增强便意。加速了粪便在肠道的运转，使排便容易、迅速，避免了便秘，减少直肠末端血管受到腹部的压迫。

### 多食些含维生素E的食物

如谷类、植物油、蛋黄、动物肝脏、贝类等水产品以及蔬菜水果等。据报道，维生素E可促进人体末梢血管血流的功效。有人在饮食中加入多量维生素E治疗痔疮，取得了满意的效果。养成良好的饮食习惯，如不暴饮暴食，对治疗痔疮也很有好处，因为过量饮食易引起胃肠功能紊乱，影响直肠肛门静脉的血液回流，不利于痔疮的好转。

### 忌食刺激性食物

辣椒、蒜、葱、姜、酒、胡椒等刺激性食物能刺激直肠肛门部位的血管再度充血和扩张，加剧或诱发痔疮。

### 小运动大收获

妇女在妊娠期，特别是妊娠后期，还应避免久坐久立，适当做些户外活动，每日早晚作两次提肛运动，每次30～40次，对预防和治疗痔疮都有帮助，还应注意肛门卫生，不要用不干净的纸或硬纸擦肛门，便后用温水洗肛门，养成定时排便的习惯，会使孕妇受益匪浅。

第189天

27W（27周）

## 职场妈妈上班安全法则

带着腹中的宝宝去上班，这时，你碰到了第一件事情，就是如何保证上下班一路平安。

### 可以选用的交通工具

步行　若孕妈妈的住处离单位不远，那真是太幸运了，毫无疑问首选步行上班喽。你知道吗，这不仅能让准妈妈呼吸到新鲜的空气，而且还能预防静脉曲张和痔疮的发生，并且有利于顺利分娩。当然，每次步行时间不宜过长，步速不能太快。

自行车　孕中期是孕妈妈最适宜骑自行

车上班的时间段，因为此时胎盘发育已基本完全，不易引发流产。而孕早期、孕晚期都不宜骑自行车。

公交车、地铁　由于既经济又便利，许多孕妈妈都会选择这两种交通工具，那么需要注意些什么呢？首先最好能避开上下班乘车高峰期，以免人流拥挤，腹部受到挤压撞击；其次车上人多时，应主动向别人要座位，以免紧急刹车时失去平衡而摔倒；最后车到站下车时，要等车完全停稳后再下车。

私家车　自己开车上班的准妈妈，一要注意系好安全带，以免发生意外；二要注意驾驶姿势，不能过于前倾，以免腹部受到压迫，容易引发流产或早产。

## 避开上班高峰时段

孕妈妈上班时不妨早起，既可避开拥堵交通，又可不迟到，还能呼吸到新鲜空气，是一举几得的好事。如果觉得早起比较疲惫，不如向单位说明情况，采用晚上班晚下班的方式，在不影响工作的同时做到上班安全。

## 寻求顺风车

孕妈妈也可以在网上发帖子，征求住在自己家旁边的、目的地基本一致、热心的有车族，搭他的顺风车。他友情让你搭车，你友情赞助油钱，互惠互利，大家都开心。

第190天

27W+1D（27周又1天）

# 早产迹象早发现

孕妈妈如果在怀孕第28　37周之间分娩，即为早产。通常情况下，早产儿的体重均不足2500克，四肢肌肉显得既软弱又无力，身体发育不成熟，且各个脏腑器官的功能发展也不完善。因此，孕妈妈要谨防早产的发生。

## 什么样的孕妈妈容易早产

- 年龄偏小或偏大的孕妈妈，如小于18周岁或35周岁以上的孕妈妈。
- 身形偏瘦或矮小的孕妈妈，如身高不足150厘米的孕妈妈、体重不足45千克的孕妈妈。
- 有不良嗜好的孕妈妈，比如长期吸烟、酗酒或熬夜等。
- 曾有过流产史病史或早产史的孕妈妈，以及患有某种病症的孕妈妈，如妊高征、胎盘前置、心脏病、阑尾炎、肾炎等。
- 怀有双胞胎的孕妈妈。
- 胎位不正或羊水过多的孕妈妈等。

## 早产迹象有哪些

- **腹部阵痛。**孕妈妈没有到达预产期，腹部开始疼痛，且难以忍受。
- **阴道出血。**伴随着腹部阵痛，阴道会发生出血的迹象。一般情况下，孕妈妈感到腹部阵痛加重，阴道出血量也会增多，胎儿的生命危险也就随之加大，反之亦然。

◆ **胎盘破水**。孕妈妈感到阴道好像有水流出，或多或少，且持续不断。

## 孕妈妈如何预防早产

◆ 孕妈妈在妊娠期要控制盐分的摄取。

◆ 多吃鱼，但要避免食用含汞过量的鱼类。

◆ 纠正不良的生活习惯，养成按时起居的生活规律。

◆ 避免剧烈运动，尤其要节制性生活。

◆ 孕妈妈的身体日益沉重，不论去哪里，甚至在家里都应该时刻注意自己和胎宝宝的安全。

◆ 避免使用震动较大的按摩仪器或乘坐震动较大的交通工具。

◆ 怀双胞胎的孕妈妈，一旦发现自身存在某种可能引发早产的病症，要及时治疗。

第191天

27W+2D（27周又2天）

# 肥胖孕妈妈应控制体重

在传统观念的影响下，大家总觉得孕妈妈就是要胖，这样孩子才能获取充足的营养，而实际上，肥胖会给孕妈妈造成许多隐患。

## 孕期肥胖不利多

孕妈妈过于肥胖可导致分娩巨大胎宝宝，并造成妊娠糖尿病、妊娠高血压综合征、剖宫产、产后出血等并发症增多。因此，孕妈妈在怀孕期间要控制饮食、均衡营养，少食多餐，不可暴食，注意防止肥胖。已经肥胖的孕妈妈，不能通过药物来减肥，可在医生的指导下，通过调节饮食来减轻肥胖。

## 肥胖孕妈妈的饮食调节

肥胖孕妈妈既要控制热量摄入，又要保证营养均衡。要注意饮食有规律，按时进餐，在睡觉前3个小时内尽量不吃东西。可选择热量比较低的水果做零食，不要选择饼干、糖果、油炸土豆片等热量比较高的食物做零食。

避免吃油炸、煎、熏的食物，多吃蒸、炖、烩、烧的食物，少食面制品、甜食、淀

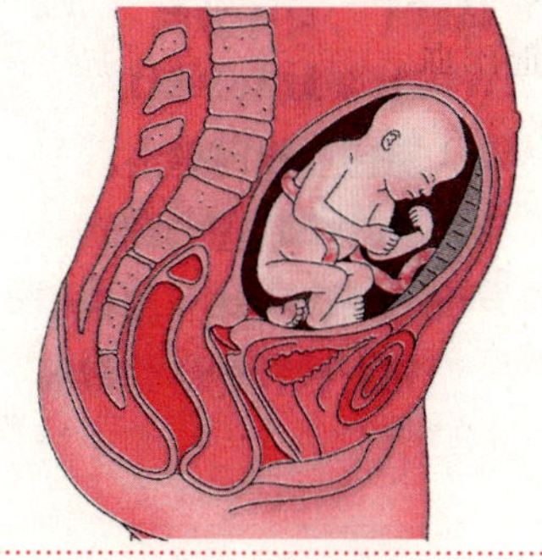

### 第28周

**本周宝宝** 妈咪，我的眼睛既能睁开也能闭上，而且我有了自己的睡眠周期，我还会把大拇指或其他手指放到嘴里吸吮。

**本周妈妈** 宝宝你真棒，我的子宫增长大了不少，向上升至胸廓的底部，使胸廓下部的肋骨向外扩张，我会感到有些不舒服。

粉高的食物。主食和脂肪进食量减少后，往往饥饿感较严重，可多吃一些蔬菜水果，注意要选择含糖分少的水果，既缓解饥饿感，又可增加维生素和有机物的摄入。

### 配合适当运动

休息时间不宜过长，做到早起床，餐后室外活动20分钟以上，并进行一些力所能及的体力活动。

第192天

27W+3D（27周又3天）

## “吃”出宝宝明亮的眼睛

孕妇的饮食与孩子视力发展有密切的关系。为了您腹中的宝宝有一双明亮健康的眼睛，要鼓励自己，多吃对孩子眼睛发育有益的食品。

### 眼睛保护神——山桑子

山桑子被称为眼睛的保护神。山桑子能够加速视紫质再生的能力，以促进视觉敏锐度，山桑子中的花青素成分，能有效抑制破坏眼部细胞的酵素。除了山桑子之外，也可多吃其他富含花青素的食物如红、紫、紫红、蓝色等颜色的蔬菜、水果或浆果，例如：红甜菜、红番茄、茄子、黑樱桃皮、巨峰黑葡萄、加州李、油桃。最重要的是吃下深色的部分。因此，不要把深色的部分去掉。

### 多吃鱼类

女性怀孕时应多吃优质鱼类，如沙丁鱼和鲭鱼，孩子就有可能比较快达到成年人程度的视觉深度。这是由于，优质鱼类富含一种构成神经膜的要素——DHA，能帮助胎儿视力健全发展。第7～9个月到出生前后的胎儿如果严重缺乏DHA，会出现视神经炎，视力模糊，甚至失明。但不建议孕妇吃鱼类罐头食品，最好购买鲜鱼自己烹饪。孕妇每个星期至少吃1次鱼。

### 富含维生素$B_1$的食物

维生素$B_1$和维生素$B_2$是视觉神经的营养来源之一。如果维生素$B_1$不足，眼睛容易疲劳。如果维生素$B_2$不足，容易引起角膜炎。

另外，孕妈妈不要吃过于精细和过分淘洗的大米，粮谷类是维生素$B_1$的主要来源，但因维生素$B_1$多存在于麸皮及胚芽中，如米面碾磨会可造成维生素$B_1$的大量损失。

### 告诉准爸爸

**你在给孩子放音乐吗**

准爸爸应至少选择一首曲子，经常把耳机放在妻子的肚子上，放给腹中的胎宝宝听。这样孩子出生后，这支曲子就会起到安抚的作用——表明该停下别哭了（有时会奏效）。

第193天

27W+4D（27周又4天）

## 拍个靓丽的写真

孕期是每个女人最“美丽”的时候，孕期十月，你都可以留下孕影，但适合拍专业写真的时间要到6个月以后，此时肚形与孕味才充分显现。在最后的两三个月里，孕妈妈都应该去专业的孕妇馆拍摄。

### 记录你最美丽的瞬间

孕中期，孕妈妈的腹部开始凸显出美丽的曲线，行动也比较方便，因此，此时是拍写真最好的时间。孕妈妈们，赶快趁着这个珍贵和难得的时刻，和准爸爸一起带着腹中的宝宝拍个写真吧，留下这珍贵和难得的瞬间，它将成为你们永恒的记忆。

### 写真照的类型

通常的写真照包括个人写真与夫妻写真两部分内容，个人写真只单独拍摄孕妈妈；夫妻写真就要求准爸爸们来做陪衬了，共同记录两人迎接小生命即将到来的幸福与甜蜜。

### 拍写真照注意事项

孕妈妈们注意在拍摄前一定要休息好，最好选择就近的照相馆进行拍摄，避免路途遥远而产生疲劳。拍摄前，孕妈妈不必自己化浓妆，如果为了照相效果更佳，可以让照相馆专业的化妆师化淡妆就好了。出于拍摄的良好效果，专业的照相馆通常都会为孕妈妈们准备漂亮舒适的孕妇装。孕妈妈们可以根据自己的喜好和需要进行挑选，切记不可选择过于紧绷的衣服，以免对胎儿不利。孕妈妈们，要拍照了，绽放你脸上自豪而灿烂的笑容吧，这一刻将为你的人生增添更加绚丽的色彩。

第194天

27W+5D（27周又5天）

## 音乐的作用如此美妙

音乐的曲调、节奏、旋律、响度不同，孕妈妈对所产生的情感和理性共鸣也不同，下面介绍一些对人体具有不同效果的音乐：

### 催眠

如二胡曲《二泉映月》，古筝曲《渔舟唱晚》，德国浪漫派作曲家门德尔松的《仲夏夜之梦》等。这类作品具有轻盈灵巧的旋律，美妙活泼的情绪，同时还具有安详柔和的情调。

### 镇静

如民族管弦乐曲《春江花月夜》，琴曲《平沙落雁》等。这类作品优美细致。音乐柔和平缓，带有诗情画意。

### 舒心

如《江南好》、《春风得意》等。

### 解除忧郁

如《喜洋洋》、《春天来了》，奥地利作曲家约翰·施特劳斯的《春之声圆舞曲》等。这类作品使人联想到春天，仿佛看到：在春天里，我们穿着美丽的衣裳，欢聚在一起，曲调优美酣畅、起伏跳跃，旋律轻盈而优雅。

### 消除疲劳

如《假日的海滩》、《锦上添花》、《矫健的步伐》，奥地利作曲家海顿的乐曲《水上音乐》等。这类作品清丽柔美，抒情明确。

### 振奋精神

如《娱乐升平》、《步步高》、《狂欢》、《金蛇狂舞》等。这类作品曲调激昂，旋律变动较快，引人向上。

### 促进食欲

如《花好月圆》、《欢乐舞曲》等。

## 第195天 27W+6D（27周又6天）音乐胎教——音乐伴宝宝成长

孕26周，胎儿的听觉器官发育基本成熟，优美的音乐对胎儿的大脑能产生良性的刺激，是开始音乐胎教的好时候。

### 孕中期音乐胎教方法

孕妇听的音乐，主要是舒缓轻柔或欢快相间的音乐，如一些潺潺流水声、虫鸣鸟啼声，伴随孕妇丰富的联想，心情会无比愉快与放松，有利于胎儿的发育。应避免听摇滚乐等节奏较强的音乐。音乐声音不宜过大，应选择在胎动较多时听音乐，每次不宜超过20分钟。

音乐胎教可以从以下3方面进行。

**（1）选择孕妇喜爱的音乐**

①优美的音乐能使孕妇分泌更多的乙酰胆碱等物质，改善子宫的血流量，从而促进胎儿的生长发育，而且还能使胎儿在子宫内安稳平静。

②音乐的节律性振动对胎儿的脑发育也是一种良好的刺激，这将促使胎儿大脑发育。

**（2）父母唱歌给胎儿听**

父母的歌声对胎儿是一种良好的刺激，能促使胎儿大脑健康发育，也是父母与胎儿建立最初感情的最佳通道。

**（3）胎教传声器**

胎教传声器要求无磁，音乐频率范围在500～1500Hz。选择噪音小、配器简单的音乐，白天听轻松欢快的乐曲，使胎儿处于兴奋状态，晚上听柔美小夜曲，使胎儿进入睡眠状态。

## 胎教选曲

怀孕中期除了可继续听孕早期听的乐曲外，还可再增添些乐曲，如柴可夫斯基的《B小调第一钢琴协奏曲》及《喜洋洋》、《春天来了》等乐曲。尤其是柴可夫斯基的《B小调第一钢琴协奏曲》，以新颖明晰的素材，表达了对光明的向往和对生活的热爱，曲调中充满了青春与温暖的气息。反复倾听那些小提琴与钢琴的合奏、有力的和弦、钢琴的伴奏，就觉得这支乐曲既好像是波涛起伏的大海，又像是和煦扑面的春风，真正感受到生活的美好。腹内的胎儿接受了孕妈妈美好的心理信息以后，也会与孕妈妈产生同感。

第196天

28W（28周）

# 想象胎教——想象宝宝的样子

想象胎教也是胎教的一种重要形式，想象胎教就是想象美好的事物，使孕妇自身处于一种美好的意境中，再把这种美好的情绪和体验暗示和传递给胎宝宝。让腹中的宝宝也能分享孕妈妈的好心情。

## 想象胎教怎么做

◆ 从受孕开始，夫妻就可以共同讨论，为将出生的孩子作形象设计：取各人相貌中最理想而具有特点的部位，如丈夫宽阔的额头、俊俏的剑眉，妻子善于传情的大眼睛、高高的鼻梁、轮廓分明的嘴唇等加以组合，想象成您未来小宝宝可爱的形象。或者可以从画报、挂历、图片中找出一张你最喜欢的幼儿画像，挂在卧室里，经常看看。

一旦将设计的婴儿形象确定下来了，你就要反复使这一形象具体清晰，并在心中不断地呼唤。由于意念的作用，久而久之胎宝宝就可能会按照母亲的意愿生长发育，相貌也会长得越来越漂亮。

◆ 在孕期可以想象胎宝宝在羊水中安详地睡眠，一副逗人喜爱的样子。当察觉到胎动时，就可以想象胎宝宝欢快地从睡眠中醒来，伸脚动手打哈欠、伸懒腰那活泼可爱的样子。

◆ 孕妇还要经常想象美好的事物，如名画、风景、优美音乐和文学作品、影视中美好的镜头，以及出外旅游与家人一道去公园散步，或与邻居和自家的小朋友一起嬉戏的幸福时刻。通过想象使自己常处于一种愉快的心境中。

## 想象胎教的注意事项

◆ 孕妇应该保持心情愉快，情绪乐观，避免不良情绪的发生和影响。即使遇到不愉快的事也不要生闷气，这对孕妇自身健康、特别是胎宝宝的健康发育是很有必要的。

◆ 为了孩子，为了下一代的聪明、活泼和可爱，即将做妈妈的你应该克服自己的懒惰习惯，争取每日早些起床，然后去欣赏大自然美景，在大自然中陶冶母子的性情，使腹中的小宝宝受到美的熏陶。

# 第8个月
# 等待，让人忐忑不安

## 第197天 28W+1D（28周又1天）

## 本月专家指导

踏入怀孕的第8个月，这时你会感到很疲劳，身体越来越笨重，行动又更加不便，食欲因胃部不适也有所下降，但体重这个月增长得很快，每周增加500克也是很正常的。这时应更加注意安全保健，避免早产，每2周做一次产检，减少外出和运动。

“妊娠纹”明显多了，一些人脸上开始出现“妊娠纹”，有的人出现皮肤褐斑或雀斑，多在颜面部位，如耳朵、口周、额头等处的皮肤。孕妇现在身体变得沉重，特别懒得活动。

孕8月，为了保证孩子的健康成长和维护孕妇自身的健康，孕妇在起立行走方面应注意安全。同时，要提防胎儿早产。

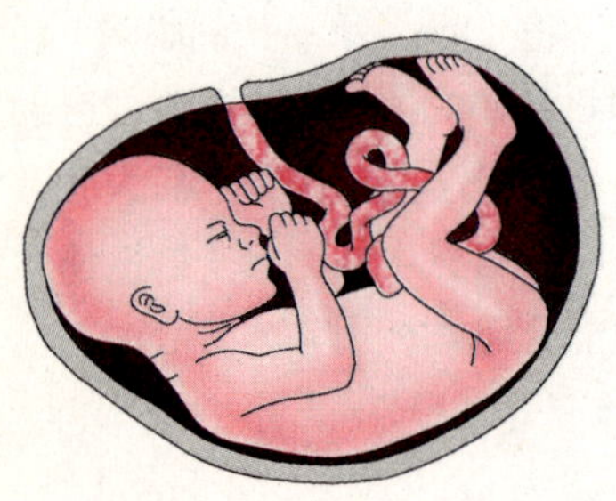

### 第29周

**本周宝宝** 妈咪，我的脑部已经可以控制呼吸及体温了，现在我对光线、声音、味道和气味非常敏锐。

**本周妈妈** 宝宝你好活泼啊，我感觉胎动越来越多了，胎动的力度也大了起来，甚至会产生疼痛感。特别是现在，你开始调整位置，头朝下脚朝上，你很可能会踢到我的肋骨，所以我偶尔会感觉到胸部疼痛。

## 第198天 28W+2D（28周又2天）本月孕程——宝宝更加圆润了

这时起，羊水量不再像以前那样增加了。迅速成长的胎儿身体，紧靠着子宫。一直自由转动的胎儿，到了这个时期，位置也固定了，由于头重，一般自然头部朝下。肌肉和神经的发育明显，运动也很活泼。

### 宝宝发育

**胎宝宝的体长：** 40～44厘米。

**胎宝宝的体重：** 已达1500～1800克。

**视觉开始形成：** 虽然眼睛还看不见，但可以感觉到光的明暗。

**听觉发育成熟：** 除能分辨节奏、声音的高低和强弱外，对日常生活中的各种声音都会有反应。

**头部朝下：** 头部转向骨盆，为出生做准备。

### 妈妈变化

**腹部更突出：** 进入第8个月时，孕妇的腹部会更加突出，这给孕妈妈的生活带来许多不便。孕妇挺起肚子，重心后移，渐渐成为习惯，使孕妇无论是站立还是走路都不得不挺胸昂头，呈现出一副“骄傲”的姿态；而身体稍微前倾都会感到异常困难。

**感觉难受：** 由于子宫膨大，将内脏器官上推，且压迫到心脏、肺脏、肠、胃及膀胱，从而导致呼吸困难，食欲不佳，尿频，同时容易患肾盂肾炎等疾病。

**子宫的变化：** 子宫体积继续迅速增大，子宫底的高度已达肚脐和剑突之间，尺测耻骨联合上的子宫长度达29厘米（25.3～32.0厘米）。

**皮肤变化：** 因激素的影响，有的人长出褐斑或雀斑，耳朵、额头周围出斑点。乳头周围、下腹部、外阴部颜色也越来越深。

## 第199天 28W+3D（28周又3天）本月营养关注

### 孕8月饮食原则

孕8月母体代谢增至最高峰，胎儿生长速度也达到最高峰，体重迅速增大，对营养需求量较大，应继续保证全面营养。保证热量供给和全面营养。孕妈妈孕8月的饮食原则如下：

- 增加摄入优质蛋白质；
- 限制食盐和水分的摄入；
- 多吃预防感染和增强抵抗力的食物，严防流行性感冒；
- 多吃海带、紫菜、坚果等食品。

## 孕8月营养要素

◆ **蛋白质**：准妈妈要增加摄入优质蛋白质，每天75～100克。

◆ **热量**：孕8月，胎儿开始在肝脏和皮下储存糖原和脂肪。此时如果准妈妈碳水化合物摄入不足，将导致母体内蛋白质和脂肪分解加速，易造成蛋白质缺乏或酮症酸中毒，所以，准妈妈要保证热量的供给，保证每天主食（谷类）400～450克，总脂肪量60克左右。

◆ **维生素和矿物质**：准妈妈要继续适量补充各种维生素和矿物质。

◆ **水**：每天要喝6～8杯水，为了减轻水肿和妊娠高血压综合征，在饮食中要少放盐。

第200天

28W+4D（28周又4天）

# 这些食物不宜多吃

孕期是很敏感的，如果饮食选择不当，就会导致不良后果。哪些食物孕妇不宜多吃呢？值得我们盘点一下。

## 冷饮

怀孕后胃肠功能减弱，过食冷饮会使胃肠血管突然收缩，胃液分泌减少，消化功能减弱而出现腹泻等症状。医学研究表明，胎儿对冷的刺激十分敏感，当孕妇吃过多的冷饮后，胎儿会躁动不安。

## 蜂王浆

蜂王浆具有滋补强壮、补益气血、健脾益血、保肝抗癌等功效。但是孕妇不宜饮用蜂王浆，因为蜂王浆中的激素类物质会刺激子宫，引起子宫收缩，影响胎儿发育。

## 白糖

孕妇过多食用白糖会削弱孕妇抵御外界病毒入侵的能力，也会大量消耗钙，引起孕妇酸中毒，还会引起胎儿严重缺钙，致使胎儿骨质疏松，影响胎儿颅骨发育。

## 动物脑

动物脑、垂体、后叶的提取物能引起子宫收缩，具有催产作用。孕妇过量食动物脑会造成早产。

## 猪肝

怀孕的妇女应少吃猪肝。因为在给牲畜迅速催肥的现代饲料中。添加了过多的高质量催肥剂。其中维生素A含量很高，致使它在动物肝脏中大量蓄积。孕妇过食猪肝，大量的维生素A便会很容易地进入体内，虽然量稍大些的维生素A对孕妇自身无大害处，但对胎儿发育危害很大，甚至会致畸。

## 罐头食品

罐头食品在制作过程中都加入一定量的添加剂，如人工合成色素、香精、防腐剂等。尽管这些添加剂对健康成人影响不大，但孕妇及婴儿食入过多则对健康不利。另外，罐头食品营养价值并不高，经高温处理后，食品中的维生素和其他营养成分都已受到一定程度的破坏。而必需的营养却缺乏。

28W+5D（28周又5天）

# 如何缓解腰背痛

在整个孕程中，孕妈妈很可能或多或少遭遇这样或那样的疼痛，腰背痛就是其中之一。

## 产生腰背痛的原因

**原因一** 关节松弛。妊娠进入中期后，骨盆中以往稳固的关节开始松弛、慢慢张开，脊柱、骨关节的韧带松弛，为分娩做准备。这时，孕妈妈就会觉得腰背疼痛。

**原因二** 负担加重。随着子宫不断增大，身体重心渐渐向前移，在站立或走路时，为保持重心平衡，孕妈妈只能将身体后倾，而这种姿势加重了腰背部的韧带和脊柱的负荷，也会导致或加重腰背痛。

**原因三** 压迫神经。逐渐增大的子宫会压迫到腰背部神经，从而造成腰背疼痛。

## 哪些孕妈妈更易腰背痛

- 体质敏感、身材苗条、骨盆窄小的孕妈妈。
- 干体力活、需要提东西、经常弯腰的孕妈妈。
- 怀双胞胎或胎儿发育较大的孕妈妈。
- 妊娠期体重增加过多的孕妈妈。

## 对抗腰背痛“要与不要”

- 不要背部受凉。
- 不要睡过软的床。
- 不要穿高跟鞋。
- 不要长久站立。
- 不要提取重物。
- 体重要控制。
- 睡要侧卧位。
- 坐要抬高腿。
- 拾物要直背。

## 缓解腰背痛的方法

- 选择墙壁等安全的地方，将肩、头、臀部紧紧地靠在墙上矫正脊柱。
- 睡硬板床，入睡前屈膝仰卧10～20分钟。

## 告诉准爸爸

### 为孕妈妈分娩做好准备

为妻子分娩做好经济、物质、环境准备，为迎接新生命的来到做好知识和物质上的准备。要留出足够的资金，要和妻子一起学习哺育、抚养婴儿的知识。检查孩子出生后用具是否准备齐全，不够的要主动操心补充准备。

28W+6D（28周又6天）

## 第202天 妊娠水肿是怎么回事

### 正常水肿

据统计，约有75%的孕妈妈，在妊娠期间或多或少会出现水肿，且在妊娠七八个月后，症状会更加明显。正常的生理性水肿，主要是由于子宫压迫造成的。增大的子宫会压迫从心脏经骨盆到双腿的血管，血液和淋巴液循环不畅，代谢不良，导致腿部组织体液淤积。水肿一般多发生在脚踝或膝盖以下处，通常在早上起床时症状不太明显，在晚上睡觉前，水肿症状就会比较明显。正常的生理性水肿，不用太担心，产后会自愈。

### 病态性水肿

"病态性水肿"是由疾病造成的，例如：妊娠期高血压疾病、肾脏病、心脏病或其他肝脏方面的疾病。这些疾病不仅会对孕妈妈的身体造成不同程度的影响，对胎宝宝的健康也会有危害，而且病态性水肿的症状，不仅呈现在下肢部位，双手、脸部等都有可能发生。如果用手轻按肌肤时，肌肤多会呈现下陷，没有弹性等现象。

### 预防和治疗妊娠水肿饮食要注意

最主要的是要减少食盐及含钠食品的摄入量，每天的食盐摄入量不超过4克。

要增加饮食中蛋白质的摄入量，蛋白质缺乏可以引起水肿。同时要保证B族维生素的摄入量，因为维生素$B_1$的缺乏也可引起水肿。

29W（29周）

## 第203天 对抗水肿的几种菜肴

孕妈妈在妊娠中晚期往往会出现水肿，这不单加重了怀孕的辛苦，还容易发生妊娠高血压病。为了对抗水肿，需要限制饮食中的盐分。减盐乏味可借助甜、酸来调剂，或是充分发挥食材本身的鲜香。现推荐几例用甜味和酸味调剂的美食，准爸爸可以借鉴，举一反三。

### 醋烹翅中

醋烹的方法能让餐桌上荡漾着诱人的醋香，可很好地弥补低盐使食物味道不足的缺憾，也同样适用于其他食材的烹制。

### 酸辣冬瓜汤

夏天，孕妈妈胃口较差，低盐酸辣冬瓜汤兼有消暑开胃、补水利水的功效。

### 番茄炖牛肉

番茄中含有的有机酸，不仅可以调剂低盐对食物口味的影响，还有助于让纤维粗大的牛肉变得软烂易熟。准妈妈每餐进食1克食盐，全天不超过3克，即可满足孕妇水肿时对低盐饮食的要求。

29W+1D（29周又1天）

# 食疗控制妊娠高血压疾病

妊娠高血压疾病，是一种常见妊娠并发症，发病率在10%左右，多发于妊娠20周以后，临床表现有血压升高、蛋白尿、水肿，严重时出现抽搐、昏迷、心肾功能衰竭等。若发现自己患有妊高征，孕妈妈也不用过分紧张，可通过“一减少、二控制、三补充”的合理饮食来进行调理。

## 减少动物脂肪的摄入

患有妊娠高血压疾病的孕妈妈应减少动物脂肪的摄入，炒菜最好以植物油为主，每日20～25克。饱和脂肪酸的供热能应低于10%。

## 控制钠盐的摄入

钠盐在防治高血压中发挥着重要作用。若每天食入过多的钠，会使血管收缩，导致血压上升，因此有妊高征的孕妈妈应每天限制在3～5克以内。同时，还要远离含盐量高的食品。

## 补充蛋白质

重度妊娠高血压的孕妇因尿中蛋白丢失过多，常有低蛋白血症。因此，应及时摄入优质蛋白，如牛奶、鱼虾、鸡蛋等，以保证胎儿的正常发育。每日补充的蛋白质量最高可达100克。

## 补充含钙丰富的食物

患妊娠高血压的孕妇最好多吃含钙丰富的食品，如奶制品、豆制品、鱼虾、芝麻等，也可适当补充钙剂。若为低钙血症，每天的钙摄入量可达2000毫克。

## 补充锌、维生素C和维生素E

患妊娠高血压疾病的孕妇，血清锌的含量较低，因此，膳食中若供给充足的锌能够增强孕妈妈身体的免疫力。另外，维生素C和维生素E能抑制血中脂质过氧化的作用，降低妊高征的反应，因此也需要适当补充。

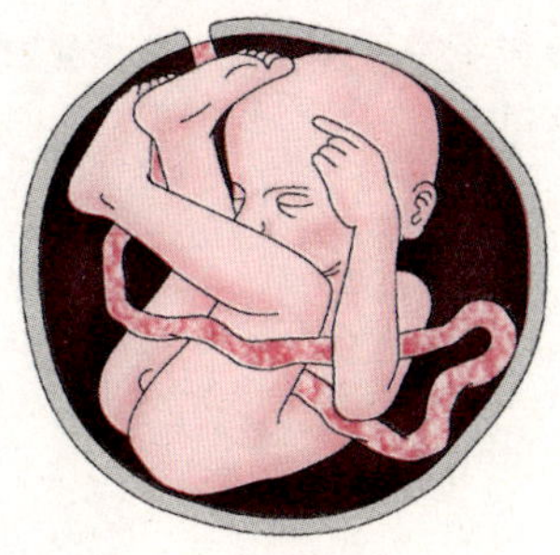

### 第30周

**本周宝宝** 妈咪，我的骨髓开始负责制造红血球了，我的皮下脂肪继续增长，眼睛活动更加灵活了，脚趾甲也长出来了。

**本周妈妈** 是吗，宝宝。妈妈子宫底高度已到肚脐和胸口之间了，使胃和心脏不能很好地发挥各自的功能，出现胸口发闷、呼吸急促、胃部难受等症状。

29W+2D（29周又2天）

# 孕期尿道感染的防治

尿道感染也被称为“尿路感染”，是孕妈妈在妊娠期出现的常见病症之一。该病多半是由孕妈妈特殊的生理特征和孕期的主要变化所致。孕妈妈一定要留心尿道感染的发生！

## 正确的饮食习惯

孕妈妈应该多喝水，养成良好的饮水习惯。孕妈妈也可以用西瓜、冬瓜、青菜等一些具有清热解毒、利尿通便功效的食物代替白开水。另外，喝一些清热利尿的汤品，如绿豆汤、银耳莲子羹等，也可以减轻尿道感染。

## 清洁的个人卫生

细菌经常侵入不洁的尿道里，因此保持外阴部和尿道的清洁，对于防治尿道感染是至关重要的一步。孕妈妈要注意经常洗澡，勤换内衣裤，保持清洁。孕妈妈的内裤最好选用棉材质，透气性要好。每次清洗的时候用沸水消毒，并放置在阳光下暴晒杀菌。裤子不要过紧，以免裤子直接压到外阴部而滋生细菌。

## 治疗尿道感染

妊娠期泌尿道感染分为以下两类：一类是无症状性菌尿，临床上仅有腰酸，容易被忽视；另一类是症状性肾盂肾炎，除有菌尿外，孕妇常伴有寒战、高热、尿频、尿急、尿痛、排尿不尽及腰酸腰痛等临床表现，所以确诊比较容易。

妊娠期尿感的治疗，原则上是疏通积尿和消除感染。首先，在急性期应卧床休息，取侧卧位，左右轮换以减少妊娠子宫对输尿管的压迫；其次，多饮温开水，使每日尿量保持在2000毫升以上，并摄入足量的新鲜水果和蔬菜以促进大便通畅；同时，配合中西医结合治疗，在抗菌素应用方面选择对革兰氏阴性菌有效且对胎儿影响小的氨苄青霉素、先锋霉素等药物。

### 告诉准爸爸

#### 布置宝宝的房间或婴儿床

在10月怀胎的过程中，这是你与妻子可以一起做的最好的事情。帮她做她做不了的事情：搬重物，组装家具，爬到高处放东西……然后，和她一起完成她能做的事情。比如，你们可以一起去挑选最合适的摇篮，在宝宝房间贴上最可爱的墙纸，一起讨论哪种奶瓶最实用。还有，不要错过共同享受互相陪伴的乐趣，和互相依偎的安静时光——这样的宁静很快就将一去不复返了。

第206天

29W+3D（29周又3天）

# 用果蔬对抗孕期并发症

怀孕第8个月，孕妈妈特别容易患各种并发症，如高血压、水肿、缺铁性贫血等。而大部分新鲜的水果和蔬菜有很好的缓解功效，孕妈妈不妨试试！

## 足量补充维生素C

维生素C对孕妈妈的先兆子痫有明显的作用，而孕妈妈一天之中维生素C的摄取量一般不得低于85毫克，专家建议孕妈妈从一些新鲜蔬菜和水果中摄取，如樱桃、石榴、红椒、黄椒、柿子、西兰花、草莓、橘子、猕猴桃等。

## 冬瓜防水肿

孕妈妈发生水肿也是一个常见症状，经过一段时间的休息基本可以清除，也可以通过食用一些新鲜的瓜果来达到减轻水肿的目的。冬瓜水分充足，具有清热解暑的作用，对孕妈妈来说有止渴利尿之功效。冬瓜若和鲤鱼一起熬汤，则可以有效地减轻孕妈妈下肢水肿的症状。西瓜对消除下肢水肿也有较好的功效。

## 别低估了南瓜

南瓜的营养成分较多，具有极强的凝血作用，对孕妈妈的身体健康和胎宝宝的脑细胞发育可起促进作用。

## 芹菜降压有一套

芹菜是降血压的最佳菜肴。孕妈妈在孕晚期经常食用芹菜，可以有效地降低血压，对妊娠高血压综合征有明显的疗效，也能轻松改善孕妈妈的缺铁性贫血症。

第207天

29W+4D（29周又4天）

# 孕晚期乳头护理更重要

进入了孕晚期，准妈妈要进行乳房护理及按摩的工作，按摩乳房可以软化乳房，使乳管腺畅通，乳汁分泌旺盛。刺激乳头和乳晕，可使乳头的皮肤变得强韧，为将来婴儿的吸吮做好准备。

## 乳头四周的按摩

◆ 由外向内按摩乳房的操作。

反方向单手罩住乳房。用另一手掌心（大拇指下方的肌腹部分）顶住乳房边缘，手肘以肩为中心缓缓顶着，由外侧朝内侧轻轻按摩。

◆ 由斜下方朝上按摩乳房的操作。

用一只手将乳房从外侧下方朝上扶住。用另一只手的指腹顶住支撑乳房手掌的外侧，手肘以肩为中心移动，由斜下方逐渐朝上按摩乳房。

◆ 由下朝上按摩乳房的操作。

反方向单手掌顶住乳房。用另一只手的手掌贴在顶住乳房的单手手背，而小指则位于乳房正下方，小指施力将乳房顶高，再由下向上进行按摩。

### 刺激乳房可以减少过期妊娠

在妊娠最后数周即将分娩之前，孕妈妈如果能有意识地刺激乳房，可以降低过期妊娠的发病率。这个结论是在通过临床实验之后得到的：200名妊娠39周的孕妈妈分为两组，每组100名，其中一组用手指从孕39周开始刺激自己的乳房、乳晕及乳房的其他部位，左右乳房每隔15分钟交替刺激一次，共持续1小时，每日3次。另一组孕妈妈不做乳房刺激作为对照组。结果显示，妊娠42周时，前一组过期妊娠率为5%，对照组为17%。

## 第208天 29W+5D（29周又5天）为母乳喂养做准备

如果孕妈妈决定要用自己的乳汁喂养宝宝，那么从怀孕开始就应该为将来的母乳喂养做好各方面的准备。

### 注意营养

母亲营养不良会造成胎儿宫内发育不良，还会影响产后乳汁的分泌。在整个孕期和哺乳期，都需要摄入足够的营养，多吃富含蛋白质、维生素和矿物质的食物，为产后泌乳做准备。

在这一时期，可定量食用孕妇奶粉，可促进产妇初乳及早分泌。

### 注意乳头和乳房的保养

乳房、乳头的正常与否会直接影响产后的哺乳。在孕晚期，可在清洁乳房后用羊脂油按摩乳头，增加乳头柔韧性；使用宽带、棉制乳罩支撑乳房，防止乳房下垂。乳头扁平或凹陷的孕妇，应在医生指导下，使用乳头纠正工具进行矫治。

### 定期进行产检

发现问题及时纠正，保证妊娠期身体健康及顺利分娩，是妈妈产后能够分泌充足乳汁的重要前提。

### 了解有关母乳喂养的知识

可以看一些有关母乳喂养的书籍，或向有经验的妈妈们请教，尽量多了解一些母乳喂养的知识。

#### 小提示

炒菜时削下来的黄瓜皮、用过的鸡蛋壳、吃剩的西瓜皮、喝完的酸奶盒都不要急于扔掉，把瓜皮敷在脸上，或将蛋清、酸奶液涂在脸上，都有美白祛斑的作用。

还可在腹部涂一些液体维生素E或油脂，以增加腹部皮肤的弹性，减少妊娠纹的出现。

29W+6D（29周又6天）

# 孕妈妈正确姿势大集合

## 俯身弯腰的正确方法

姿势的正确合理很重要。准妈妈要尽量避免俯身弯腰的动作，以免给脊椎造成重负。如果孕妇需要从地面捡拾起什么东西，俯身时不仅要慢慢轻轻向前，还要屈膝，同时把全身的重量分配到膝盖上。孕妇在清洗浴室或是铺沙发时也要参照此动作。

## 起身站立的正确方法

孕中晚期，准妈妈起身站立时要缓慢有序，以免腹腔肌肉过分紧张。仰躺着的孕妇起身前要先侧身，肩部前倾，屈膝，然后用肘关节支撑起身体，盘腿，以便腿部从床边移开并坐起来。

## 正确站立姿势

站立时，准妈妈应选择一种最舒适的姿势。比如，收缩臀部，就会体会到腹腔肌肉支撑脊椎感觉。需要长时间站立的孕妇，为促进血液循环可以尝试把重心从脚趾移到脚跟，从一条腿移到另一条腿。

## 正确的坐姿

孕妇正确的坐姿是要把后背紧靠在椅子背上，必要时还可以在背后放一个小枕头。

## 徒步行走的正确方法

徒步行走对孕妇很有益，可以增强腿部肌肉的紧张度，预防静脉曲张，还可以强壮腹腔肌肉。一旦准妈妈行走时感觉疲劳，马上要停下来，找身边最近的凳子坐下歇息5～10分钟。在走路时，准妈妈的身体要注意保持直立，双肩放松。散步前要选择舒适的鞋，以低跟、掌面宽松为好。

第210天

30W（30周）

# 孕晚期拒绝孤独

到怀孕8个月以后，由于孕妈妈的身体越来越笨重，行动变得十分不便，每天一个人待在家里的时间要比以往多出很多，很容易产生孤独的心理。

## 不要让孤独伴随你

进入怀孕晚期，孕妈妈不再喜欢身边热闹地围绕着一大堆朋友，而只愿意与几位闺中密友来往。无论你的个性多么活泼外向，在这个时候，你也只愿躲在家中不愿外出，因而把自己封闭起来。这种孤独感如不及时引导，往往会影响准妈妈的身心健康，从而影响到胎儿的健康发育。

另外，孤独感还会导致有些人寻求消极的精神寄托和感情依赖。长期的孤独感还会造成情绪紊乱，使人的免疫系统受到影响，因而易患各种疾病。这些都对准妈妈和胎儿的健康有不利影响。

当准妈妈一个人待在家里时，不妨听听音乐、读一读优美的文学作品，在感觉疲倦时就躺下休息会。千万不要让自己的心思钻进了死胡同，总沉浸在孤独之中。

### 缓解情绪不畅

准妈妈长期精神忧虑、苦闷不仅对胎儿发育不利，而且还影响胎儿出生后心理及智力发育，也会给胎儿出生后带来遗传性焦虑。

准妈妈情绪刺激能引起自主神经系统的活动和内分泌功能失调，从而释放出过多乙酰胆碱和内分泌激素，所有这些物质都会通过血液经胎盘和脐带进入胎儿体内，从而影响其健康，通过胎心仪可以发现，准妈妈如果情绪激动、发怒，胎儿的心跳会加快。

30W+1D（30周又1天）

## 孕晚期准爸爸应更细心

### 孕晚期准爸爸的责任

妊娠晚期，孕妈妈身心负担加重，又要面对分娩更需要丈夫的关心。准爸爸在这一时期的主要责任有：

◆ 理解妻子此时的心理状态，解除妻子的思想压力，对妻子的烦躁不安和过分挑剔应加以宽容谅解，帮助妻子消除对分娩的恐惧心理。

◆ 为妻子分娩做好经济上、物质上、环境上的准备，为迎接新生命的来临做好知识和物质上的准备、检查宝宝出生后用具是否准备齐全。

◆ 保证妻子的营养和休息，为分娩积蓄能量。丈夫要主动承担家务，还要注意保护妻子的安全，避免妻子遭受外伤。

◆ 参与胎教，做好家庭自我监护，以防早产。

### 为孕妈妈营造良好的环境

许多准爸爸在照顾准妈妈时，常常会把心思放在未出世的宝宝身上，却忽略了去关

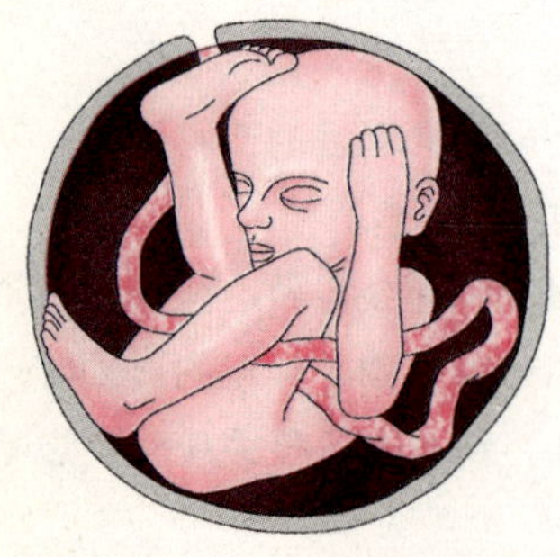

第31周

本周宝宝 妈咪，我的发育差不多了，主要的器官也只剩下肺部尚未完全发育成熟。现在我生活在大约850毫升的羊水中。

本周妈妈 宝宝，现在我仍然感到呼吸困难、没有食欲，同时我希望妊娠期结束的焦虑感日益增加，开始担心你的健康了，对阵痛和分娩感到害怕。

心孕妈妈自身的感受，特别是空间环境的环节。一个好的居家环境不但应该对胎儿没有负面的影响，还应该让大腹便便、体型日趋臃肿的孕妈妈感到舒适和便利。不论住房的条件是宽敞舒适还是狭小拥挤，都需要掌握几个重点，即色调要尽量淡雅优美、卧室内的家具尽量靠墙边摆放、棱角不要突出太多，保持适当的室温和湿度。适当放置绿色植物都可以让空间更舒适。除此之外，还要注意以下几点：

- 保持室内阳光充足。
- 保持室内干燥。
- 排除安全隐患。

第212天

30W+2D（30周又2天）

## 脐带绕颈不可怕

胎宝宝的健康平安是孕妈妈最大的期盼，但是像脐带绕颈、脐带扭转等意外事故，事前毫无警讯，孕妈妈应该对这样的情况有所了解。以便早发现早治疗。

### 关于脐带的知识

脐带连接子宫的胎盘和胎宝宝的肚脐，脐带是由母体供应胎宝宝氧气与营养成分以及胎宝宝排除代谢废物的专用通道，也可以说是胎宝宝赖以生长发育和维系生存的生命线。一旦脐带血流遭到外力阻碍，直接危及胎宝宝的健康，轻微阻碍者只是产生短暂的缺氧现象，持续严重阻碍者将导致胎宝宝窘迫甚至胎死腹中。

### 关于脐带绕颈

脐带绕颈是胎儿较常见的情况，脐带内的血管长度比脐带长，血管卷曲呈螺旋状，而且脐带本身由胶质包绕，有一定的弹性，一般绕颈一圈，脐带有一定长度，多不发生意外。而绕颈多周，由于胎动牵拉，导致绕颈过紧，也可引起胎儿缺氧，甚至死亡。

### 临产时脐带绕颈

在临产时，随着宫缩加紧，下降的胎头将缠绕的脐带拉紧时，才会造成脐带过短的情况，以致不能顺利分娩。这时缠绕周数越多越危险。通过B超检查可在产前看到胎儿是否有脐带绕颈。因此，这时更需要勤听胎心，注意胎动，以便及时采取措施。发现脐带绕颈后，不一定都需要进行剖宫产，只有胎头不下降或胎心有明显异常（胎儿窘迫）时，才考虑是否需要手术。

**告诉准爸爸**

**帮孕妈妈翻身**

对于孕晚期的准妈妈来说，睡觉可不是件舒服的事。翻身变得越发有难度，要么是身子先过去，再把肚子挪过去；要么是肚子先过去，身子再跟过去，甚至干脆翻不过去。所以这一时期准爸爸就要牺牲一点自己的睡眠了，警醒一点，多留意身边的妻子，适时帮她翻个身。

第213天

30W+3D（30周又3天）

## 孕晚期远行要三思而行

进入孕晚期最好不要出远门，万不得已一定要考虑周全，安排妥当。

### 妊娠晚期不宜远行

怀孕晚期，孕妇生理变化很大，适应环境的能力远不如平时，长时间的车船颠簸会使孕妇难以入睡，精神烦躁，身体疲惫，而且旅途中孕妇免不了要经常受到碰撞、拥挤。在这种情况下，孕妇往往容易发生早产、急产等意外。孕妇分娩绝非小事，稍有不慎，将会危及孕妇和胎儿生命。因此，孕妇在怀孕晚期一般不要离家远行。

### 远行注意事项

◆ 不要临近预产期才开始动身，最好提前1～2个月动身，以防途中早产。出发前最好随身带些临产用的东西，如纱布、酒精、止血药品等。若有医护人员护送，最为理想。

◆ 外出最好乘火车，并购买卧铺票，以利孕妇中途休息，尽量不要乘汽车。

◆ 应事先考虑目的地的气候条件，带好必要的衣物，以防受凉受寒。

◆ 有晕车、晕船现象的孕妇应带上一些防晕车的药物，必要时遵医嘱服用。因为晕车、晕船造成的恶心、呕吐易诱发子宫的收缩，导致早产。

◆ 出现腹部阵痛、阴道出血等分娩先兆症状时，应立即报告车船上的工作人员，以采取紧急措施。

第214天

30W+4D（30周又4天）

## 孕妈妈睡眠促进法

孕妈妈睡眠充足，是孕育健康宝宝的前提，因此孕妈妈在怀孕晚期更应该注意自己的睡眠质量。下面就为那些经常失眠的孕妈妈介绍几种睡眠促进法。

### 放松心情促进睡眠

孕妈妈放松心情的方法有很多，如睡前洗个热水澡以放松全身、睡前不要过于兴奋、听一些和缓的音乐，都可以使自己完全地冷静下来，促进入睡。另外，孕妈妈还可以参加一些经验交流活动，如妈咪课堂等，以克服自己的产前恐惧心理，从而提高孕妈妈的睡眠质量。

### 六种睡姿促进睡眠

◆ 若要采取仰卧位的姿势入睡，最好在膝盖下垫一个枕头或靠垫，以帮助更好地入睡，也可以睡得踏实。

◆ 当孕妈妈腹部越来越大的时候，可以适当地改变睡姿，采取侧卧位，同时为了让自己睡得舒服，也可以在两腿之间夹一个枕头或靠垫等。

◆ 妊娠中、晚期时，孕妈妈最好完全采取侧卧位睡姿，同时，将上面的那条腿向前弯曲，紧紧地与床贴着，让腹部也紧紧地贴在床上，这样可以帮助孕妈妈更好地入睡，且睡得更加安心。

◆ 孕妈妈的腹部变得更大时，可以放一个长长的枕头，以供孕妈妈倚靠，起到安心的效果，也可以将枕头夹在孕妈妈的两腿之间，以帮助其舒服地入睡。

◆ 若腿部出现大面积的水肿，则应在侧卧位时，放一个枕头或靠垫在脚下，帮助抬高双脚，促进血液循环，达到消肿的目的。

◆ 妊娠晚期，因为腹部越来越大，孕妈妈在选择左侧卧位时，应该将枕头叠起来或将枕头垫高于头部，并在背部靠一个枕头，以缓解腰部不适，减轻腹部的压力，从而促进睡眠。

## 第215天 30W+5D（30周又5天）孕晚期要采取左侧卧位

孕晚期孕妈妈的睡姿会影响到子宫的位置及胎儿的健康，不正确的睡姿会增加妊娠子宫对周围组织及器官的压迫，影响子宫和胎盘的血流量。孕妇在妊娠晚期，采取左侧卧位是孕妇的最佳睡眠姿势。

### 保证胎盘血液供给

左侧卧位可减轻增大子宫对动脉的压迫，可维持子宫正常血流量，保证胎盘血液供给，给胎儿提供生长发育所需的营养物质。

### 减轻妊娠高血压疾病

左侧卧位可减轻子宫对下腔静脉的压迫，增加回心血量，使肾脏血流量增多，改善脑组织的血液供给，有利于避免和减轻妊娠高血压综合征的发生。

### 有利于胎儿的发育

在妊娠晚期，子宫呈右旋转，左侧卧位可改善子宫的右旋转程度，由此可减轻子宫血管张力，增加胎盘血流量，改善子宫内胎儿的供氧状态，有利于胎儿的生长发育，这对于减少低体重儿的出生和降低围产儿死亡率有重要意义。特别是在胎儿发育迟缓时，采取左侧卧位可使治疗取得更好效果。

## 第216天 30W+6D（360周又6天）羊水过多或过少怎么办

羊水是维系胎宝宝生存的要素之一，从胚胎开始形成之前，就必须先要有羊水将厚实的子宫壁撑开来，提供胎宝宝生长发育所需的自由活动空间。但羊水也有个适当的量，过多过少都不好。

### 羊水过多

妊娠期羊水量超过2000毫升时就是羊水过多，羊水过多大都发生在妊娠7～10个月，发生得愈早愈严重。胎儿先天畸形往往伴有羊水过多，约占羊水过多总数的40%。此外，在妊娠高血压、妊娠合并糖尿病及双胎时，可发生羊水过多。

羊水过多，使胎儿在宫腔内过于浮动，容易发生胎位不正。破水时，有发生脐带脱垂的危险。

轻度羊水过多，不需特殊治疗，大多数在短时间内可自动调节。如果羊水急剧增加，应及时就医，同时减少食盐的摄入。

### 羊水过少

怀孕足月时羊水量少于300毫升，称为羊水过少。孕妈妈常无自觉症状，只有医生作腹部触诊，并进行B超检查后才能诊断。

引起羊水过少的原因可能有以下情况：

◆ 胎宝宝畸形。如先天性肾脏缺损，肾脏发育不全、输尿管或尿道狭窄等泌尿器官畸形，致使胎宝宝尿少或无尿。因胎宝宝尿液是羊水的组成部分，所以羊水量也就少了。

◆ 过期妊娠。由于胎盘缺血缺氧、功能减退，引起胎宝宝血液重新分配，使胎宝宝血液主要供给胎宝宝脑和心脏，致使肾血流量减少，使胎宝宝尿液减少，因此羊水量减少。

◆ 胎膜本身病变，也可引起羊水过少。

### 羊水过少的危害

羊水过少如果发生在孕早期，使胎膜和胎体发生粘连，可造成胎宝宝严重畸形，如肢体缺损。如果发生在孕中、晚期，子宫四周压力直接作用于胎体，易引起胎宝宝斜颈、曲背、手足畸形及肺发育不全等。发生在孕晚期时，常导致胎宝宝宫内窘迫、新生儿窒息及围产儿死亡等。

31W（31周）

## 孕晚期的腹痛

孕晚期时，随着胎宝宝不断长大，孕妈妈的腹部以及全身负担也逐渐增加，再加之接近临产，出现腹痛的次数会比孕中期明显增加。

### 生理性腹痛之——子宫增大压迫肋骨

随着胎宝宝长大，孕妈妈的子宫也在逐渐增大。增大的子宫不断刺激肋骨下缘，可引起孕妈妈肋骨钝痛。一般来讲这属于生理性的，不需要特殊治疗，左侧卧位有利于疼痛缓解。

### 生理性腹痛之——胎动

胎动于28～32周间最显著。在20周时，每日平均胎动的次数为200次，在32周时则增加为375次，每日的胎动次数可能介于100至700次之间。自32周之后，胎宝宝逐渐占据子宫的空间，他的活动空间也将越变越小，但是他偶尔还是会用力地踢你。当他的头部撞在你骨盆底的肌肉时，你会突然觉得被重重一击。

### 病理性腹痛之——胎盘早剥

胎盘早剥多发生在孕晚期，发生率为0.5%～1%，一般较易发于有高血压、抽烟、多胞胎和子宫肌瘤的孕妈妈身上，胎盘剥离所产生的痛，通常是剧烈的撕裂痛，多伴有阴道流血。所以在孕晚期，患有高血压的孕妈妈或腹部受到外伤时，应及时到医院就诊，以防出现意外。

### 病理性腹痛之——子宫先兆破裂

子宫破裂常发生于瞬间，之前产妇感觉下腹持续剧痛，极度不安，面色潮红，呼吸急促，此时为先兆子宫破裂；子宫破裂瞬间有撕裂样剧痛，破裂后子宫收缩停止，疼痛可缓解，随着血液、羊水、胎宝宝进入腹腔，腹痛又呈持续性加重，孕妈妈呼吸急促，面色苍白，脉搏弱，血压下降，陷于休克状态。出现持续腹痛或者剧烈腹痛，务必立即上医院。

### 病理性腹痛之——子宫的扭转

在妊娠晚期，多在活动中以突发性下腹部剧烈发痛，疼痛多为持续性，可遍及全腹部，与卵巢瘤蒂扭转的临床症状很相似。遇到突发性腹部疼痛，要及时就医。

## 第218天 31W+1D（31周又1天）静脉曲张的防治

妊娠期间，特别到了妊娠晚期，在小腿、大腿根部、外阴部等处，会出现酸胀麻痛等不适，而且在这些地方大多会呈现青紫色的条状纹，这是静脉曲张的典型表现。静脉曲张不容小视，孕妈妈一定要及时治疗。

### 孕期发生静脉曲张的原因

- 怀孕时体内激素改变。
- 胎儿和增大的子宫压迫血管。
- 家族遗传。

### 饮食调整缓治法

便秘通常会引发或加重静脉淤血，孕妈妈最好少吃高脂肪、高糖食物，应多吃大蒜、韭菜等有助于促进血液循环的食物。

### 穿戴调整缓治法

孕妈妈不能因爱美而过紧地勒住自己的腹部，应尽量选择宽松的衣裤。还要舍弃高跟鞋，挑选材质柔软的坡跟鞋。不能穿过小的鞋。

### 体位调整缓治法

当孕妈妈站着的时候，可以微微屈膝，用脚尖着地，左右脚以画圈的形式来回旋转即可；当孕妈妈坐着的时候，可以将双腿伸直抬起来以防止静脉血液回流受阻。

## 第219天 31W+2D（31周又2天）爬行——孕晚期锻炼方式

### 爬行的妙处

科学家认为，爬行使人在活动中回到原始动作姿势，让头部和心脏的位置降低了，使全身的血液回流通畅，有利于对身体各器官的血液供应。运动时，内脏向下压迫胸、腹前壁，使呼吸肌得到了锻炼，呼吸器官的功能也得到了改善。在运动中，维持头部重量的颈、背部肌肉群也得到了锻炼，改善了脊柱的姿势和体态，减轻了下肢、骨盆的负担。身体重量分散到四肢，从而大大减轻腰椎的负担。若孕妈妈每天定时进行爬行锻炼，则对心血管疾病及各种脊椎、腰部病变显著的症状起到治疗的功效。

### 爬行实施方案

爬行健身法简单易行，一学就会；早上、晚上、午间休息等均可就地爬行几圈，只需几分钟时间。爬行前，先活动一下四肢，特别是肘关节、腕关节、膝关节、踝关节等。开始爬行时身体保持水平状态，不要着急，让身体有一个适应过程。爬行中，注意双手的应用，不要把重量都压在膝关节。爬行中，抬头四处张望，让颈部也得到活动。爬行练习要坚持30分钟以上。

爬行，并不是婴幼儿的专利，孕妈妈也可以用来作为妊娠晚期的锻炼方式。

长期的直立，会使人体极易诱发脑血管病变和脊椎、腰肌劳损。孕晚期进行适度的爬行，能增强腹肌力量，预防难产，产后爬行则有利于子宫复位。

练习爬行前注意事项爬行时穿一些宽松、舒适的衣物；可以给膝盖戴上护膝；爬速宜慢，爬幅宜小，重复2～3次，间歇20～30秒。

## 第220天 31W+3D（31周又3天）不易发胖的水果和蔬菜

孕妈妈不要看到这个标题就很兴奋，不易发胖只是相对来说，没有任何食物是吃再多也不胖的。

### 香蕉

香蕉可以快速地提供能量，帮你击退随时出现的疲劳。而且在你被呕吐困扰的时候，很容易为你的胃所接受。你可以把它切成片放进麦片粥里，也可以和牛奶、全麦面包一起做早餐。

### 柑橘

尽管柑橘类的水果里90%都是水分，但其中仍然富含维生素C、叶酸和大量的膳食纤维，能帮助你保持体力，防止因缺水造成的疲劳。

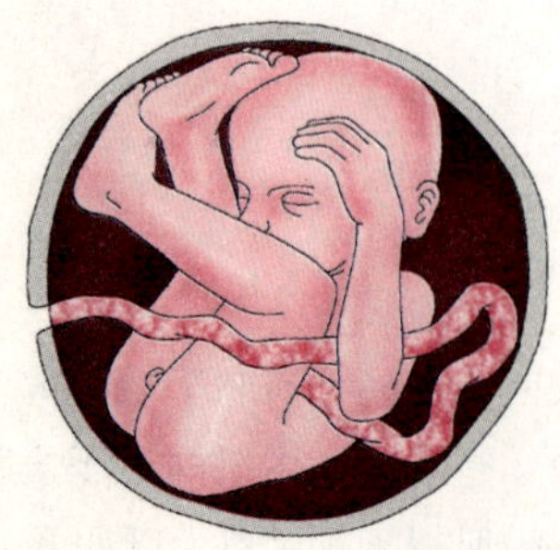

### 第32周

**本周宝宝** 妈咪，我全身的皮下脂肪更加丰富，皱纹减少了。我的五种感官也开始运作，脚趾甲已经全部长齐，头发仍在继续生长。

**本周妈妈** 宝宝，我的胸部疼痛加剧了，呼吸更加费力。我子宫的顶端已上升到最高点，到达肚脐以上12厘米处，我的腹中几乎没有多余的空间了。

## 西蓝花

吃这种蔬菜真是好处多多，它不仅营养丰富，而且健康美味，富含钙和叶酸，而且还有大量的膳食纤维和抵抗疾病的抗氧化剂，内含的维生素C，还可以帮助你吸收其他绿色蔬菜中的铁。

## 干果

干果是一种方便的、美味的零食，可以随身携带，随时满足你想吃甜食的欲望。你可以选择像杏脯、干樱桃、酸角一类的干果，但是不要吃香蕉干，因为经过加工的香蕉干，脂肪含量很高。

## 坚果

如果怀孕前你因为坚果脂肪含量高而对它敬而远之，那么现在你应该重新认识，脂肪对于胎儿脑部的发育是很重要的，而且坚果可以让你饿得不那么快，可以用一些不饱和脂肪（在坚果中发现的一类有益于心脏健康的脂肪）取代饱和脂肪（在肉类和黄油中发现的）。但是因为坚果的热量和脂肪含量比较高，因此每天应将摄入量控制在28克左右。还有一个特别需要注意的地方，如果你平时有过敏现象，最好避免食用某些容易引起过敏的食物，例如花生。

第221天

31W+4D（31周又4天）

# 不做早产孕妈妈

早产是新生儿出生后最常见的死亡及致病原因之一，孕妈妈应注意下列事项，增进母子健康，预防早产：

◆ 早进行产前检查，找出自己的危险因子，评估营养、身心及过去的生产史。

◆ 补充钙、镁、维生素C、维生素E等营养素。深海鱼油中含有亚油酸，可以调节免疫功能，预防早产，同时还能使新生儿将来患多动儿症的机会大大减少。

◆ 充分休息，减少压力。

◆ 如出现下腹不适、分泌物大量增加、膀胱不适、尿频及阴道点状出血或出血等症状，应尽早就医。

◆ 注意宫缩情况，如果出现不规则收缩增加或疼痛逐渐规则的情形，就应就医。

◆ 若患有生殖道感染疾病，应该及时请医生诊治。

◆ 孕晚期最好不长途旅行，避免路途颠簸劳累。

◆ 不要到人多拥挤的地方去，以免碰到腹部。

◆ 走路时，特别是上、下台阶时，一定要注意一步一步地走稳。

◆ 不要长时间持续站立或下蹲。

◆ 在孕晚期，须禁止性生活。

◆ 怀孕期间，孕妇要注意改善生活环境，减轻劳动强度，增加休息时间。

◆ 孕妇心理压力越大，早产发生率越高，特别是紧张、焦虑和抑郁与早产关系密切。因此，孕妇要保持心境平和，消除紧张情绪，避免不良精神刺激。

◆ 要摄取合理充分的营养。

◆ 孕晚期应多卧床休息，并采取左侧卧位，减少宫腔向宫颈口的压力。

第222天

31W+5D（31周又5天）

## 孕晚期双胎和多胎妊娠护理

知道自己怀了不止一个孩子，整个孕期孕妈妈都在更好地做好护理，那么到了妊娠晚期，发生问题的可能性就更大了，坚持在最后时间内做好保健至关重要。

### 双胎或多胎妊娠的饮食

多胎妊娠比单胎妊娠身体的负担要大，在很多方面的需要都会增加。因此，孕妈妈要多吃，并且要吃营养含量较高的食物。孕妈妈需要更多的蛋白质、矿物质、维生素和必需的脂肪酸，还要保持体重，补充铁，因为多胎妊娠的孕妈妈常常会患有缺铁性贫血。

有时，多胎妊娠的孕妈妈通常比单胎妊娠孕妈妈更频繁地感到胃灼痛。这是因为增大的子宫底部上升，压迫到胃部附近，影响了消化机能或有少量的胃酸反流进入食道，令人不适。要减轻这些不适症状，就要减轻胃肠的负担，维持少食多餐的饮食习惯，睡前不进食，少吃酸味重及含强烈香料的食物，以免刺激肠胃。其次睡时在床上用软垫把自己垫起来，对缓解不适症状也有帮助。

### 运动更需小心

怀有双胎或者多胎的孕妈妈，可以做适当运动，但要格外小心。不要做剧烈运动，如果感到用力过度，就立即停止。双胎的子宫一般比单胎大，子宫不宜承受如此大的胎宝宝，所以很容易早产、早破水，也容易发生妊娠期高血压疾病。

另外，多胎妊娠的并发症多发生在妊娠的最后3个月，随着胎宝宝的长大而发生。

因此，专家建议：多胎妊娠的孕妈妈要提前为胎宝宝的出生做好准备。

第223天

31W+6D（31周又6天）

## 对话胎教——和宝宝说说话

到了懷孕的第8個月，生活在母親腹中的胎兒已經是個能聽、能看、能“聽懂”話、能理解父母的有生命、有思想、有感情的人了，這時進行對話胎教對開發胎兒的智力有極大的好處。

### 和宝宝“对话”

可以告诉胎儿：“我的小宝宝，不久以后你就要生出来了，爸爸妈妈好盼望这一天。你也一定很想和爸爸妈妈见面了，是吗?”或者与丈夫一起对胎儿说：“爸爸、妈妈为了迎接你的诞生，已经准备了整整8个月，外面的世界很美丽，你一定会喜欢的。”

在与胎儿讲话、给胎儿讲故事、教胎儿学文字的基础上，可通过视觉印象将图形的形状、颜色和母亲的声音一起传递给胎儿，教胎儿学算术和认识图形。

### 勤于交流促进智力发育

鉴于这个时期胎宝宝的听觉功能已初步发展起来，因此，首选的语言刺激手段便是采用同胎宝宝对话的形式进行早期开发。实验研究表明，凡是这时候接受的东西都以种潜移默化的形式储存在大脑中了，对胎宝宝进行对话交流将促进其出生后语言和智力的发展。每天和胎宝宝交流，只要是孕妈妈心里想到的，随时都可以和胎宝宝交流。胎教要循序渐进地进行，对胎宝宝的语言刺激也是如此。

第224天

32W（32周）

## 运动胎教——孕晚期也要运动

孕晚期，有些准妈妈担心活动会伤胎，不敢参加适当的劳动或运动，这是不对的，孕晚期准妈妈适当参加一些运动，对准妈妈的健康和胎宝宝的生长发育都是有益的。

### 适度运动有利分娩

适当的运动能使准妈妈全身肌肉得到活动，促进血液循环，增加母亲血液和胎儿血液的变换；能增进食欲，使胎儿得到更多的营养；能促进胃肠蠕动，减少便秘；还可以增强腹肌、腰背肌和骨盆底肌的能力，有效改善盆腔充血状况；能够有助分娩时肌肉放松，减轻产道的阻力，有利顺利分娩。

### 体操

孕晚期准妈妈运动的目的是舒展和活动筋骨，以稍慢的体操为主。舒展体操运动能加强骨盆关节和腰部肌肉的柔软性，既能松弛骨盆和腰部关节，又可以使产道出口肌肉柔软，同时还能锻炼下腹部肌肉。

### 孕妇瑜伽

孕妈妈练习孕妇瑜伽，对于分娩时调整呼吸很有帮助。

### 棋类活动

棋类活动能够起到安定心神的作用。

### 孕晚期运动注意事项

自孕9月起，准妈妈的子宫过度膨胀，宫腔内压力较高，子宫口开始变短，准妈妈身体负担也较重，会出现浮肿、静脉曲张、心慌、胸闷等。此时，准妈妈应适当减少运动量，以休息和散步为主，过于频繁的活动会诱发宫缩，导致早产。

**告诉准爸爸**

**帮助孕妈妈克服惰性心理**

妻子怀孕以后，难免有惰性心理，而丈夫的责任就是千方百计地把这种惰性心理加以转化。比如可以陪孕妈妈观赏摄影、画展、养花、养鱼、画画、观看艺术表演，以提高艺术修养。同时，丈夫应鼓励孕妈妈多学习孕产知识，培养孕妈妈多方面的兴趣。

特别是在妊娠晚期，丈夫还可以督促孕妈妈和胎儿一起学习，如看儿童读物、读外语等。

# 第9个月
# 快和宝宝见面了

32W+1D（32周又1天）

## 本月专家指导

进入怀孕第9个月，将近临产，准妈妈的身体变得沉重，行动笨拙，准妈妈要多加注意，另外到了这个阶段，不少准妈妈难免会产生这样或那样的担心。做好产前心理疏导，排除恐惧与紧张的情绪，保持良好的心态，有利于顺利分娩。

第9个孕月里，准妈妈的胃部仍会有挤压感，所以每餐可能进食不多。

请继续控制食盐的摄取量，以减轻水肿的不适。由于孕妇的胃部容纳食物的空间不多，所以不要一次性地大量饮水，以免影响进食。

必须补充维生素和足够的铁、钙、充足的水溶性维生素。

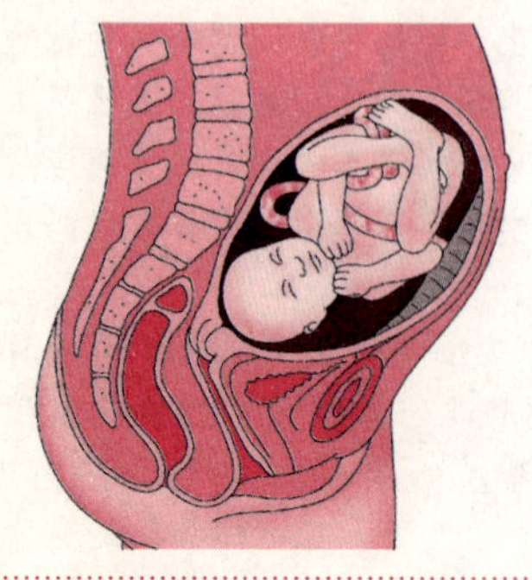

### 第33周

**本周宝宝** 妈咪，我的头部正迅速地生长，头围长度、体内的脂肪每周也在持续地增加，现在我的肤色开始由红转为粉红色了。

**本周妈妈** 妈妈的宫底已升至心窝正下方了，胃和心脏受压迫感更为明显，有时会感到气喘、呼吸困难、且有胃部饱胀感，还会感到轻度的子宫收缩。

## 第226天 32W+2D（32周又2天）本月孕程——宝宝有小指甲了

第9个月的胎儿已较为成熟，皮下脂肪开始变厚，皮肤的褶皱也越来越少。脸部轮廓清楚，可以表现出笑、哭等表情。小手也长指甲了。

### 宝宝发育

**胎宝宝的体长：**可达48厘米。胎宝宝的体重：可达2500克。

**发育基本完备：**全身开始长皮下脂肪，身体变成圆形，皱纹也少了，皮肤有光泽。长满全身的细毛开始逐渐脱落，脸上和肚子上的细毛已经消失。指甲长得很快，直达指尖，但是不会超过指尖。生殖器发育几乎已完备。

**具备独立生存能力：**内脏及掌控各器官的神经也相当发达。吸奶的力量、排泄、调节体温的能力都具备了。视觉、听觉、味觉、触觉和痛觉等感觉神经与脑干紧紧相连，与大脑皮质之间的关系也已经建立。对外来的刺激能够反应，大脑的机能也相当发达，已经具备离开母体自行生活的基本能力。

**频繁吮吸手指：**胎儿从第8个月开始经常吸吮指头，而且越来越频繁，自己甚至会将手指放到嘴边，这是随意运动的开始。

### 妈妈变化

子宫底升到最高位置大约是在第9个月的时候，此时已升到心窝附近而直接压迫到胃了。因此，会造成孕妇食欲不振，体重亦有急速增加的倾向。

**子宫还在不断增大：**子宫底已增长到胸骨的剑突和肚脐之间，约在剑突下2横指，尺测耻骨联合上子宫长度为32厘米（29.8～34.5厘米），这个月末，甚至会升高到心脏的位置。

**各种不适感加重：**孕妇极易发生下肢及外阴静脉曲张。同时由于胎头压迫下肢静脉血管，准妈妈出现水肿、痉挛、腰酸、眩晕等症状，并有所加重。

## 第227天 32W+3D（32周又3天）本月营养关注

### 孕9月饮食原则

孕9月，胎儿在胎内的生活所剩无几，此时准妈妈要继续保持良好的饮食习惯，孕妈妈孕9月的饮食原则如下：

◆ 每餐以黄绿色蔬菜为主，可以分几次吃完。

◆ 每天保证吃300克用以充分补充B族维生素，特别是B族维生素中的叶酸有稳定情绪、增进食欲、缓解疼痛的作用，是准妈妈非常需要的营养素；为了支撑大肚子，准妈妈很容易疲劳，因此应多摄取叶酸，这样会舒服一些。除了黄绿色蔬菜，大豆、胚芽米、牛奶中叶酸也很丰富。

## 孕9月营养要素

◆ **蛋白质：**准妈妈每天摄入优质蛋白质75～100克，蛋白质食物来源以鸡肉、鱼肉、虾、猪肉等动物蛋白为主，可以多吃一些海产品。

◆ **脂肪：**准妈妈保证每天主食（谷类）400克左右，总脂肪量60克左右。孕9月时，胎儿大脑中某些部分还没有成熟，因此，准妈妈需要适量补充脂肪，尤其是植物油仍是必需的。

◆ **维生素：**孕9月的准妈妈应注意补充维生素，其中水溶性维生素以硫胺素（维生素$B_1$）最为重要。本月如果准妈妈硫胺素补充不足，易出现呕吐、倦怠、体乏等现象，还可能影响分娩时子宫收缩，使产程延长，分娩困难。如果准妈妈缺乏维生素K，多吃动物肝脏及绿叶蔬菜等富含维生素K的食物。为了利于钙和铁的吸收，还要注意补充维生素A，维生素D和维生素C。

◆ **微量元素：**准妈妈在此时应补充足够的铁。胎儿肝脏以每天5毫克的速度储存铁，直到存储量达到240毫克。如果此时准妈妈铁摄入不足，可影响胎儿体内铁的存储，出生后易患缺铁性贫血。此外还应补充足够的钙，胎儿体内的钙一半以上是在孕期最后两个月存储的。如果孕9月准妈妈钙摄入量不足，胎儿就要动用母体骨骼中的钙，致使母亲发生软骨病。

第228天

32W+4D（32周又4天）

# 抗过敏秘笈

过敏体质孕妈妈在怀孕期间，要比一般人更注意生活细节，特别是气喘患者，应该先与医师沟通，将病情控制好，并找出过敏原，才能在怀孕期间避免发病而影响胎儿及自己的健康。

## 过敏反应会在孕期变重

过敏人口越来越多，许多过敏反应会在怀孕期间变得更严重，例如皮肤过敏；而有些女性从未有过敏情形，到怀孕时才首次出现，因此很容易失去警觉，例如往往咳很久且呼吸不顺畅，还认为是感冒因素。

## 穿着以棉质为佳

皮肤过敏者衣服穿着以宽松为主，腰带

**告诉准爸爸**

### 孕妈妈时刻都需要陪伴

到了怀孕晚期，孕妻有可能随时分娩，加之分娩日期临近，心理也会越来越紧张。因此准爸爸这个时候尽量避免出差，每天最好按时回家陪伴孕妻，使孕妻心中有所依托。切不可经常彻夜不归，把孕妻一个人扔在家里。

勿过紧，以免皮肤受压迫。

避免穿毛料衣物及使用毛毯，因为会刺激皮肤，且毛絮及地毯中的灰尘会引起哮喘发作，所以衣物应该改用棉质为佳。

### 杜绝过敏原

◆ **保持干净**：要丢弃的食物必须密封，以免引来蟑螂，因为蟑螂的排泄物会引起过敏。

◆ **避免接触尘螨**：可使用防螨寝具，并勤加清洗。

◆ **注意室内湿度**：最好保持在50%以下，必要的时候可使用除湿机。

◆ **注意霉菌会引起过敏**：尤其夏天，霉菌的孢子会随空气漂浮，所以要注意空气清洁，可使用空气清洁机。

### 避免花粉可能引起的过敏

若到郊外踏青，记住——越不起眼的植物越要小心，因为一些野草及花朵不明显的花，必须靠大量花粉传播繁殖，所以花粉比较多。此时最好戴口罩以避免吸入花粉。

### 冷天外出尽可能戴口罩

不仅能避免吸入冷空气（冷空气会引起鼻部及气管过敏发作），还可避免手部接触脸，容易将病毒带入而引起感冒。

第 229 天

32W+5D（32周又5天）

## 甩掉孕晚期坏心情

孕妈妈走过了漫长的妊娠过程，即将迎来分娩。许多孕妈妈在孕晚期会出现一系列的心理问题，如紧张、焦虑、烦躁。这是由于孕妈妈在孕晚期的心理压力太大，家人要多理解，多给予关心和支持。

### 孕晚期的忧虑

担心分娩时会有生命危险；害怕分娩的疼痛，无法选择剖宫产还是自然分娩；担心住院以后看到医护人员的恶劣态度及其他产妇的痛苦状况；怕超过预产期而出现意外；腹内胎儿日渐增大，可能出现胎动加强、白带增多、消化不良、下肢静脉曲张和水肿等现象，日常生活越来越不方便，心里非常焦躁不安，急盼快些分娩，早早结束妊娠的日子；在选择母乳喂养还是人工喂养的问题上举棋不定；分娩的日子很快到来，担心自己无法胜任妈妈的角色而产生忧虑。

### 心理压力对胎儿的影响

造成胎动活跃，子宫缺氧，宫内发育迟缓，出生后低体重，易惊吓，爱哭闹等。

### 自我心理救助

◆ **自创好心情**：遇到不尽如人意的事也不要自怨自艾、怨天尤人，以开朗明快的心情面对问题，对家人要善解人意、心存宽容和谅解，不是很原则的事情就可以大事化小、小事化了，协调好家庭关系，好心情源于好的家庭氛围啊。

◆ **试着坚持**：告诉自己，那么长的一段时间都坚持下来了，还在乎剩下的这点时间吗？走出去，与其他孕妈妈或妈妈多交流，从别人身上寻找自己缺少的快乐理由，或者多读一些书，让心沉静下来，平缓不安、焦躁的情绪。

◆ **学会倾诉**：自己心理有不良情绪郁结时，要向老公、家人、医生或朋友倾诉，倾诉本身就是一种减压方式，让心情逐渐开朗。

32W+6D（32周又6天）

## 准爸爸要做好哪些准备

### 准爸爸要随时待命

孕期的最后阶段一定要避免夫妻性生活，避免对子宫的任何压力。丈夫这时应该随时处于待命状态，保证妻子随时可以找到你，也可以委托一个亲友或亲自请假来陪伴妻子。还要学会帮妻子计数宫缩频率，当宫缩时间间隔越来越短、疼痛时间越来越长的时候，就应该考虑马上去医院，特别是在距离医院路程较远的情况下，一定要把时间安排好。

### 收集好紧急电话、地址资料

准爸爸需要把紧急时需要打的电话号码和住所等资料做成一览表贴在电话机旁，以便妻子在遇到紧急情况时不至于惊慌失措。

| 联系人 | 电话号码 | 地址备注 |
| --- | --- | --- |
| 住院的医院 | | |
| 丈夫公司 | | |
| 娘家 | | |
| 婆家 | | |
| 兄妹 | | |
| 好友 | | |
| 出租汽车 | | |

第231天

33W（33周）

# 孕妈妈口腔护理用品选择要领

很多专家认为孕期牙周炎很可能会导致孕妈妈发生早产，因此，孕妈妈要很好地护理自己的口腔，尤其要注意口腔卫生。而护理口腔需要一定的护理产品，因此，孕妈妈要选择适合自己的口腔护理产品。

| 护理工具 | 功能 | 注意事项 |
|---|---|---|
| 牙刷 | 清除牙齿表面的牙菌膜 | 1.孕妈妈使用的牙刷一定要比普通牙刷的清洁力更强，且毛刷要软，刷牙的力度应适中<br>2.条件允许的话，不妨选购电动牙刷，有效地按摩牙龈，刷牙力度适中，降低牙龈出血的概率 |
| 牙膏 | 具有摩擦和去除菌斑、清洁抛光牙齿、使口腔清爽等作用 | 1.孕妈妈应少用含氟牙膏，但每次最好不要超过1厘米，以免对胎宝宝造成伤害<br>2.应慎用含氟量过高或标示不明的含氟牙膏 |
| 牙线 | 牙线由尼龙线制成，能到达比较狭窄的牙缝，彻底清洁牙齿。不损伤牙龈，安全可靠 | 使用牙线时，最好配套使用牙线叉这一辅助性工具，以避免用手直接接触牙线而传播细菌 |
| 牙签 | 帮助去除牙缝中一部分食物残渣 | 1.牙签仅限于在牙缝较大的情况下使用，并且必须选择硬木材质或塑料无毛刺的牙签<br>2.牙签对牙龈会造成一定程度的损伤，应尽量少用 |
| 漱口水 | 非药物性的漱口水，可以清除口臭。药用漱口水，各大药店均有出售，可以治疗牙龈炎、牙周炎、口腔溃疡等口腔疾病 | 漱口水的性质不是很好区分，同时药用漱口水对孕妈妈有一定的负面作用，孕妈妈最好少用或者不用 |

第232天

33W+1D（33周又1天）

## 突遇紧急情况：拨打120

经常单独在家的孕妈妈，在妊娠9个月时，很可能会突然出现分娩的迹象，如阵痛、阴道出血、羊水流出等，或者孕妈妈发生碰撞、摔倒等意外而突然要分娩，孕妈妈应该立即拨打120，以寻求救护。

### 拨打120应该说什么

◆ 一旦电话接通，应清楚地描述家庭住址，并具体到楼层，还应该指出家庭住址附近某些标志性建筑。

◆ 电话里还应该主动说明情况，如即将生产或发生意外致使阴道出血。

### 救护车没来前应该做什么

◆ 在救护车未到来之前，务必保持电话线的畅通，以备不时之需。

◆ 先让自己保持冷静，防止用力呼吸，再让自己取舒适的体位休息，而不应该继续走动。

### 救护车基本情况知多少

◆ 救护车上一般会备有抽吸导管、氧气鼻管、氧气、氧气面罩、毛毯等，同时还会有孕妈妈专用的生产创伤处理包，主要用于救护车上分娩时和分娩后的简单处理。

◆ 救护车收费通常是有一定标准的：普通型救护车、抢救型救护车，不同的车有不同的价格。救护车实行全程计价；医生另收诊费和医药费，每车配一名担架工，抬担架不收费。

◆ 救护车一般都会有特殊装置，如动力转向系统、翻车保护杆等，以保证车身平稳。

◆ 救护车司机都受过专业训练，暴风雨天气、颠簸路面等都不会影响司机的驾车技术。

第233天

33W+2D（33周又2天）

## 职场孕妈妈应适时停止工作

孕妈妈在怀孕期间同样可以做到怀孕工作两不误，但在投入工作的同时，千万别忘了有宝宝的存在，量力而为，适时停止工作。

如果准妈妈的工作环境相对安静清洁，危险性比较小，若是长期坐在办公室工作，同时身体状况良好，那么可以在预产期的前三周或两周回到家中，静静地等待宝宝的诞生。

如果准妈妈的工作是饭店服务人员或销售人员，或每天至少需要4小时以上的行走时间，建议准妈妈在预产期的前两周半就离开工作岗位回到家中待产。

如果准妈妈是工作在工厂的操作间中，或是暗室等阴暗嘈杂的环境中，那么建议准妈妈在怀孕期间调动工作，或选择暂时离开工作岗位，待在家中。

在孕晚期，准妈妈可能会感觉到行动特别不便，如果准妈妈的工作量相当大，建议至少提前一个月开始休产假，以免发生意外。如果准妈妈的工作不属于体力劳动，工作强度不是很大，那么孕晚期还可以坚持多工作1到2周，只是要避免上夜班、长期站立、拾重物及颠簸较大的工作。

按照有关规定，育龄妇女可享受不少于90天的产假。怀孕满36周的上班族准妈妈就可在家中休息，为临产做准备。

第234天

33W+3D（33周又3天）

## 学做产前运动

孕妈妈最好每天都能做一些有助产效果的产前运动，可以促进孕妈发的血液循环，加强心肺功能，还可以使分娩时更加轻松。

### 配合运动的呼吸法

腹式呼吸法配合产前运动一起进行，可以舒缓肌肉和精神紧张，在有助生产顺利之余，平时进行还可减轻腰痛，痔患及产后尿失禁。步骤如下：

1.仰卧于床上，放一个枕头于膝下，双手平放于身旁。

2.吸气时腹部胀起，呼气时腹部放松，切勿使劲，要自然松弛。

每做5次就停下稍作休息。

### 腹肌运动

1.仰卧于床上，双手放于腰下。

2.吸气时腰部微微向手上压下，呼气时放松全身。

次数 做10次。

功效 减轻腰痛，增强腹背肌力，帮助顺利生产。

### 腰椎运动

1.双脚蹲在地上，双手支撑着身体，头垂下，两肩及背部随着头部一起下垂，使脊骨弓起。

2.抬起头来，两肩及背部随头部一起向上挺起，脊骨向下弯。

次数 做10次。

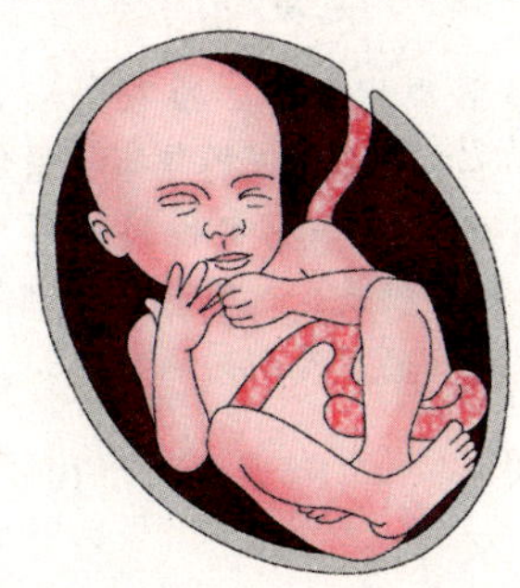

第34周

本周宝宝 妈咪，此时我像新生儿一样了，我醒着时会张开眼睛，睡觉时会闭上眼睛而且我的手指甲已经长齐了。

本周妈妈 宝宝，妈妈常常出现痉挛和疼痛，有时我还会感到腹部阵痛，一阵阵紧缩。同时，我的手脚还可能出现肿胀，这多是由液体积留体内所致。

功效 减轻腰痛，增强腹背肌力，帮助生产过程顺利。

### 会阴肌肉运动

1.仰卧于床上，双手放于腰旁。

2.吸气时收紧肛门、会阴和尿道口，维持5～6秒后放松再做。

次数 做10次。

功效 能增强会阴肌肉的耐力和控制能力，帮助分娩，亦可避免产后出现大小便失禁的情况。

## 第235天 33W+4D（33周又4天）孕妈妈胎盘早剥怎么办

胎盘早期剥离（胎盘早剥）是指附着于正常位置的胎盘在胎儿娩出之前从子宫壁剥离。虽然该病的发病率并不是很高，但却是妊娠晚期的一种严重并发症，应引起孕妈妈的注意。

### 了解胎盘早剥

如果剥离严重，大部分胎盘剥离，胎儿就不能得到足够的氧，面临着生命危险。如果只有一小部分的胎盘剥离，危险就会大大地减少。

如果剥离小，正常的做法是卧床休息直到流血停止，在剩余的时间里必须接受密切的监控。根据分离的严重程度，症状也不同，包括：

- 阴道流血
- 腹痛
- 贫血及休克

### 具有高危因素者应高度警惕

对于有重度妊娠高血压综合征、慢性高血压、慢性肾炎的孕妇，如果出现上述表现，应特别引起重视。有腹部受撞、摔倒等外伤时，出现腹痛及阴道流血时，也要小心胎盘早剥的可能性。凡出现可疑情况，应及时去医院检查。

诊断本病最直接有效的办法是超声波检查。在超声波下，如果见到子宫壁与胎盘之间有异常的占位性液性暗区，可确诊为胎盘早剥。

### 确诊后应及早终止妊娠

胎盘早剥一经确诊，应及早终止妊娠。选择经阴道分娩或是剖宫产，一般应由医生根据患者的病情、产道情况及胎儿情况来决定。

#### 告诉准爸爸

**和孕妈妈一起挑选尿布**

宝宝很快就要出生了，准爸爸应该和妻子一起挑选尿布。常用的尿布一般包括纸尿裤和普通尿布，前者价格相对较贵，后者需要经常换洗，比较麻烦。准爸爸应根据实际情况确定选购的尿布。

第236天

33W+5D（33周又5天）

# 前置胎盘的危害大

正常妊娠时，胎盘附着于子宫体的前壁、后壁和侧壁。如果胎盘部分或全部附着于子宫下段或附着在子宫颈内口上，我们称之为前置胎盘。那么前置胎盘对母儿有哪些危害呢？

## 阴道出血

此种出血往往发生于不自觉中。有时孕妇半夜醒来，突然发现自己阴道有出血。阴道出血发生时间的早晚，发作次数及出血量的多少，与前置胎盘的种类有很大关系。完全性前置胎盘初次出血的时间较早，约在妊娠28周。出血次数较频，量较多，往往一次大量出血就可使病人进入休克状态；低置性前置胎盘初次出血多发生在妊娠37～40周或分娩开始时，量也较少；部分性前置胎盘初次出血的时间和出血量界于前二者之间。

## 早产和难产

完全性前置胎盘若一次出血量较多，且反复发作，治疗无效，往往造成早产，因胎盘附着位置低，阻碍胎儿先露部下降进入骨盆，故常导致胎头高浮和胎位异常，如臀位、横位等，从而造成难产。

## 产后出血

分娩时由于子宫下段收缩力较差，附着于此处的胎盘不易剥离，剥离后血窦往往不易闭合，故常发生产后出血。同时胎盘附着处的子宫颈或子宫下段血管丰富、组织脆弱。在进行阴道操作时容易发生撕裂，也是导致出血的原因。

## 贫血和产褥感染

由于妊娠期多次阴道出血，产妇往往出现贫血。机体抵抗力降低。胎盘的剥离面离阴道较近，开放的血窦可成为细菌进入体内的门户，凝固的血液又可以助长细菌的滋生，加之分娩时常需要手术操作，所以产后易发生产褥感染。

## 羊水栓塞

前置胎盘时，胎膜破裂，羊水由血窦进入血液循环而发生羊水栓塞。这种情况虽然少见，但危害性较大，可以危及产妇的生命。

## 前置胎盘安胎须知

①绝对卧床休息，尽量左侧位。

②绝对禁止性生活。

③加强营养，补充蛋白质，让胎儿尽量长大点。

④做好有可能早产、剖宫产的准备。

⑤如果有流血现象，就要立刻到医院检查。

33W+6D（33周又6天）

# 布置婴儿房间三要点

孕妈妈现在可以布置好婴儿房来迎接你的宝宝了，婴儿房的布置有以下几点需要注意点。

## 居室温度适宜

婴儿居室应选择向阳、通风、清洁、安静的房间。新生儿体温调节中枢尚未发育成熟，体温变化易受外界环境的影响，故选择既能使新生儿保持正常体温，又耗氧代谢低的环境很重要。婴儿居室的室温在18℃～22℃为佳。

寒冷的冬季注意居室保暖，可用暖气取暖，也可用热水袋保暖，切忌烫伤婴儿。

夏季炎热时，注意室内通风，可使用电风扇和空调。电风扇不要直接对着婴儿吹，空调不宜将室内温度制冷太低或长时间开放。

## 室内湿度适宜

空气过于干燥会使婴儿呼吸道黏膜变干，抵抗力低下，也可发生上呼吸道感染，故室内要一定湿度，湿度在50%～60%为佳。加湿可用空气加湿器，冬季也可在暖气片上放湿布，夏季可向地面洒些清水。

## 装修布置简洁环保

婴儿居室的装修要简洁、明快，可吊挂一个鲜艳的大彩球及一幅大挂图，以刺激婴儿的视觉。勿将居室搞得杂乱无章，使婴儿的眼睛产生疲劳。不能让婴儿住在刚粉刷或刚油漆过的房间里，以免中毒。

34W（34周）

# 孕晚期孕妈妈美丽要领

## 化妆与美容

怀孕后期，皮肤很容易过敏，所以，不要随意改用化妆品，可以用自己习惯了的，否则，可能会使皮肤粗糙或留下斑点。化妆要尽量明快活泼一些，以掩饰住脸部的憔悴。

这时，到医院检查的次数越来越多。体检时，就不要化妆了，不要涂胭脂、眼影、口红、指甲油，因为孕妇的脸色与指甲的颜色往往是医生判断孕妇身体情况的指标。如果它们被化妆品掩盖住，就很难做出正确的诊断了。

## 保持清洁

怀孕后期，阴道分泌物增多，外阴部容易污染，所以，要每天清洗以保持清洁。由于局部充血，皮肤黏膜特别容易受伤，所以，洗澡时动作千万要轻缓，浴毕可使用爽身粉，保持身体舒适与清爽。在住院待产前，就要事先洗好头，保持全身的清洁。

## 头发的梳理

为了弥补体型上的不足，你应该更加注

意头发的梳理。头发要梳理得整齐美观，再配上自然的面容，看上去就会好很多。头发要短一些，服帖一些，这样你那略显沉重的体型就会显得轻松了许多。你可以把头发梳成一种使脑袋显得小巧玲珑、完全露出脖子的发型。怀孕后期，最好不要烫发。

### 穿衣打扮

要想美丽，还得在着装、姿势方面下点工夫。怀孕晚期时，孕妈妈的身体更加粗大。质地太软、颜色灰暗、皱褶明显的衣料，都不应该选择。紧身的衣裙、粗毛绒衫等服装也都不适。如果这样着装，孕妈妈不仅很别扭，而且很不雅观，会显得更加笨重。

孕妈妈着装时，应该尽量让脖子都露出来，到了夏天可以穿短袖或完全无袖的衣裙。头颈及胳膊的效果会使人产生错觉，让你变得轻盈，且惹人喜爱。

### 对鞋和袜子的要求

为了保持良好的姿势，得选一双合适的鞋子。到了怀孕后期，鞋子应宽大一些。因为在这期间，双脚会有轻微肿胀的趋势。

穿袜子时，要穿与裙子的颜色协调一致的，这样会显得身材修长。裙子的长短可以通过照镜子，看看怎样的长度最合适。

第239天

34W+1D（34周又1天）

## 孕晚期应禁止性生活

孕晚期了，夫妻的性生活要有所节制了，因为此时临产期将至，宝宝随时可能出生，最好避免性生活，以免给胎宝宝造成不必要的伤害。

孕晚期孕妇的腹部突然膨胀起来，腰痛，懒得动弹，性欲减退。此阶段胎儿生长迅速，子宫明显增大，对任何外来刺激都非常敏感。子宫在孕晚期容易收缩，因此要避免给予机械性的强烈刺激。夫妻间应尽可能停止性生活，以免发生意外。

尤其是临产前4周或前3周时必须禁止性交。因为这个时候胎儿已经成熟。为了迎接胎儿的出世，孕妇的子宫已经下降，子宫口逐渐张开。如果这时性交，羊水感染的可能性更大。调查证实，在产褥期发生感染的妇女，50%在妊娠的最后4周夫妻性交过。如果在分娩前3天性交，20%的妇女可能发生严重感染。感染不但威胁着即将分娩的产妇安全，也影响着胎儿的安全，可使胎儿早产，而早产儿的抵抗力差，容易感染疾病。即使不早产，胎儿在子宫内也可能受到母亲

**告诉准爸爸**

**准爸爸肚里能撑船**

很多时候，准妈妈们需要把她们的种种不舒服、内心的不良情绪释放出来。这对她们调整心态、从不平衡走向平衡是有好处的。做为丈夫，应时刻保持宽容、耐心，对妻子的坏脾气视而不见，当个好听众，接纳所有的抱怨，心甘情愿当妻子的出气筒。在妻子的怒气稍稍平息以后，准爸爸不妨搂着妻子温柔地问问：“我能替你做什么？”或者递去一杯水，说几句贴心话。

感染疾病的影响，身心发育也会受到影响。

对于丈夫来说，目前是应该忍耐的时期，只限于温柔地拥抱和亲吻，禁止具有强烈刺激的行为。

## 第240天 34W+2D（34周又2天） 如何防止外力导致的异常宫缩

孕晚期子宫会自然出现零星且不规则的收缩，这种宫缩通常强度不大，是孕期正常现象，不必担心。但要尽量避免一些外力导致的异常宫缩，因为这可能会对胎宝宝不利。

### 避免外力撞击腹部

孕妈妈跌倒或者腹部不慎受到撞击时，不但会压迫到子宫内的宝宝，也会因疼痛、惊吓导致子宫内血液供给变少，引起宫缩，严重的撞击甚至还会造成胎盘早期剥离，危及妈妈与胎宝宝的生命，这时应及时就医。

### 不要提重物

在孕晚期，提搬重物时，会在腰及下腹部用力，引起腹部的压迫及子宫的充血，引起宫缩。孕妈妈要及时躺下休息，保持安静，会很有效。

### 避免进行激烈运动

身体处于长期的摇晃状态、进行激烈的运动，常会不自觉为出现宫缩，疲倦时躺下休息，保持安静，会很有效。

### 放松心情

孕妇长期处于过度紧张与疲劳的环境下也较容易出现频繁的宫缩，压力积攒后也容易出现腹部变硬，最好能做到不要积存压力，身心放松。

### 防止着凉

空调使下肢和腰部过于寒冷，也容易引起宫缩。可以穿上袜子，盖上毯子。

## 第241天 34W+3D（34周又3天） 警惕仰卧综合征

在孕8个月后，孕妈妈如果仰卧时间过久，就会出现头晕、心慌、发冷、出汗、血压下降等症状，甚至神志不清和呼吸困难，这就是仰卧综合征。

### 仰卧综合征发生的原因

逐月增大的子宫在准妈妈仰卧时会压向脊柱，使脊柱两旁大血管受压，血液不能顺畅流向心脏，造成回心血量减少。这样，就使心脏向全身输出血量减少，造成心、脑、肾等重要器官供血不足，出现一系列血压下降的症状，心排出量不足及大动脉受压会减少对子宫的供血，导致胎儿缺氧，很快出现胎心增快、减慢或不规律，甚至窒息和死亡。

因此，准妈妈无论夜晚睡眠还是白天躺卧，都应采取左侧卧位。不慎发生仰卧综合征时，应迅速改换为左侧卧位或半卧位，就可缓解症状。严重时，应及时去医院就诊。

## 如何预防仰卧综合征

仰卧综合征是可以避免的，孕晚期孕妇时时都要注意采取左侧卧位。在牙科、美容院和妇科等处，几乎都要采取仰卧位，准妈妈切不可长时间地仰卧，随时警惕发生仰卧综合征。若由于仰卧发生了血压下降，孕妇应迅速改换体位，即由仰卧改为左侧卧位或半卧位，症状就会得到缓解。如果血压下降等症状不能得以纠正，就应该考虑是否有造成血压下降的其他原因，并及时处理。

34W+4D（34周又4天）

# 如何纠正胎位不正

胎儿在子宫中正常的姿势是头位。这种姿势是使胎儿最大的头部先出来，其他的部位才容易出来。假如妊娠8个月以后仍为臀位，则应查清原因。如无其他原因，可在医生指导下进行自我矫正。

## 胸膝卧位法

胸膝卧位法适用于30周后胎位仍为臀位或横位，无脐带绕颈。具体操作为：孕妈妈于饭前、进食后2小时或早晨起床及晚上睡前，先排空尿液，然后松解裤带，双膝稍分开（与肩同宽），平躺在床上，胸肩贴在床上，头歪向一侧，大腿与小腿呈90°直角，双手下垂于床两旁或者放在头两侧，形成头高臀低位，以使胎头顶到母体的横膈处，借重心的改变来使胎宝宝由臀位或横位转变为头位。每天做2～3次，每次10～15分钟，一周后进行胎位复查。每次矫正前后都应注意胎动和胎心变化，如发现异常，应及时去医院。

## 艾灸穴位法

艾灸穴位法可配合胸膝卧位法一同做，但要在医生指导下进行。具体做法为：孕妈妈采取坐位，脚踩在小凳上，松开腰带，用点燃的艾卷熏至阴穴（双侧脚小趾外缘）。这样，可兴奋大脑的内分泌系统，使雌激素和前列腺素分泌增多，促进子宫活动，从而使胎宝宝转位。每日1次，每次15～20分钟。一周后进行胎位复查。

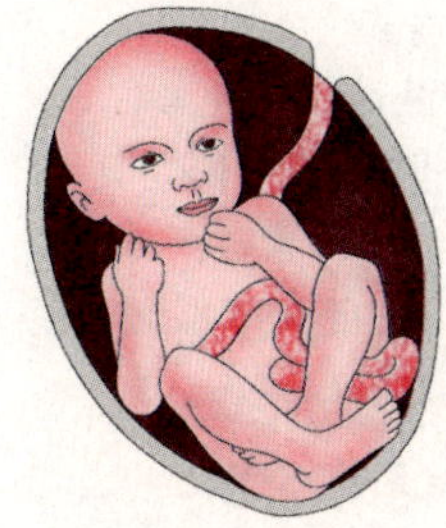

### 第35周

**本周宝宝** 妈咪，我的身上多了些小肌肉。我的听力也已充分发育，肺部的发育已经基本完成了，但我的中枢神经系统仍在继续发育成熟中。

**本周妈妈** 宝宝，由于你压迫了我腿和骨盆的神经，使我的腿部感到刺痛，骨盆部位也出现了麻木痉挛的现象。

### 侧卧位法

侧卧位法适宜于横位和枕后位。具体做法为：侧卧时可同时向侧卧方向轻轻抚摩腹壁，每天做2次，每次10～15分钟。经过以上方法矫正仍不能转为头位，需由医生采取外倒转术。若至临产还不能正常就难以自然分娩，要提前住院，由医生选择恰当的分娩方式。

34W+5D（34周又5天）

## 最新流行的孕妈妈助产球操

妊娠7个月了，孕妈妈有必要进行一些健身运动，既可以为即将到来的分娩助一臂之力，又可以放松身心，克服自身的产前忧郁症状，还有助于胎宝宝的生长发育。最近比较流行的孕期健身方式是球操，孕妈妈不妨学着做做吧！

### 蹲姿滚动助产球操

**【操作步骤】**

1.孕妈妈准备个大球，放置在墙边。双腿分开，双手放在腹部上，臀部抬起，后背紧紧地靠在球上。

2.孕妈妈保持重心，双腿左右摇摆，坚持2～3分钟为宜。

**【操作要领】**首先应该保证球的质量，不要轻易被压破，孕妈妈背靠在球上的时候，因为臀部略抬起，所以特别需要保持重心。

**【操作频率】**孕妈妈可以每天早晚各练习一次，每次控制在约20分钟为宜。

**【操作功效】**这套操通过锻炼臀肌和下肢肌肉的力量，对孕妈妈分娩时用力是个很好的锻炼方式，有利于激发孕妈妈的分娩，从而缩短产程。

### 站姿靠球助产球操

**【操作步骤】**

1.孕妈妈取站位，双腿分开，与肩同宽，双手叉腰，一个球放在孕妈妈的腰背部，然后顶住墙，保证球不下滑。

2.孕妈妈双腿微微向前弯曲，做下蹲动作，再站直，如此反复。

**【操作要领】**孕妈妈下蹲时，应该根据腹部的大小而定，要尽力下蹲，也要量力而为，且不勉强，以免伤及胎宝宝。另外，下蹲时，上身要一直保持挺直状态。

**【操作频率】**每天坚持练习，20次左右为宜。

**【操作功效】**下蹲动作，有利于纠正异常胎位，还可以锻炼盆底肌的力量，对顺利分娩有极大的促进作用。

**告诉准爸爸**

**给孕妈妈进行甜蜜按摩**

头部按摩：用双手轻轻按摩头和脑后3～5次；用手掌轻按太阳穴3～5次，可缓解头痛，松弛神经。

胸部按摩：从腋下以乳晕位中心聚拢胸部，然后向中央聚拢胸部，反复6次以上，可促进乳腺分泌，预防产后乳疮。

腿部按摩：促进血液循环，可消除浮肿，预防小腿抽筋。

第244天

34W+6D（34周又6天）

## 不可忽视骨盆测量

骨盆是胎宝宝通过产道的一道重要的关卡，关系到分娩是否能够顺利完成，分娩的时间长短等，孕妈妈绝对不可忽视骨盆测量。

### 为什么要进行骨盆测量

胎儿从母体娩出时，必须通过骨盆。除了由子宫、子宫颈、阴道和外阴构成的软产道外，骨盆是产道的最重要的组成部分。分娩的快慢和顺利与否，都和骨盆的大小与形态是否异常有密切的关系，狭小或畸形骨盆均可引起难产。初产妇及有难产史的孕妇，在初次产前检查时，均应作常规骨盆测量及检查。

胎儿能不能通过骨盆而顺利的分娩，既与骨盆的大小有关，也和胎儿的大小有关。骨盆虽然形态正常，如径线小，胎儿虽正常也可能难产；然而当骨盆形态异常，而各径线都足够大时，分娩不一定困难。若骨盆大小正常，而胎儿过大，胎儿与骨盆不相称时，也会发生难产。若胎儿较小，即使骨盆小一些，也能顺利分娩。骨盆有大有小，胎儿也有大有小，即便是经产妇，每次妊娠的胎儿大小也不相同。

因此，为了弄清骨盆的大小和形态，了解胎儿和骨盆之间的比例，产前检查时一定要测量骨盆。

### 最佳骨盆测量时间

为了胎宝宝能够顺利地出生，孕妈妈产前有必要做一次详细的骨盆检测，并计算出胎宝宝与骨盆之间的比例关系。

骨盆可以在怀孕早期做检查，但妊娠28～34周是测量骨盆的最佳时间，做完一次详细的检查后，孕妈妈最好在妊娠37周或38周时，再做一次复查，以确定分娩方式。

第245天

35W（35周）

## 生产观念的误区

很多孕妈妈对生产存在一定的偏见或错误观念。对于这些错误的生产观念，如果过于相信，很可能会给孕妈妈和胎宝宝造成危害。因此，应及时予以纠正。

### 剖宫产比自然分娩好

剖宫产和自然分娩孰轻孰重，其实并没有最终的定论，但是将近40%的孕妈妈却错误地认为剖宫产比自然分娩好。事实上，凡是适合孕妈妈的分娩方式才是最好的，但是究竟应该选择哪种分娩方式，需要依据孕妈妈的身体素质和胎宝宝的具体情况而定。

### 高龄产妇必须剖宫产

相对年轻孕妈妈来说，高龄产妇分娩的危险性会比较大，但是并不一定非要进行剖宫产。是否进行剖宫产主要根据孕妈妈的身体状况而定，产妇的年龄只是其中一个非常次要的因素，不足以构成孕妈妈必须采取剖宫产的必然条件。一般情况下，高龄产妇的身体状况良好，且骨盆大小、子宫收缩的强度均正常时，孕妈妈还是适合自然产的。

### 屁股大的女人一定会顺产

常言道“屁股大的女人好生养”，近25％的孕妈妈深有同感。这种想法是武断的，屁股大的女人一般骨盆也比较大，但是生孩子容不容易并不取决于骨盆的大小，而是由骨盆的宽度及斜度、骨盆的出口宽度等决定的。

35W+1D（35周又1天）

## 产前物品准备清单

| 种类 | 物品名及数量 |
| --- | --- |
| 证件 | 记录有关孕妈妈本人平时身体健康情况的原始病历册、孕期保健手册、献血证。办理医保及出生证明用；医保证、生育服务证、住院证、妊娠登记表。还要预备足够的钱 |
| 妈妈服装 | 可以准备一些平时在家喜欢穿的衣服，可以改善孕妈妈的心情。肥大易于穿脱的睡衣（敞胸的，便于喂奶）、棉袜2双、防滑拖鞋1双、内裤3条以上、大号乳罩或背心、防溢乳垫、帽子、外衣（去卫生间、离开病房做其他检查时用）、束腰带1条（视身体恢复情况决定） |
| 妈妈洗漱用品 | 洗脸毛巾、洗脚毛巾、洗下身毛巾、产妇洗下身专用盆、洗脚盆、牙刷、牙膏、肥皂、木头梳、镜子、发夹、洗面奶、护肤品等洗漱用具1套 |
| 卫生用品 | 干湿纸巾、卫生巾若干（最好选用夜用的）、吸奶器、消毒棉垫或纱布垫若干（为婴儿哺乳时清洁乳房用）、棉签、75％酒精（清理脐带及产妇伤口）、维生素软膏（抹在乳头上） |
| 妈妈食物 | 藕粉（剖宫产用于排气用）、巧克力（自然分娩用于补充体力）、吸管（孕妈妈喝水用）、水杯、保温瓶、矿泉水等 |
| 婴儿用品 | 尿布、喝奶瓶、喝水瓶、奶粉、奶嘴、纸尿裤、尿布、干湿纸巾、纱布、毛巾、指甲刀、小手帕、玩具、奶瓶刷、消毒器具、防水尿垫、婴儿澡盆、浴床、沐浴液、香皂、爽身粉、护臀霜、润肤油、宝宝洗屁股盆、洗尿布盆、水温计、洗澡浴巾等 |
| 婴儿服装 | 一般医院都会给准备2套婴儿服，所以自己准备点薄被就可以了 |
| 其他 | 笔和小记事本、随身听、照相机、手机、塑料袋若干 |

第247天

35W+2D（35周又2天）

## 还是自然分娩好

自然分娩是人类繁衍过程中的一个正常生理过程，是人类的一种本能行为。产妇和婴儿都具有潜力主动参与并完成分娩过程。

### “生”还是“剖”

剖宫产是产科的一种手术，是解决难产和挽救母胎生命的一种有效措施。产妇如果孕期检查正常，分娩时没有异常情况，还是应尽量自然阴道分娩。

如有下列情况可考虑进行剖宫产：

患有重度妊娠高血压情况危急；

◆ 35岁以上高龄；

◆ 母亲的骨盆出口窄小；

◆ 前置胎盘；

◆ 胎盘早剥、胎儿宫内缺氧而危及母婴安全的。

### 自然分娩的优点

下面介绍一些阴道分娩对母婴的优点：

◆ 分娩过程中子宫有规律的收缩，能使胎儿肺脏得到锻炼，使肺泡扩张，促进胎儿肺成熟。

◆ 自然分娩时，有规律的子宫收缩以及经过产道时的挤压作用，可将胎儿呼吸道内的羊水和黏液排挤出来，新生儿的并发症如吸收性肺炎的发生率大大减少。

◆ 经阴道分娩时，胎头受子宫收缩和产道挤压，头部充血，可提高脑部呼吸中枢的兴奋性，有利于新生儿娩出后迅速建立正常呼吸。

◆ 免疫球蛋白在自然分娩过程中可由母体传给胎儿，剖宫产儿缺乏这一获取抗体的过程，因而自然分娩的新生儿具有更强的抵抗力。经阴道分娩才是正常的分娩途径。

第248天

35W+3D（35周又3天）

## 剖宫产的优缺点

剖宫产是经腹部切开子宫取出胎儿的手术，手术如果应用得当，可挽救母婴，反之，可能对今后造成不良影响。

### 剖宫产的优点

◆ 产程较短，且胎儿娩出不需要经过骨盆。当胎儿宫内缺氧、巨大儿或产妇骨盆狭窄时，剖宫产更能显示出它的优越性。

◆ 由于某种原因，绝对不可能从阴道分娩时，施行剖宫产可以挽救母婴的生命。剖宫产的手术指征明确，麻醉和手术一般都很顺利。

◆ 如果施行选择性剖宫产，于宫缩尚未开始前就已施行手术，可以免去母亲遭受阵痛之苦。

◆ 腹腔内如有其他疾病时，也可一并处

理，如合并卵巢肿瘤或浆膜下子宫肌瘤，均可同时切除。

◆ 做结扎手术也很方便。

◆ 对已有不宜保留子宫的情况，如严重感染、不全子宫破裂、多发性子宫肌瘤等，亦可同时切除子宫。

由于近年剖宫产术安全性的提高，许多妊娠并发病和妊娠合并症的中止妊娠，临床医生选择了剖宫产术，减少了并发病和合并症对母儿的影响。

### 剖宫产的缺点

◆ 剖宫产手术对母体的精神上和肉体上都是一种创伤。

◆ 手术时麻醉意外虽然极少发生，但也有可能发生。

◆ 手术时可能发生大出血，损伤腹内其他器官，术后也可能发生泌尿、心血管、呼吸等系统的合并症。

◆ 术后子宫及全身的恢复都比自然分娩慢。

◆ 发烧，腹胀，伤口疼痛。腹壁切口愈合不良，甚至裂开，血栓性静脉炎，产后子宫弛缓性出血等。

◆ 两年内再孕有子宫破裂的危险，避孕失败做人流时易发生子宫穿孔。

◆ 婴儿因未经产道挤压，不易适应外界环境的骤变，易发生新生儿窒息、吸入性肺炎及剖宫产儿综合征，包括呼吸困难、紫绀、呕吐、肺透明膜病等。

## 第249天 35W+4D（35周又4天）注意胎儿六大危险信号

孕妈妈孕育宝宝的过程，既充满希望和快乐，又潜伏着危险。孕妈妈需要随时注意胎儿传递的危险信号。

### 阴道出血

如果准妈妈发现自己在妊娠尚未满28周时发生阴道流血，表明有先兆流产的可能。这时准妈妈也不必太过紧张，最简单的方法就是左侧位卧床休息，精神放松。如果情况没有改善，反而严重，则需要及时就医。

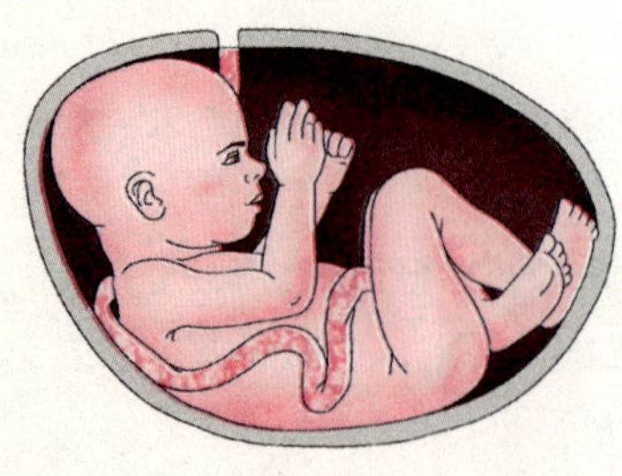

**第36周**

**本周宝宝** 妈咪，我身体的各个器官都完全发育成熟了，随时有可能进入产道。

**本周妈妈** 宝宝，妈妈的心跳、呼吸增快，气喘、胃胀、食欲不振、便秘等症状也加重了，此时你的头部开始逐渐下降至盆腔，挤压膀胱，引起尿频，我会感到下腹部坠胀，甚至会时时有你快要出生的感觉。

### 不明原因的腹痛

孕妇在某些阶段会感觉轻微的腹部闷痛，这种状况大都正常。但如果是突如其来的腹部疼痛，并且是痉挛性的，这就需要引起重视。

### 胎动减少

当胎盘功能发生障碍、脐带绕颈、孕妇用药不当或遇外界不良刺激时，则可能引起不正常的胎动。若在1小时以内胎动少于3次，或12小时胎动少于10次，则说明胎儿有宫内缺氧危险，应去医院检查，及时处理。

### 子宫增长过缓

宫底达不到孕周应有的高度，这是胎儿宫内生长受限的信号。一般认为，胎儿宫内生长受限与遗传因素、胎盘与血管因素、母亲营养及母体妊娠合并症或妊娠并发症有关。

孕妇的体重从孕13周起至足月，体重以平均每周增加350克的速度增长。从孕13～28周起，孕妇体重的增加是以自身重量增加为主，孕28周后则以胎儿的体重增加为主。

### 临产提前

怀孕中晚期，如果出现腹部胀痛、破水，或者阴道见红，子宫强烈收缩并引起下坠感，肚子明显变硬，这些是早产的迹象。早产儿因未成熟，出生后容易出现各种并发症。因此，准妈妈要定期进行产前检查，对可能引起早产的因素给予充分重视，尽量避免早产的发生。

### 预产期超过两周

孕妇在接近预产期时应到医院进行产前检查，如果超过预产期仍未出现宫缩，应到医院进行胎盘功能检查和胎儿状况的检查。如超过预产期10天仍未分娩，则应住院引产。确诊为过期妊娠，且胎儿大、颅骨较硬、羊水较少，尤其是对于有其他妊娠并发症者，医生可能会建议以剖宫产的办法来终止妊娠。

## 第250天 35W+5D（35周又5天）

## 绝不可择日分娩

每逢大喜事，人们就开始挑选黄道吉日。如今，很多孕妈妈也开始效仿，冒出择日分娩的想法。尽管准爸爸、孕妈妈希望宝宝健康聪明，有个好前途的愿望是好的，但专家建议孕妈妈尽量不要择日分娩。这是因为，“十月怀胎，一朝分娩”属于自然的生理过程，有人若是想要人为地进行干涉，很可能会将好事变成坏事。

### 择日分娩不可取

生孩子本来是为人父母天经地义的平常事，本不该受时间和性别的任何人为限制，而应该随遇而安地等待瓜熟蒂落的时机，却偏偏被人干涉，以致造成严重的后果。

### 母子生命受威胁

孕妈妈若不到预产期就强行分娩，大多会因为体内激素达不到水平、子宫颈发育不成熟而导致难产，对孕妈妈的生命构成极大的威胁。

## 新生儿易发育不全

胎宝宝若不足40周就强行分娩，很可能会造成新生儿大脑发育不完全而引起智力低下，或其他器官发育不成熟而出现体弱多病，甚至有感觉运动能力失衡的可能性。

## 手术风险高

由于择日分娩大多是在产妇没有阴道分娩条件时进行强行分娩的，因而需要通过剖宫产来完成，由于手术存在风险性，可能会出现麻醉意外、羊水栓塞、术后感染等并发症，从而增加了母子病死的风险。因此，作为父母不要过于迷恋生辰八字，母子健康才是最重要的，并请用科学的态度进行分娩吧。

**小提示**

马上面临着分娩，孕妈妈可适当食用一些牛肉菜品，因为牛肉具有补脾胃、益气血、强筋骨等作用，可以适度缓解肌肉疼痛。

35W+6D（35周又6天）

# 运动胎教——养胎不如运动

不同的胎教，不同的方式，不同的方向，共同的目标——健康可爱的宝宝。

## 孕妇“品格养胎心灵操”

早晨起床前先闭目让自己放松，使身心头脑处于宁静舒适状态，在平静舒适的心态中暗示自己：“我是一个正气的人，我也要培养出个品行端正的孩子，所以起床后一定要注意保持行为品格的端正，一天不得出错。我相信自己完全能做到。”继续暗示自己：“我心中充满了爱意，不仅爱丈夫，也爱亲人、朋友和他人，爱所有的孩子。我将以最真诚的心去对待他们，我相信我腹中的孩子也会感受到这一切，相信他也会这样为人的。”继续暗示自己：“我知道我会为自己的这种追求感到自豪，也会由此得益，得到品格端正的好孩子。我不会允许自己出现上面提到的不良行为和心态，对此我有充分的信心。”

## 做做广播操

广播操可以活动全身关节肌肉，锻炼比较全面，又不那么剧烈，孕妇可以经常做做，只是有些高举的动作、扭腰下腰的动作、跳跃的动作、转身的动作不做，或者做得幅度小一些，不要用力过猛，不必过于追求动作到位就可以，一般以孕妇不感到勉强、难受、过于疲劳为好。

## 侧卧腹式深呼吸操

孕妈妈侧卧在床上，两膝轻松自然弯曲，身体下方的手向上弯曲，手掌放在脸旁，下方的手轻轻放在下腹部，然后如腹式呼吸法，用鼻子深吸一大口气，使下腹部鼓起，不能再吸气时再慢慢用嘴呼气，使下腹部恢复原状。

当然，已经到了临近分娩的孕晚期，运动也要适量不能过度，否则很容易出现危险，如果把握不好，应向医生请教。运动时稍微感觉不适就要停下来，要知道自己的身体已经处于“关键时期”了。

第252天

36W（36周）

## 美育胎教——用感受训练胎儿

美育胎教要求准妈妈通过听、看、体会生活中一切的美，将自己对美的感受通过神经传导输送给胎儿。

### 美育训练——听

主要是指听音乐，这时准妈妈在欣赏音乐时，可选择些富含主题、意境饱满的作品，比如贝多芬的《月光奏鸣曲》、肖邦的《英雄》、维瓦尔迪的《四季》等，这些乐曲都有较鲜明的主题和性格，能促使人们美好情怀的涌动，也有利于胎儿的心智成长。

### 美育训练——看

主要是指阅读一些优秀的作品和欣赏优美的图画。准妈妈要选择那些立意高、风格雅、个性鲜明的作品阅读，尤其可以多选择一些中外名著。

比如，我国现代作家朱自清和俄国作家屠格涅夫的散文，中国古代诗词及外国诗人普希金、雪莱等人的诗歌，西方著名作家雨果、托尔斯泰和我国当代著名作家的小说等。准妈妈在阅读这些文学作品时定要边看、边思、边体会，强化自己对美的感受，这样胎儿才能受益。

有条件的话，准妈妈还可以看一些著名的美术作品，比如中国的山水画、西方的油画，在欣赏美术作品时，调动自己的理解力和鉴赏力，因此而产生的美的体验一定会传导给胎儿。

### 美育训练——体会

既指贯穿听、看活动中的一切感受和领悟，也指准妈妈在大自然中对自然美的体会。准妈妈在这个阶段也要适度走动，可到环境优美、空气质量较好的大自然中去欣赏大自然的美，这个欣赏的过程也就是准妈妈对自然美的体会过程，准妈妈通过饱览美丽的景色而产生出的美好情怀，可以促进胎儿脑细胞和神经的发育。

# 第10个月
# 迎接宝宝的到来

第253天

36W+1D（36周又1天）

## 本月专家指导

到了第10个月，孕妇便进入了一个收获“季节”。这时候，保证足够的营养，不仅可以供给宝宝生长发育的需要，还可以满足自身子宫和乳房的增大、血容量增多以及其他内脏器官变化所需求的“额外”负担。如果营养不足，不仅所生的婴儿常常比较小，而且孕妇自身也容易发生贫血、骨质软化等营养不良症，这些病症会直接影响临产时的正常的子宫收缩，容易发生难产。

孕妇应坚持这样的饮食原则：少吃多餐。越是临产，就愈应多吃些含铁质的蔬菜（如菠菜、紫菜、芹菜、海带、黑木耳等）。

此时孕妇胃肠受到压迫，可能会有便秘或腹泻。所以，一定要增加进餐的次数，每次少吃一些，而且应吃一些容易消化的食物。

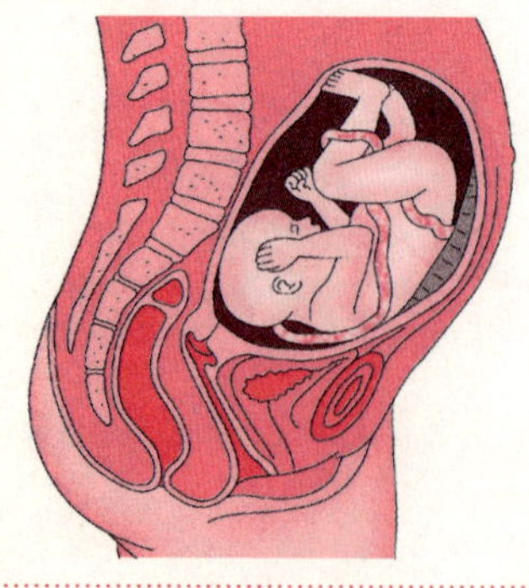

### 第37周

**本周宝宝** 妈咪，我在子宫里已开始练习呼吸了，以准备适应未来的环境。我手紧握的力量更强，同时我的脸也会朝向外面的光源。

**本周妈妈** 宝宝，随着预产期的临近，我时常感到腹部收缩疼痛，如果是不规则的疼痛则为假阵痛。而且分泌物也开始增多，这是在为你的出生做准备。

第254天

36W+2D（36周又2天）

# 本月孕程——要和宝宝见面了

此时，由于胎儿的头部已在骨盆上口或已进入骨盆中，所以剧烈运动的情况已经较少了，但是有些胎儿在分娩之前还是动得厉害，所以也不能一概而论。跟9个月时相比较，感觉上似乎稳重多了。

## 宝宝发育

**胎宝宝体长：**达50余厘米。

**胎宝宝体重：**达3000余克。已是一个胖乎乎的小人儿了。

**体外生存能力大为提高：**以心脏、肝脏为首的循环、呼吸、消化、泌尿等器官已全部形成，作为一个人已经能够在母体外独立生活了。

**形成有规律的生活节律：**此时期的胎儿以睡眠为主，非必要的时候是很少活动的。形成了睡眠和苏醒周期。

**做好了分娩准备：**皮肤细纹消失，显得十分光滑；整个身体蜷成一团，头部继续下移，头部已进入了母体的骨盆之中，等候分娩。

## 妈妈变化

**感觉轻松多了：**胎儿顺着骨盆口下降，子宫底的位置也跟着回落，胃和心脏所受的压迫减小，食欲会有所增加，由于腹部压力减弱，呼吸也比上个月容易了，准妈妈浑身变得轻松起来。

**子宫的变化：**自怀孕开始到现在，孕妇的子宫纤维增长了几十倍，而且越来越粗，使得子宫弹性不断增加。到预产期，子宫容积可达4～5升，高度约32厘米，宽约24厘米，重量1200克。孕妇的腰部出现钝痛，出现临产的各种征兆。

**乳房的变化：**乳房也在迅速的发展，现在它已做好了哺乳的一切准备。在孕妇体内的催乳素（一种雌性激素）的作用下，它在生产后当天就可以给新生儿喂奶。

第255天

36W+3D（36周又3天）

# 本月营养关注

## 孕10月饮食原则

终于临近产期了，要多摄取一些有助于顺利生产的食品，进入最后的准备阶段，准妈妈们要加油哦！孕妈妈孕10月的饮食原则如下：

◆孕妇应多吃新鲜的瓜果蔬菜，可提供孕妇对维生素A，维生素C以及钙和铁的需求；

◆孕妇要多吃粗粮，少食精制的米、面，因为玉米、小米等粗粮含B族维生素和蛋白质比大米和面多；多吃谷类、花生等，因为这些食物中含有大量易于消化的蛋白质、B族维生素和维生素C、铁和钙质等；

◆ 每天可加食1～2个鸡蛋，因为蛋类含有丰富的蛋白质、钙、磷和各种维生素；

◆ 注意多补充微量元素，如锌、镁、碘、铜等，在动物类食品、豆类、谷类、蔬菜中含有铁、锌、铜等，海味食品中含碘量高。

### 孕10月营养要素

◆ **蛋白质**：孕10月，孕妈妈每天应摄入优质蛋白质80～100克，为将来给宝宝哺乳做准备。

◆ **热量**：可多吃些脂肪和糖类含量高的食品，为分娩储备能量。保证每天主食（谷类）500克左右，总脂肪量60克左右。可多喝粥或面汤，容易消化，还要注意粗细搭配，避免便秘。

◆ **维生素**：孕10月，准妈妈的食谱要多种多样，每天保证用两种以上的蔬菜，保证维生素营养全面均衡。除非医生建议，准妈妈在产前不要再补充各类维生素制剂，以免引起代谢紊乱。

第256天

36W+4D（36周又4天）

## 孕妈妈该上分娩课啦

妊娠9个多月了，哪一天都有可能成为分娩日，孕妈妈赶紧准备上分娩课吧，以便做好准备，随时迎接胎宝宝的诞生！

### 选择上课的地点

一般的分娩课程都会设置在医院计划生育中心、妇产科门诊部、由一些专门医师开办的培训课堂等。

孕妈妈若想参加相关的培训或听取相关的授课，可以与相关医院、医生或助产护士咨询，并提前报名参加。

### 明确上课的目的

了解分娩的相关常识，学习产后新妈妈和胎宝宝护理方面的相关事宜，让准爸爸和孕妈妈在妊娠、分娩、育儿等各个环节都得心应手、游刃有余。

#### 临近分娩时的提醒

在分娩前的7　14日，孕妇会感觉胎儿似乎在急速下降，尿频、腰部酸软、慵懒、肚子发胀，有时有不规则的子宫收缩，排出的黏液中夹杂有少许的血丝，胎动变少。此期也是产道软化和子宫颈管短缩的时期，若是初产，则会在此时感到好像要开始真正生产了，子宫收缩频繁；若是经产，则子宫颈管短缩，同时发生子宫口开大的倾向增强，此时千万疏忽不得。这时期，孕妇必须每隔2　3日接受1次诊察；另外，最好每天沐浴；坚持每天大便。

### 寻找合适的课程

孕妈妈应根据自身需求选择适合自己的课程，一般包括孕期课程产前课程及分娩课程、育儿课程等。还有一些针对性的讲座，如孕妈妈如何缓解阵痛正确的分娩呼吸法、分娩后如何恢复身体和身材等。

产程中的每种意外情况以及产科医生当时可能采取的应对措施，分娩课上，讲师会解释得非常清楚。这有利于家人和产妇了解产程的真实情况，并积极配合医生的方案，而不会在意外发生时，将时间浪费在解释和提问中。

第257天

36W+5D（36周又5天）

## 了解分娩时的常见意外

孕妈妈在分娩时总会出现各种各样的风险和意外，但是随着现代医疗水平的提高，大大降低了分娩的风险。孕妈妈们根本无须过于担心和忧虑。保持轻松的心情，并做好应对准备，对顺利分娩大有益处。

### 会阴裂口

孕妈妈分娩时，因为会阴受力过太，难免会出现裂口，只要听从医生的指导正确用力，并及时采取会阴侧切术，是可以避免或缓解裂口增大的。

### 难产

难产是孕奶妈分娩过程中常见的意外，多由胎位不正和胎儿偏大，孕妈妈骨盆过窄等原因所致。妊娠期间，孕妈妈最好适当运动，及时控制体重，并坚持按时做产检。即使难产发生也要从容面对，减轻产痛。

### 子宫破裂

多次人流手术会使子宫壁变薄，从而容易导致子宫破裂的意外，分娩时产道不通畅、子宫壁上有明显的淤痕或者分娩前不恰当地使用催产素，都会造成子宫破裂。

### 产后出血

孕妈妈分娩时子宫强烈收缩，会使其过度乏力而不能正常收缩，通常会发生产后大量出血的情况。孕妈妈最好及时遏制出血的迹象，提前入院观察并医治。

### 告诉准爸爸

#### 藏起你的焦虑情绪

孕妈妈着急分娩，害怕分娩，而作为准爸爸，其心里也不会轻松。但准爸爸应该记住，把你的焦虑心情藏起来。要知道，你是此期孕妈妈唯一的依靠，如果你自乱阵脚，孕妈妈也会更紧张。所以，准爸爸们应该勇敢些，做好妻子的工作，每日与妻子共同完成胎教的内容。

36W+6D（36周又6天）

## 出现哪些症状为临产

预产期逐渐接近，随时可能出现生产的现象，因此，孕妈妈应该尽早了解什么是即将生产的征兆。

### 轻便感

大约于预产期前二三周，因为胎头下降到骨盆腔，整个肚子似乎消了一些，顿时感觉胸部和上腹部的压迫减轻，初产妇的变化比较明显。

### 规则阵痛

强烈又规则的子宫收缩不见得就会很痛，刚开始或许只是感觉到肚子间歇性紧绷及腰酸，倘若宫缩逐渐增强，间隔时间缩短到5分钟之内，应立即前往产科检查。

### 见红

阵发性宫缩之余，阴道会排出较多黏液样分泌物，有时夹杂少量出血，临床上初产妇通常是在见红后子宫颈口才呈现扩张变化。

### 破水

不由自主地有水样液体从阴道里面流下来，如果是在阵痛初期或之前就已经先破水，应立即住院待产。

### 假宫缩

假宫缩是另一种分娩前兆，其特点为子宫收缩持续时间短且不恒定，间歇时间长且不规律，宫缩强度不增加，常在夜间出现而于清晨消失。宫缩只引起轻微腹胀或自觉腹部发硬，子宫颈管不缩短及子宫颈口扩张不明显。孕妈妈服用镇静剂后可抑制这种假宫缩。

以上情况均属临产先兆，提示不久即将临产，孕妈妈此时需做好住院准备，待到正式临产后再及时住院。

第259天

37W（37周）

## 了解产程的三个阶段

每一位孕產婦都希望分娩順利，母嬰平安。分娩能否順利，關鍵取决于四個方面的因素，即產力、產道、胎兒和產婦精神心理因素。要想在這四方面都做好，了解分娩的三產程很有必要。

胎儿离开母体要经过三个阶段。医学上称为三个产程，这三个产程就是从子宫有节奏的收缩到胎儿胎盘娩出的全部过程，完成这个过程，才算分娩结束。三个产程所需要的时间为：初产妇12～16小时，经产妇6.5～7.5小时。下边就三个产程进行简要介绍。

### 第一产程

第一产程开始时，子宫每隔10多分钟收缩一次，收缩的时间也比较短。后来，子宫收缩得越来越频繁，每隔1～2分钟就要收缩一次，每次持续1分钟左右。当宫缩越紧，间歇越短时，宫口就开得越快，产妇的疼痛感就越明显。当子宫收缩时，产妇会有子宫发紧、发硬的感觉，下腹或腰部疼痛，并有下坠感。待产的准妈妈一定要以充足的精力和良好的心态迎接宝宝的诞生。

### 第二产程

这一时期，宫缩痛明显减轻，子宫的收缩力量更强。当出现宫缩时，产妇的双脚要蹬在产床上，两手紧握产床边上的扶手，深吸一口气，然后屏住，像解大便一样向下用力，并向肛门屏气，持续的时间越长越好。如果宫缩还没有消失，就换口气继续同样用力使劲。胎儿顺着产道逐渐下降。这时，子宫收缩越来越紧，每次间隔只有1～2分钟，持续1分钟，胎儿下降很快，迅速从宫颈口进入产道，然后又顺着产道达到阴道口露头，直到全身娩出。这个阶段初产妇一般需要1～2个小时，经产妇只需要半个小时或几分钟。

### 第三产程

胎儿娩出，产妇顿觉腹内空空，如释重负，子宫收缩，待5～30分钟后，胎盘及包绕胎儿的胎膜和子宫分开，随着子宫收缩而排出体外。如超过30分钟胎盘不下，则应听从医生的安排，由医生帮助娩出胎盘。胎盘娩出意味着整个产程全部结束。

## 第260天 37W+1D（37周又1天）

## 临产十忌

◆ **一忌怕** 不少孕妈妈由于缺乏常识，对分娩有不同程度的恐惧心理。这种不良心理，不仅会影响孕妈妈临产前的饮食和睡眠，还会妨碍全身的应激能力。

◆ **二忌急** 有些孕妈妈没到预产期就焦急地盼望能早日分娩，到了预产期，更是终日寝食不安。

◆ **三忌粗心** 一些孕妈妈大大咧咧，到了妊娠晚期仍不以为然，结果临产常常由于准备不充分，而弄得手忙脚乱，这样很容易出差错。

◆ **四忌累** 是指身体或精神上的过度劳累。到了妊娠晚期，特别要注意休息好，睡眠充足。

◆ **五忌懒** 是指身体或精神上的过度劳累。到了妊娠晚期，特别要注意休息好，睡眠充足。

◆ **六忌忧** 孕妈妈在生活、工作上遇到较大的困惑，或者是发生了意外的不幸事件等，都会使孕妈妈产前精神不振，这种消极的情绪会影响到顺利分娩。

◆ **七忌孤独** 一般情况下，孕妈妈临产前都会出现一定程度的紧张心理，此时她们非常希望能有来自亲人尤其是丈夫的鼓励和支持。所以，作为丈夫在妻子临产前应该尽可能拿出较多的时间陪伴妻子。

◆ **八忌饥饿** 孕妈妈分娩时会消耗很大的体力，因此孕妈妈临产前一定要吃饱、吃好。

◆ **九忌远行** 一般在接近预产期的前半个月后就不宜远行了，尤其不宜乘车、船远行。因为旅途中各种条件都受到限制，一旦分娩出现难产是很危险的事情，有可能威胁到母子安全。

◆ **十忌滥用药物** 分娩是正常和生理活动，一般不需要用药。因此，孕妈妈及亲属万不可自行其是，滥用药物，更不可随意注射催产剂，以免造成严重后果。

第261天

37W+2D（37周又2天）

# 临产产妇的饮食安排

终于临近产期了，要多摄取一些有助于顺利生产的食品，做好孕期最后的冲刺！

## 维生素C能保证婴儿的健康

准妈妈每餐都要吃水果以摄取维生素C，因为维生素C在体内只能存在2～3小时，很快就会排泄掉。以含维生素C丰富的柑橘为主，一点点摄取是最好的方法。

## 为了安全临产，充分摄取维生素E

由于维生素E的存在，氧气得以输送到身体各部位，从而解除了准妈妈的疲劳，更重要的是缓解了准妈妈临产前的紧张情绪，使紧张的肌肉得以放松。

记住，充分摄取维生素E是顺利生产的重点，充满信心地迎接分娩吧！

## 临产时饮食注意事项

临产时，由于宫缩阵痛，有的产妇不够安静，而且又不吃东西，甚至连水也不喝，这是不好的。临产相当于一次重体力劳动，产妇必须有足够的能量供给，才能有良好的子宫收缩力，宫颈口开全才有体力把孩子生

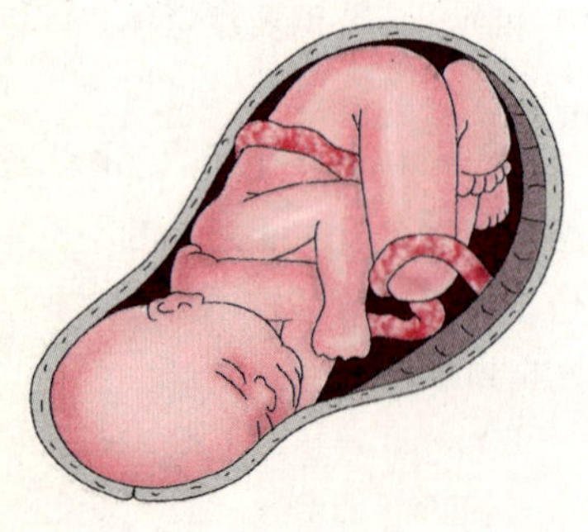

### 第38周

**本周宝宝** 妈咪，我的头围和腹围已经差不多一样大。我的头发已经长得差不多了，但有的头发又黑又多，有的却略泛黄。

**本周妈妈** 宝宝，你的位置已经下降了，我腹部凸出的部分稍微减退。由于你下降后直接压迫膀胱及大肠，因此我尿频、便秘的情形更为严重。

出。不好好进食、饮水就会造成脱水引起全身循环血容量不足，当然供给胎盘的血量会减少，引起胎儿在宫内缺氧。

因此临产时产妇应进食高能量易消化的食物，如牛奶、巧克力及自己喜欢的饭菜，如果实在因宫缩太紧，很不舒服不能进食时，也可通过输入葡萄糖、维生素来补充能量。尤其在炎热的夏天，临产时出汗多，更应好好进食、多喝水，为了孩子及产妇自己的健康，临产时注意饮食是很必要的。

37W+3D（37周又3天）

## 摆脱产前抑郁症

### 尽量使自己放松

放弃那种想要在婴儿出生以前把一切打点周全的想法，你也许会觉得你应该抓紧时间找好产后护理人员，给房间来个大扫除，或在休产假以前把手头做的工作都结束了，其实在你列出的一大堆该做的事情前面应该郑重地加上一样，那就是善待自己。一旦孩子出生，你就将再也没有那么多时间来照顾自己了，所以当你怀孕的时候应该试着看看小说，在床上吃可口早餐，树林里散散步，尽量多做一些会使你感觉愉快的事情，照顾好你自己，是孕育一个健康可爱宝宝的首要前提。

### 和丈夫多多交流

保证每天有足够的时间和配偶在一起，并保持亲昵的交流。如果身体允许，可以考虑一起外出度假，尽你所能来使你们的关系更加牢不可破，这样当孩子降生时，你会有坚强的后盾，可以放心依靠。

### 把你的情绪表达出来

向你的爱人和朋友们说出你对于未来的恐惧和担忧，轻松而明确地告诉他们你的感受，当你处在怀孕的非常时期，你需要爱人和朋友的精神支持，而只有当他们明了你的一切感受时，他们才能给予你想要的安慰。

### 和压力作斗争

不要让你的生活充满失败感，时时注意调整你的情绪。深呼吸，充分睡眠，多做运动，注意营养，如果你仍然时时感觉焦虑不安，可以考虑参加孕期瑜伽练习班，这种古老而温和的运动，可以帮助孕妇保持心神安定。

### 进行积极治疗

如果你作了种种努力，但情况仍不见好转，或者你发现自己已不能胜任日常工作和生活，或者有伤害自己和他人的冲动，那么你应该立即寻求医生的帮助，在医生的指导下服用一些对自身和胎儿没有副作用的抗抑郁药物，也可以要求你的医生为你推荐一位这方面的医学专家或精神治疗专家，以免病情延误，给自己和胎儿带来不良后果，有的孕妇害怕去见精神病专家，认为这会使自己与精神病挂上钩，其实完全不必担心，你可以理智而客观地把它看作是保证你和胎儿健康安全而采取的一项必要措施。

第263天

37W+4D（37周又4天）

# 临产胎教——将胎教进行到底

“十月怀胎，一朝分娩”。经过280天的孕育，此时的您早已迫不及待想见宝宝了吧？别着急，做好最后的胎教功课。

## 孕妇临产情绪胎教

对于分娩，不少妇女感到恐惧、烦躁不安，甚至惊慌。这种情绪既消耗分娩体力，造成宫缩无力、产程延长，也对胎儿的情绪带来较大的刺激。其实，生育是女性的本能，生育更是每位母亲终生难忘的伟大时刻。分娩的阵痛是不可避免的，但这是对生命考验，是自然给予新生的神圣礼物。

母亲的承受能力、勇敢心理，会传递给即将出生的孩子，是孩子性格形成的最早期的教育之一。勇敢地把握好最后的时刻，给宝宝一次最好的胎教。

## 临产前的聊天胎教

快临产了，妈妈应该和宝宝沟通一下如何协同作战。你可以说：“宝宝，你就要离开妈妈到这世界上来了，妈妈和爸爸早就想见到你了，你一定要和妈妈配合好，勇敢地出来。”只要你们做了，就会有效果，这不仅仅是心理暗示，宝宝也应该能感应到的，十月怀胎，早就心有灵犀了。

## 其他胎教

经过数月来的实践，各种胎教尝试都已经默契自然了吧。只要方便，你可以随意进行，触摸、想象、听音乐等等全都可以。

## 分娩是胎教的最后一课

胎儿经过产道的挤压，是一种锻炼，但这种生命的最初磨难，对于胎儿更是艰难的。为了宝宝，妈妈要以积极勇敢的心态和胎儿共同度过这一短暂而伟大的历程。妈妈切不必焦虑不安，否则将导致体内部激素的改变，对胎儿产生不良的刺激，同时，焦虑和恐惧会引起肌肉紧张、身心疲惫，导致分娩时子宫收缩无力、产程延长以及滞产等现象，这将会影响胎儿的智力和情商，甚至危及生命。分娩的确是胎教的最后一课，更是最重要的一课。

### 告诉准爸爸

**不要把工作带到医院**

准爸爸千万别在妻子准备分娩的时候，坐在医院的椅子上翻看工作日程安排表，更不要在走廊里接听任何形式的工作电话，因为爱妻会很容易被这些行为伤及脆弱而敏感的心。

第264天

37W+5D（37周又5天）

## 耐心对待分娩前的检查

孕妈妈正在焦急地等待分娩，往往会对医生要求的各项检查表现得不耐烦，但是分娩前的各项检查都是例行检查，是孕妈妈和胎宝宝生命健康的前提和基础，为了自己和胎宝宝的健康，孕妈妈应积极配合。

### 配合医护人员的询问

医护人员在分娩前询问有关孕妈妈的基本情况和自我感觉，属于基本检查之一，尤其是当负责接生的医生与诊察医师不同的时候，孕妈妈有无妊娠中毒症或胎盘是否前置等，甚至妊娠的全部过程都是医生需要详细了解的情况，孕妈妈要耐心地和医生说明，让医生在接生的过程中可以做到有备无患。

### 检查分娩监视装置

孕妈妈分娩前，医生会把分娩监视装置放在孕妈妈的腹部上，用以观察阵痛情况、胎儿的心脏搏动情况、确认分娩有无出现异常等。这些设备的好坏都应该事先确认好，以免给分娩造成不必要的麻烦。

### 最后一次产检的各项检查

为了正确地选择分娩方式、安排分娩时的各项事宜，孕妈妈还必须做产检时的各项检查，包括身高、体重、血压、体温、尿蛋白、腹围等的测量和胎心、阵痛、超声波检查等。

### 内生殖器官检查

自然分娩、引产或剖宫产等分娩方式的选择，都需要医生给孕妈妈做进一步的检查后再确定，主要包括宫颈的状况胎位的正常与否、胎儿下降情况、骨盆的大小等，这些检查基本都需要通过超声波或X光透视来完成。

孕妈妈所做的上述分娩前的检查，很琐碎，也很麻烦，但都是出于对孕妈妈和胎宝宝生命安全的考虑，孕妈妈应该理解，并主动要求做各项检查。

第265天

37W+6D（37周又6天）

## 什么情况下应提前入院待产

经系统产前检查，如果发现孕妇有下列情况，就应按医生建议提前入院待产，以防发生意外，如果孕妇患有内科疾病，如心脏病、肺结核、高血压、重度贫血等，应提前住院，由医生周密监护，及时掌握病情，及时进行处理。

### 需要提前入院待产的情况

◆ 经医生检查确定骨盆及软产道有明显异常者，不能经阴道分娩，应适时入院，进行剖宫产。如果孕妇患有中重度妊娠高血压病，或突然出现头痛、眼花、恶心、呕吐、胸闷或抽搐，应立即住院，以控制病情的恶化，待病情稳定后适时分娩。

◆ 如果胎位不正，如臀位、横位等，或属于多胎妊娠，就需随时做好剖宫产准备。

◆ 有急产史的经产妇应提前入院，以防再次出现急产。

◆ 前置胎盘或过期妊娠者应提前入院待产，加强监护。

◆ 临近预产期。如果平时月经正常的话，基本是预产期前后分娩。所以，临近预产期时就要准备住院。

◆ 子宫收缩强。当宫缩间歇时间由较长，转入逐渐缩短，并持续时间逐渐增长，且强度不断增加时，应赶紧住院。

◆ 尿频。孕妇本来就比正常人的小便次数多，间隔时间短，但在临产前会突然感觉到离不开厕所，这说明小孩头部已经入盆，即将临产了，应立即住院。

◆ 见红。分娩前24小时内，50%的妇女常有一些带血的黏性分泌物从阴道排出，称“见红”，这是即将分娩的一个可靠征兆，应立即住院。

◆ 高危孕妇应早些入院，以便医生检查和采取措施。

第266天

38W（38周）

# 难产并不可怕

在一定条件下，顺产和难产是可以相互转化的，在分娩过程中，若处理不当，可以使顺产变为难产；若处理得当，则可使难产转危为安。

## 何为难产

分娩过程能否顺利完成，取决于产力、产道、胎儿和产妇精神心理四个因素。其中任何一个因素发生异常或四个因素之间相互不能适应，就会使分娩过程受阻，称为异常分娩，也叫难产。

## 造成难产的原因

近些年国内外妇产科专家发现，一些初次生产的产妇因为对产程缺乏了解，担心生产的剧痛等原因，而生出精神紧张、心烦意乱、恐惧、烦躁、抑郁等不良情绪，因而造成产程延长、滞产、胎儿宫内窒息及产后流血非常多等现象。

心理学家认为，不良情绪与难产的产生有相当重要的关系。临床观察发现，产妇精神紧张、情绪不佳是最容易造成难产及产后流血过多的因素之一。由于不良情绪能够通过中枢神经系统的作用而抑制子宫收缩，导致宫缩无力、宫口不开，致使难产发生。专家还发现，生产阶段的不良情绪会使丘脑及垂体中的内分泌激素产生异常变化，造成产妇的产程延长或产后流血量增大。

## 预防难产

为了保证分娩时情绪稳定，在怀孕期间孕妇就应了解相关的分娩知识，正确认识生产过程，这样就会明白各个产程的情况，消除对分娩的恐惧感，心中有数就能够积极配合医生，顺利进行分娩。

另外，产妇在产前应尽量调整自己的情绪，积极与医务工作者配合。专家强调，孕妈妈临产不惧，保持坦然的心态和愉快的情绪，有益于胎儿的顺利产出和产后子宫的恢复。

第267天

38W+1D（38周又1天）

## 临产食物：巧克力要深色的

生产相当于一次重体力活动，产妇必须有足够的能量供给，才能有良好的子宫收缩力。在产程进行时，孕妈妈也可适量吃些食物，以补充消耗的能量。

### 为分娩储备能量

产妇在分娩过程中，要消耗极大的体力，而且时间较长，一般产妇整个分娩要经历12～18小时，分娩时子宫每分钟要收缩3～5次，这一过程消耗的能量相当于走完200多级楼梯或跑完1万米所需要的能量，可见分娩过程中体力消耗之大。这些消耗的能量必须在分娩过程中适时给予补充。才能适应产妇顺利分娩的需要。这些能量消耗光靠产妇原来体内贮备的能量是不够的，如不在分娩中及时补充，产妇的产力就不足，分娩就有困难，甚至延长产程或出现难产。

### 第一产程的饮食

第一产程中，由于不需要产妇用力，所以产妇可以尽可能多吃些东西，以备在第二产程时有力气分娩。所吃的食物应以碳水化合物性的食物为主，因为它们在体内的供能速度快，在胃中停留时间比蛋白质和脂肪短，不会在宫缩紧张时引起产妇的不适或恶心、呕吐。食物应稀软、清淡、易消化，如蛋糕、挂面、糖粥等。

### 第二产程的饮食

第二产程中，多数产妇不愿进食，可适当喝点果汁或菜汤，以补充因出汗而丧失的水分。由于第二产程产妇需不断用力，应进食高能量、易消化的食物，如糖粥、巧克力等。据有经验的孕妈妈介绍，巧克力作用很神奇，但要黑色的那种。如果实在无法进食，也可通过输入葡萄糖、维生素来补充能量。

第268天

38W+2D（38周又2天）

## 帮助顺产的产前活动

### 压腿

将一只脚放在比较稳固的椅子、床或者楼梯上，使身体前倾形成压腿的姿势，在宫缩到来时摇晃臀部。因为当一条腿抬高时，骨盆也会相应地打开，胎儿下降的空间也会变得宽敞些。

### 深蹲

两脚分开，用手扶住床或者椅子作为支撑，然后屈膝下蹲，半蹲或者完全蹲下都可以。宫缩时下蹲会有助于转移压力，可以有效地减轻疼痛。不过这个动作会让腿部承受一定的压力，最好在预产期前几周或者几个月前就可以开始练习下蹲的动作。

### 身体前倾

在桌子或者病床（如果能升降，就把高度调到最高）上放置一枕头，身体前倾，随意地趴靠在枕头上。当宫缩来的时候就摇晃你的臀部。因为是跪立的姿势，所以重力会起到一定的加速产程的作用。而且在疼痛难忍的宫缩到来时靠在柔软的物体上会感觉非常舒适，更容易使自己放松。

### 伸懒腰

跪在地板或床上，双手和膝盖撑地，把腰向上拱起然后再放平，然后再拱起、放平，交替进行，宫缩时摇晃臀部。当妈妈在做这个动作时，胎儿受到的压力是最小的，动脉和脐带也不会受到任何压力。要比一直躺在床上感觉好得多。

### 左侧卧

阵痛间隙，当你想休息时，可以身体向左侧躺在床上，双腿间放一个枕头。因为如果无论是平躺还是右侧卧位，你的体重都有可能会压迫到大动脉，从而导致血液循环不畅，影响胎儿的氧气供应。所以最佳的休息姿势应该是左侧卧。

## 第269天 38W+3D（38周又3天）分娩时的呼吸方法

分娩对于第一次生孩子的孕妈妈来说，虽然确实会有些困难，但只要配合医生，并掌握分娩时的正确用力法，便会顺利很多。下面就教你分娩时呼吸的方法：

### 具体的呼吸法

◆ **浅呼吸（应用在第一产程）**

第一产程中，当阵痛强度增加后，根据宫缩的长短，调整呼吸，采用短而快的呼吸方法。

◆ **慢呼吸（应用在第一产程）**

放松心情，采用慢而深的呼吸。

◆ **减缓期呼气（子宫开全前1小时）**

根据阵痛的进展，调整呼气的深度。

这种呼吸法并不是每个人都能用得上的，当宫口开到9～10指之间时采用这种呼

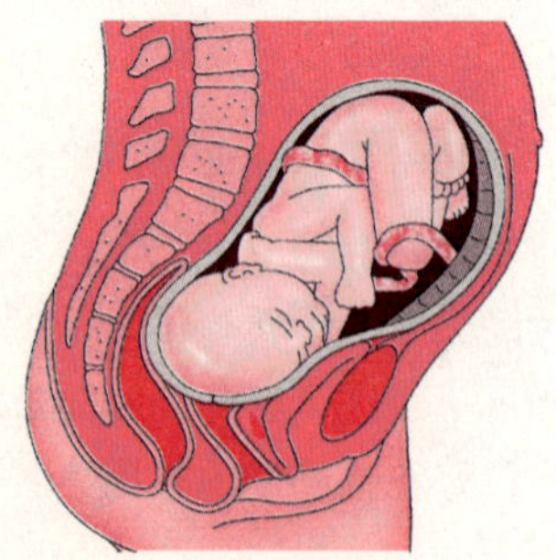

**第39周**

**本周宝宝** 妈咪，我的身体已经占据了子宫的绝大部分空间，已不太容易移动身体了。我的肺部功能已经全部成熟，出生后完全可以建立正常的呼吸模式。

**本周妈妈** 宝宝，本周我的胃部压迫感减轻了，饭量有所增加。同时，我的阴道分泌物比上周更多了，子宫出现收缩现象。

吸法。不过，很多人的宫口会迅速开全，也就不需要这种呼吸法了。

◆ **自然用力呼吸（第二产程）**

这个阶段需要将呼吸和屏气结合起来，帮助胎儿娩出。

**提示**

在使用呼吸法的过程中，准妈妈应该注意，不要呼吸过度，以免身体里的氧气比例过高，导致头晕。如果出现头晕的症状，可用双手轻轻盖住口鼻继续呼吸，可以缓解头晕的症状。

以上的呼吸法都是在宫缩到来时进行，宫缩过去后，应全身放松，停止用力，养精蓄锐，等待下一次宫缩。

在第二产程中，当胎头快要娩出时，宫缩时不要用力，要张口哈气，让胎头缓缓娩出，不要用力过猛，以免会阴严重裂伤。

第270~271天

38W+4D~5D（38周又4至5天）

## 减轻分娩疼痛的办法

分娩的时候，肌肉做生理性收缩时，并不会产生那么剧烈的疼痛，只是，如果长时间持续收缩，无法充分放松的话，就会因为缺血而引起疼痛。而这种疼痛在分娩过程中可以通过正确的方式减轻的。

### 第一产程这样做

第一产程（至子宫口开10厘米为止），以轻松的姿势缓和紧张。子宫一收缩，子宫内部压力就会上升，子宫颈和子宫口随之打开。压迫子宫颈部的神经，疼痛因而产生。

此时，如果身体紧张、腹部用力的话，只会使得子宫颈附近的神经更紧张，承受压力更强大，疼痛当然有增无减。这个阶段宜用最轻松的姿势，蹲位或躺下休息，以缓解身心的紧张。

如果觉得越来越痛，越来越紧张的话，可做生产的辅助动作（腹式深呼吸、按摩、压迫等），以减轻痛苦。

### 第二产程这样做

第二产程（至胎儿出生为止）跟着子宫收缩一起用力。此时，阵痛越来越强烈，间隔缩短为2～3分钟，每次持续40～60秒。胎儿一面做回旋运动，一面降下，不久就会破水。子宫收缩使胎儿受到压迫，胎儿又压迫到骨盆底部、外阴部和会阴等处，结果造成子宫颈和盆腔等处发生严重的局部疼痛。

随着子宫的收缩，做腹部用力的动作，不但可缩短分娩时间，而且还可以减轻疼痛。不妨试试生产的辅助动作(用力、放松和深呼吸)。

现在也有用药物或做硬脊膜外麻醉（无痛分娩）来减轻痛苦。

第272~273天

38W+6D（38周又6天至39周）

# 诞生经历会影响宝宝一生

一个婴儿的诞生，对他的母亲、父亲来说，可能是一份永恒的回忆、一个毕生梦想的实现。但对孩子本身而言，这个时刻的重要性更不止于此，因为这是个会在他性格上留下永久记录的事件。

他如何诞生——不论是痛苦或轻松、顺利或艰巨都将深深影响他将来的为人，以及他对周围世界的看法。不论他5岁、10岁、40岁或70岁，他看世界的方式依然有一部分是和他刚出生时看世界的方式一样的。

假如想了解为什么会这样，不妨透过孩子的双眼来看诞生吧。当他在子宫里连续待了9个月之后，他大约已能意识到他所处小宇宙里的一切事物。小宇宙里的感官、声音，乃至于视觉，如今都和手脚一般，成为他的一部分了。这不是从抽象的角度来说的，他真真切切是和他的世界融为一体的。他确实接收到许多母亲的信息，也通过她接收到许多来自外在世界的信息。这些信息会不时地打断他的清闲，并开始建立他情绪生活的基础。少量的焦虑信息能帮助胎儿发展他的自我感，假如母亲仍深爱她的孩子，除了极少数的例外，少量的“矛盾”或“焦虑”信息并不会干扰到他。

另一方面，诞生是孩子首次经历到这么漫长的情绪及生理震撼，而且这份体验永远都会存档在他记忆的某处。他经历到的是不可思议的愉悦感受——身体的每一寸肌肤都受到母亲温暖体液的冲洗，也都被母亲的肌肉按摩。但是，这一时刻也包含了一些极大的痛苦和恐惧。即使是在最轻微的情况下，分娩过程对孩子身体的震撼，简直就像经历了一场大地震。

他前一会儿还幸福地漂浮在温暖的羊水里，后一会儿却突然被挤进产道里，准备体验一段可能持续好几个小时的诞生经验。这段时间内，他多半是被母亲的收缩力又推又挤的。这种推挤是什么感觉，我们只能想象，不过最近有些放射线医学的研究显示，子宫每收缩一次，孩子的手脚就会拼命地挣扎，仿佛很痛苦似的。

**告诉准爸爸**

### 陪孕妈妈在家度过阵痛期

孕妈妈出现阵痛，准爸爸不用急着带领孕妈妈冲向医院的大门，而应该让妻子在家里平静地度过阵痛期。

相比医院，家是最适合孕妈妈度过早期分娩阶段的地方，不仅舒适度好于医院，而且熟悉的环境容易平息其紧张情绪。但在家里等待分娩的时候，准爸爸还要随时与医院保持联系，以便更好地得到指导。

第274~275天

39W+1D~2D（39周又1至2天）

# 及时了解产后饮食安排

生产会大大地消耗母亲的体力，加上出血以及产后恶露排出也会消耗妈妈身体大量蛋白质。因此，妈妈在产后特别需要充分的休息以及丰富的营养，来补足体力，养足元气。

## 产后饮食注意

◆ 分娩后1～3天，应吃容易消化、比较清淡的饭菜，如煮烂的米粥、面条、新鲜瘦肉炒青菜、鲜鱼或蛋类食品。不宜马上进补太过油腻或者加了米酒的料理。等肠胃正常、排泄也正常时（一般需要7天左右时间），就可以用传统坐月子的食补，补充丰富的铁质、蛋白质、维生素等。

◆ 产后3～4天，不要急于喝过多的汤，避免乳房乳汁过度淤胀。鸡蛋不宜吃得过多，1天吃3～4个足矣。

◆ 不要饮酒和吃辛辣食品，如韭菜、大蒜、辣椒、芥末、生姜等。不要吃冰冷、坚硬的食物，避免损伤肠胃和牙齿。

◆ 多吃些新鲜蔬菜和水果。适当吃些粗杂粮，不要偏食。

◆ 油炸食物、脂肪高的食物不易消化，应少吃。

◆ 产后妈妈喂母乳，要注意避免吃到任何可能会造成宝宝过敏的食物。

◆ 吃素者要按医生嘱咐，适当进行药补。

◆ 剖宫产的产妇，应根据医生的要求进食，多吃几天流质或半流质饮食，不要过多地食用厚腻味重之品，加重肠胃负担，引起腹胀、腹泻等症状。

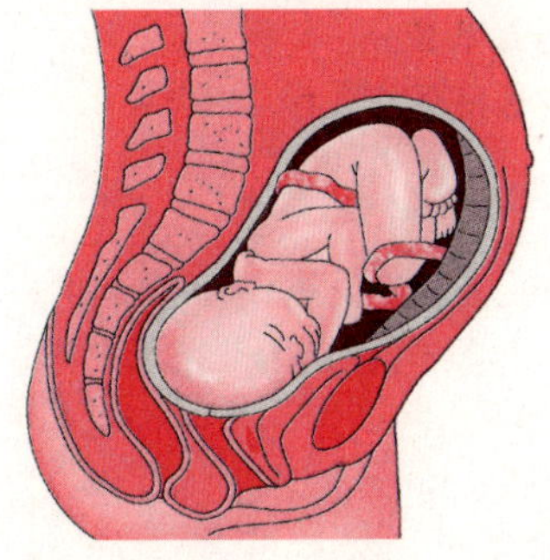

### 第40周

**本周宝宝** 妈咪，最后一周了！我身上的胎脂大多消失了。由于我身体表面绒毛和胎脂的脱落以及其他分泌物的产生，羊水也由原来的清澈透明变得浑浊。

**本周妈妈** 宝宝你真的要出生了，如果我感觉腹部像针扎似的痛，并且以30分钟或1小时为间隔持续发生，那么，就可以认定，阵痛真的开始了。

第276~277天

39W+3D~4D（39周又3至4天）

# 产后一周妈妈生活指导

产后安静休息约2小时，确定无事以后可由护士或护理人员帮忙穿上衣服，送回自己的病床充分休养。产后休息6小时即可下床走路。一般是由护士陪同上洗手间，并指导如何更换恶露垫。

◆ 产后第1天的生活

分娩后30分钟内即可首次喂奶。一般情况是产后由护士指导按摩，即帮助指导首次喂奶。父亲或亲友可准备照相机将穿着长袍的宝宝留下第一次的印象，喂奶时也可以留下特写纪念。

◆ 产后第2天的生活

精神较佳时请多补充营养。由于医院的伙食都已计算好热量，最好吃完。要多吃促进乳汁分泌的食物，并以淡味烹调为主。在乳房真正肿胀时，要多花时间按摩乳房。此时胸罩不可过紧，以可支撑丰满乳房为宜。若经医务人员允许沐浴时，请于最短的时间内完成。沐浴后，怀孕时撑开的胸部与腹部要“不厌其烦”地以护肤乳仔细按摩。

◆ 产后第3天的生活

乳房开始胀大，母乳增多。让宝宝吸吮母乳可促进子宫收缩。进行产褥体操、紧缩下腹部、外来的刺激都能使子宫与腹壁迅速恢复。会阴切开者下床上洗手间时会有不适感。此时要注意保暖不能感冒，下床时要加件外衣。

◆ 产后第4天的生活

会阴切开处拆线，可活动自如。可以开始进行更换尿布、掂量宝宝体重的练习。护理乳房时，乳头也需按摩，并以乳头护垫保护，以利宝宝吸奶。

◆ 产后第5天的生活

接受给宝宝进行沐浴的指导。给宝宝沐浴看似简单，实际上亲自进行时却经常手忙脚乱，请务必认真学习。

◆ 产后第6天的生活

出院前医院会指导如何适当的照顾宝宝，以及进行出院检查。如果有什么疑问，要问清楚以消除自己心里的不安。虽然出院时迅速恢复的人不少，但是出院后必须使用的哺乳型胸罩或产后调整型衣物等。

◆ 产后第7天的生活

出院当天相当忙碌，须要整理用物、结账、拍纪念照等等。此时不能穿紧身衣塑身，以免造成身体不适。如果亲自喂奶，请准备前扣型上衣，以及腰围可调整的衣裤。几天不见温暖的家，请不要忘记稍微打扫一番。

# 第278~279天

39W+5D~6D（39周又5至6天）

# 新生活从给宝宝哺乳开始

如释重负地生下宝宝以后，一切都是那么的新鲜与美好。初为人母的你该如何哺乳好小宝宝呢？

对新生儿不必硬性规定多长时间喂一次奶，只要宝宝想吃，可随时喂哺。每次授乳时间约20分钟，每边乳房喂5～10分钟。

喂奶步骤如下：

1.妈妈先洗手，以免将细菌带给婴儿或至乳头。

2.用温水轻抹乳头及乳晕，然后用热毛巾敷3～5分钟，同时按摩乳房可刺激射乳反射，使乳腺通畅。轻轻用手挤出几滴乳汁在乳头上（目的是让婴儿愿意吸吮乳头）。

3.妈妈选择一个舒适的姿势：若妈妈是剖宫产，可以选择侧卧位。一般情况下，宜采用坐位喂哺。

4.用食指和中指，引领乳头到宝宝嘴边，避免宝宝鼻孔太贴近乳房，妨碍呼吸。

5.用乳头触动宝宝的嘴角，当宝宝的嘴巴张大时，顺势把乳头和大部分乳晕都含入他的小嘴。只有这样，才能使宝宝有效地吮吸，妈妈的乳头也不会发生疼痛和破损。

6.如要停止喂哺，可用小指头轻勾宝宝嘴角，宝宝即会停止吸吮及松开乳头。

7.宝宝吸净一边乳房后，可挤出少许乳汁均匀地涂在乳头上以保护乳头表皮，然后将婴儿竖直，头部紧靠在母亲肩上，用手掌轻拍背部，帮助宝宝将胃内空气嗝出。这时可让宝宝再吸吮另一边乳房。当宝宝吃饱时，他会自动停止吸吮，表示他已饱了。

8.哺乳后一般应让婴儿保持右侧卧位休息，以防止呕吐和造成窒息。

9.每次喂乳的时间，以15～20分钟为宜。如果婴儿一点儿一点儿的吸吮30分钟以上时间，大多数是母乳不足。

## 产后第一餐

产后第一餐的饮食调养非常重要：产后第一餐的饮食不恰当，也可能成为月子病的根源。分娩后体内激素水平大大下降，身体过度耗气失血，阴血骤虚，在这种情形下，很容易受到疾病侵袭。

产后第一餐吃什么：产后第一餐首选一些易消化、营养丰富的流质食物，如糖水煮荷包蛋、蒸蛋羹、冲蛋花汤、藕粉等都是很好的选择。

分娩后的第二天就可以吃一些软食或普通饭菜了。产后5～7天应以米粥、软饭、烂面、蛋汤等为主食。不要吃过多油腻之物，如鸡、猪蹄等。产后一周以后胃纳正常，可以进步鱼、肉、蛋、鸡等。但不可过饱，在产后1个月内，宜一日多餐，每日餐次以5～6次为宜。

40W（40周）

# 宝宝档案卡

<table>
<tr><td colspan="3">基本情况</td></tr>
<tr><td>姓名：</td><td>爸爸姓名：</td><td>妈妈姓名：</td></tr>
<tr><td>性别：</td><td>生肖：</td><td>血型：</td></tr>
<tr><td colspan="3">出生日期（阳历）：　年　月　日　时　分</td></tr>
<tr><td colspan="3">出生日期（阴历）：　年　月　日　时　分</td></tr>
<tr><td>出生医院：</td><td>接生医生：</td><td>接生护士：</td></tr>
<tr><td>住址：</td><td>邮编：</td><td>电话：</td></tr>
<tr><td>出生时天气：</td><td colspan="2">出生时特殊事件：</td></tr>
<tr><td colspan="3">出生时身体情况</td></tr>
<tr><td>身高(cm)：</td><td>体重(kg)：</td><td>头围(cm)：</td></tr>
<tr><td>胸围(cm)：</td><td colspan="2">分娩方式：顺产（）胎吸（）产钳（）剖宫产（）</td></tr>
<tr><td colspan="3">健康记录：黄疸（　轻　重　）　窒息（　轻　重　）<br>其他：</td></tr>
<tr><td colspan="3">计划免疫：卡介苗（　天）　乙肝疫苗（　天）　其他疫苗（　天）</td></tr>
<tr><td>宝宝出生后的<br>第一张照片</td><td colspan="2">写给我亲爱的宝贝：</td></tr>
</table>